高职化工类
模块化系列教材

化工应用文写作

曲玉红　主　编
刘德志　周星三　副主编

化学工业出版社
·北京·

内 容 简 介

《化工应用文写作》是结合化工行业的工作实际，采访企业工作人员，根据企业使用应用文的实际情况编写而成的。教材选取与化工工作岗位密切相关的，并在实际工作中经常使用的应用文体作为主要内容，结合近期的工作案例与分析进行编排，每个项目设计了写作训练，体现了当前化工职业教育对应用文教学的要求。

教材主要分为四个模块：公文、事务性应用文、礼仪性应用文、行业性应用文。内容涵盖通知、请示、报告、计划、总结、述职报告、开幕词、闭幕词、生产记录、说明书、安全生产责任书等二十多个基本的文书类型和格式，可提高学生的文字沟通能力，为将来的工作和生活打好基础。

本书适合作为各级各类高职院校化工类专业应用文写作课程教材。

图书在版编目（CIP）数据

化工应用文写作 / 曲玉红主编；刘德志，周星三副主编. -- 北京：化学工业出版社，2022.9
ISBN 978-7-122-41507-3

Ⅰ. ①化… Ⅱ. ①曲… ②刘… ③周… Ⅲ. ①化学工业－应用文－写作－高等职业教育－教材 Ⅳ. ①TQ

中国版本图书馆 CIP 数据核字（2022）第 086190 号

责任编辑：王海燕　提　岩　　　　　　　文字编辑：张凯扬　陈小滔
责任校对：王　静　　　　　　　　　　　装帧设计：王晓宇

出版发行：化学工业出版社（北京市东城区青年湖南街13号　邮政编码100011）
印　　装：北京七彩京通数码快印有限公司
787mm×1092mm　1/16　印张 7½　字数 142 千字　2022 年 8 月北京第 1 版第 1 次印刷

购书咨询：010-64518888　　　　　　　　　　售后服务：010-64518899
网　　址：http://www.cip.com.cn
凡购买本书，如有缺损质量问题，本社销售中心负责调换。

定　价：26.00元　　　　　　　　　　　　　　　　　　　　版权所有　违者必究

高职化工类模块化系列教材
编 审 委 员 会 名 单

顾 问：于红军

主 任 委 员：孙士铸

副主任委员：刘德志 辛 晓 陈雪松

委 员：李萍萍 李雪梅 王 强 王 红
　　　　　韩 宗 刘志刚 李 浩 李玉娟
　　　　　张新锋

序

目前，我国高等职业教育已进入高质量发展时期，《国家职业教育改革实施方案》明确提出了"三教"（教师、教材、教法）改革的任务。三者之间，教师是根本，教材是基础，教法是途径。东营职业学院石油化工技术专业群在实施"双高计划"建设过程中，结合"三教"改革进行了一系列思考与实践，具体包括以下几方面：

1. 进行模块化课程体系改造

坚持立德树人，基于国家专业教学标准和职业标准，围绕提升教学质量和师资综合能力，以学生综合职业能力提升、职业岗位胜任力培养为前提，持续提高学生可持续发展和全面发展能力。将德国化工工艺员职业标准进行本土化落地，根据职业岗位工作过程的特征和要求整合课程要素，专业群公共课程与专业课程相融合，系统设计课程内容和编排知识点与技能点的组合方式，形成职业通识教育课程、职业岗位基础课程、职业岗位课程、职业技能等级证书（1＋X证书）课程、职业素质与拓展课程、职业岗位实习课程等融理论教学与实践教学于一体的模块化课程体系。

2. 开发模块化系列教材

结合企业岗位工作过程，在教材内容上突出应用性与实践性，围绕职业能力要求重构知识点与技能点，关注技术发展带来的学习内容和学习方式的变化；结合国家职业教育专业教学资源库建设，不断完善教材形态，对经典的纸质教材进行数字化教学资源配套，形成"纸质教材＋数字化资源"的新形态一体化教材体系；开展以在线开放课程为代表的数字课程建设，不断满足"互联网＋职业教育"的新需求。

3. 实施理实一体化教学

组建结构化课程教学师资团队，把"学以致用"作为课堂教学的起点，以理实一体化实训场所为主，广泛采用案例教学、现场教学、项目教学、讨论式教学等行动导向教学法。教师通过知识传授和技能培养，在真实或仿真的环境中进行教学，引导学生将有用的知识和技能通过反复学习、模仿、练习、实践，实现"做中学、学中做、边做边学、边学边做"，使学生将最新、最能满足企业需要的知识、能力和素养吸收、固化成为自己的学习所得，内化于心、外化于行。

本次高职化工类模块化系列教材的开发，由职教专家、企业一线技术人员、专业教师联合组建系列教材编委会，进而确定每本教材的编写工作组，实施主编负责制，结合化工行业企业工作岗位的职责与操作规范要求，重新梳理知识点与技能点，把职业岗位工作过程与教学内容相结合，进行模块化设计，将课程内容按知识、能力和素质，编排为合理的课程模块。

本套系列教材的编写特点在于以学生职业能力发展为主线，系统规划了不同阶段化工类专业培养对学生的知识与技能、过程与方法、情感态度与价值观等方面的要求，体现了专业教学内容与岗位资格相适应、教学要求与学习兴趣培养相结合，基于实训教学条件建设将理论教学与实践操作真正融合。教材体现了学思结合、知行合一、因材施教，授课教师在完成基本教学要求的情况下，也可结合实际情况增加授课内容的深度和广度。

本套系列教材的内容，适合高职学生的认知特点和个性发展，可满足高职化工类专业学生不同学段的教学需要。

高职化工类模块化系列教材编审委员会

2021 年 1 月

前言

应用文写作是处理日常工作生活中具体事务的文体,任何人都会用到。本教材结合化工行业特色,以学生就业为导向编写教材内容,关注学生职业能力的发展,通过教学内容的合理编排和各项训练,提升学生的应用文写作能力,培养职业素养和职业精神,为学生就业和长远发展打下坚实的基础。

化工产业是我国的基础产业,全国开设化工相关专业的高职院校有几百所,本教材适用于高职院校化工相关专业的教学。山东省是胜利油田所在地,石油化工产业也是当地支柱型产业,本教材结合了当地产业特色,可适应化工类企业提出的提高化工类专业学生人文精神和职业素养的需求。贯彻落实《国务院关于印发国家职业教育改革实施方案的通知》(国发〔2019〕4号)提出的"着力培养高素质劳动者和技术技能人才"精神,着力提高企业员工的整体素质,提高学生在工作岗位的应用文写作水平,特组织编写了此教材。本教材反映了职业教育的特色及教改要求,为学生未来的职业生涯发展打下坚实的基础。

本教材内容的编写根据化工企业岗位工作职责和职业学校学生学习的需要,选取与工作岗位密切相关的,并在实际工作中经常使用的应用文体作为主要内容,并结合近期的工作案例与分析进行编写,符合当前化工职业教育对应用文教学的要求。本书内容丰富,包括公文、事务性应用文、礼仪性应用文、行业性应用文四个模块,涵盖通知、请示、报告、计划、总结、述职报告、开幕词、闭幕词、生产记录、说明书、安全生产责任书等二十多种基本的文书类型和格式,可提高学生的文字沟通能力,为将来的工作和生活打好基础。本书可作为高职院校化工类专业应用文写作课程教材。

本教材有以下特点:

1.针对性强。结合企业的意见和建议,选取了化工企业相关工作需要的应用文,围绕工作目标、任务、操作程序中所需的应用文来编写,针对性较强。

2.理论与实际工作结合紧密。教材中内容注重实际应用,"轻理论讲解,重实际训练",针对实际工作需要设计了部分训练题,并选择了部分化工企业的实例。

3.采用模块化编写。本教材采用模块化编写,涵盖了二十多种应用文体。

4.注重提升学生职业素养。打破单一的课堂教学环境,设置实践任务,将课堂教学延伸到课外,课内学习与课外实践相结合,提升学生在工作岗位上和生活中使用应用文解决问题的能力,培养学生与人沟通合作的能力、爱岗敬业的精神,提高学生自身职业素养。

本教材由东营职业学院曲玉红主编,刘德志、周星三副主编,王彩胤参编。绪论和事务性应用文模块由曲玉红、王彩胤编写，公文模块、礼仪性应用文模块由周星三编写，行业性应用文模块由刘德志编写。全书由曲玉红统稿，东营职业学院孙士铸教授主审。

  本教材在编写过程中，得到不少专家、企业家与同行的指导，在此一并表示感谢和敬意！同时，由于编者水平所限，本书难免有不足之处，敬请读者提出宝贵意见。

编者

2022 年 2 月

目录

绪论 /001

模块一
管理工作：公文 /003

项目一　公文拟制　/005
写作训练　/006
项目二　公文办理　/007
写作训练　/008
项目三　通知　/009
　　一、通知认知　/009
　　二、通知种类的选用　/009
　　三、通知的构成与写法　/010
　　四、撰写通知的注意事项　/012
　　五、通知例文　/012
写作训练　/014
项目四　请示 批复　/015
　　一、请示　/015
　　二、批复　/018
写作训练　/020
项目五　报告　/021
　　一、报告认知　/021
　　二、报告与请示的异同　/021
　　三、报告类型选用　/021
　　四、报告的结构与写法　/023
　　五、撰写报告的注意事项　/024
写作训练　/024
本章小结　/024
课后练习　/024

模块二
日常事务：事务性应用文　/025

项目一　计划　/027
　　一、计划认知　/027
　　二、计划的特点分析　/027
　　三、计划的写法　/028
　　四、撰写计划的注意事项　/029
　　五、计划例文　/029
写作训练　/031
项目二　总结　/032
　　一、总结认知　/032
　　二、总结特点分析　/032
　　三、总结的写法　/033
　　四、撰写总结的注意事项　/033
　　五、总结例文　/034
写作训练　/035
项目三　申请书　/036
　　一、申请书认知　/036
　　二、申请书种类分析　/036
　　三、申请书的构成与写法　/037
　　四、入党（团）申请书写作　/037
写作训练　/040
项目四　述职报告　/041
　　一、述职报告认知　/041
　　二、述职报告特点分析　/041
　　三、述职报告种类选用　/042
　　四、述职报告的写法　/042
　　五、撰写述职报告的注意事项　/043
　　六、述职报告例文　/044
写作训练　/045

项目五　会议记录　/046
　　一、会议记录认知　/046
　　二、会议记录格式　/046
　　三、会议记录注意事项　/047
　　四、会议记录例文　/047
写作训练　/048
项目六　请假条　证明信　/049
　　一、请假条　/049
　　二、证明信　/051
写作训练　/052
项目七　求职信　/053
　　一、求职信认知　/053
　　二、求职信的结构和写法　/053
　　三、写作注意事项　/055
　　四、求职信例文　/055
写作训练　/056
项目八　简历　/057
　　一、简历认知　/057
　　二、简历特点分析　/057
　　三、简历的格式及内容　/057
　　四、简历写作的注意事项　/058
　　五、简历例文　/059
写作训练　/061
本章小结　/061
课后练习　/061

模块三
礼仪活动：礼仪性应用文　/062

项目一　邀请函　/064
　　一、邀请函认知　/064
　　二、邀请函特点分析　/064

　　　　三、邀请函的写法　　/065
　　　　四、撰写邀请函的注意事项　　/066
　　　　五、邀请函例文　　/066
　　写作训练　　/067
　　项目二　开幕词　闭幕词　　/068
　　　　一、开幕词　　/068
　　　　二、闭幕词　　/070
　　写作训练　　/073
　　项目三　欢迎词　欢送词　　/074
　　　　一、欢迎词　　/074
　　　　二、欢送词　　/076
　　写作训练　　/077
　　项目四　喜报　　/078
　　　　一、喜报认知　　/078
　　　　二、喜报的写法　　/078
　　　　三、撰写喜报的注意事项　　/079
　　　　四、喜报例文　　/079
　　写作训练　　/080
　　本章小结　　/080
　　课后练习　　/080

模块四
车间工作：行业性应用文　　/081

　　项目一　生产记录　　/083
　　　　一、生产记录认知　　/083
　　　　二、生产记录特点分析　　/083
　　　　三、生产记录的填写方法　　/084
　　　　四、生产记录例文　　/085
　　写作训练　　/086
　　项目二　产品说明书　　/087
　　　　一、产品说明书认知　　/087

二、产品说明书的写法　　/087
　　三、说明书写作的注意事项　　/088
　　四、说明书例文　　/088
写作训练　　/091
项目三　安全生产责任书　　/092
　　一、责任书认知　　/092
　　二、安全生产责任书的写法　　/093
　　三、撰写安全生产责任书的注意事项　　/093
　　四、安全生产责任书例文　　/093
写作训练　　/097
项目四　生产管理规章制度　　/098
　　一、规章制度认知　　/098
　　二、规章制度的结构和写法　　/098
　　三、制定规章制度的注意事项　　/100
　　四、制度例文　　/100
写作训练　　/101
项目五　工作简报　　/102
　　一、工作简报认知　　/102
　　二、工作简报的特点　　/102
　　三、工作简报的格式　　/103
　　四、简报编排注意事项　　/103
　　五、工作简报例文　　/104
写作训练　　/106
本章小结　　/106
课后练习　　/106

参考文献　　/107

绪论

应用文是国家机关、企事业单位、社会团体以及人民群众，在长期社会活动中形成的一种格式相对固定的实用文体，是在工作、学习和生活中使用的，用以处理公务或私事、传播信息、表述意愿、交流情感的工具，也是社会活动的凭证和依据。化工应用文，就是化工行业用到的相关应用文，包括公文、事务性应用文、礼仪性应用文、行业性应用文等。那么，应用文有哪些特点呢？

1. 应用文的特点

（1）实用真实　应用文是用来处理公务或私事的文体，真实性、实用性是它最大、最本质的特点。这也是它区别于文学作品和其他文体的主要标志。应用文最基本的特点就是"实用真实"，用在特定的实践工作中，为用而写，是实用文体，不是抒情的诗歌散文，不是文学作品，不需要想象夸张，必须实用真实。

（2）对象明确　应用文有固定的对象。一些公文的对象是上下级及平级，是某个机关或机构；一些个人文书的对象是某些具体的人。对应不同的人群要使用不同的文体，根据不同的情况来选择使用。

（3）时效性强　特别是一些用于公务的应用文，有很强的时效性，必须在规定的时间内完成，比如通知、请示、批复等。

（4）言简意赅　应用文就事论事，文字简约，主题分明，不能烦琐。它和文学作品不同，不需要华丽的辞藻。

（5）格式固定　应用文有相对固定的格式，有些是法定的格式，有些是约定俗成的格式。不应随意破坏和擅自修改，以免影响应用文的实用功能。能够运用格式正确的应用文，是个人文学修养和水平的体现，也是职业素质的体现。

2. 应用文的分类

应用文种类很多，不同场合需要的应用文类别也不同，按照不同的分类方法可以分为很多大类：

（1）根据性质分类

① 公务文书，即公文，国家法定的公务文书。国家《党政机关公文处理工作条例》指出："公文是依法行政和进行公务活动的重要工具。"公文，是党政机关在管理

过程中形成的具有法定效力和规范体式的文书，是依法行政和进行公务活动的重要工具。1964年国务院秘书厅发布了《国家行政机关公文处理试行办法（倡议稿）》，把公务文书规定为9类11种，即命令、批示、批转、批复（答复）、通知、通报、报告、请示、布告（通告）。国务院1981年发布了《国家行政机关关于公文办理暂行办法》，其中又把公文分为9类15种，即命令（令、指令）、决定（决议）、指示、布告（公告、通告）、通知、通报、报告（请示）、批复、函。国务院2000年又发布了《国家机关公文处理办法》，把公文分成13种，即命令（令）、决定、公告、通告、通知、通报、议案、报告、请示、批复、意见、函、会议纪要。2012年国务院办公厅颁布《党政机关公文处理工作条例》，规定公文文体为15种，即命令（令）、决定、公告、通告、通知、通报、议案、报告、请示、批复、意见、函、纪要、决议、公报。

② 事务性应用文，指法定公文以外的用于处理日常事务的应用文。可以分为简单应用文和复杂应用文两大类。简单应用文指结构简单、内容短小的应用文，如请假条、收条、领条、欠条、请帖、聘书、启事、证明、电报、便函等；复杂应用文指篇幅较长、内容较多的应用文，如计划、总结、条例、读书笔记、会议记录等。

③ 礼仪性应用文，也叫社交礼仪文书，有学者认为礼仪性文书也是事务文书的一类。礼仪性应用文是指国家、单位、集体或个人在喜庆、哀丧、欢迎、送别以及其他社交场合用以表示礼节、抒发感情的具有一定格式的文书。具有传统性、应酬性、情感性、真实性等特点。社交礼仪文书种类繁多、体裁各异，在实际运用中应根据不同需要，在不同场合，根据不同的时机和对象，运用恰当得体的方式来表达，能达到密切关系、增进友谊的目的。

④ 行业性应用文。随着社会经济的发展，社会分工越来越细，各行各业具体需要的专业类应用文应运而生，拓展了应用文的领域，增加和丰富了应用文的种类与内容。如财经应用文，指为财经工作所用的财经专业类文书，是专门用于经济活动的经济应用文体的统称；法律应用文，指运用于法律领域的应用文书；外贸应用文，是对外经贸企业专用的应用文体，是从事对外投资贸易工作使用的文书，基本结构、格式、用语及法律依据须符合国际惯例，一般用英文书写。这里所说的化工应用文就是指化工行业领域常用的应用文。

（2）根据用途分类

① 指导性应用文，具有指导作用的应用文，一般是公文，用于上级对下级的行文，如命令（令）、决定、决议、指示、批示、批复等。

② 报告性应用文，向上级报告工作的应用文，一般用于下级对上级的行文，如请示、工作报告、情况报告、答复报告、总结等。

③ 计划性应用文，具有各种计划性质作用的应用文，常用于某项工作开始前的预计规划，如计划、规划、设想、意见、安排、策划等。

熟悉了应用文的分类和使用场合，结合化工行业常用的相关应用文写作，能够提升化工行业从业人员写作水平和工作效率，提高化工专业学生的综合素养，有利于培养全面发展的高素质技术技能人才。

> 💡 **学习目标**
>
> • **能力目标**
>
> 　　能够撰写工作中常用的通知、请示、报告等。
>
> • **知识目标**
>
> 　　① 了解通知、请示、报告的概念。
>
> 　　② 掌握通知、请示、报告的写法。
>
> • **素质目标**
>
> 　　① 培养公文写作严谨、认真的态度和文风。
>
> 　　② 提高与各单位共同协调的能力。

模块一

管理工作：公文

在化工行业工作中，也会用到公文。化工企业要和政府管理部门对接，要对企业下属部门进行管理，经常用到这种重要的应用文——公文。《党政机关公文处理工作条例》指出："公文是依法行政和进行公务活动的重要工具。"公文，是党政机关在行政管理过程中形成的具有法定效力和规范体式的文书，是依法行政和进行公务活动的重要工具。公文文体为15种，命令（令）、决定、公告、通告、通知、通报、议案、报告、请示、批复、意见、函、纪要、决议、公报。本模块将学习化工行业中常用的4种公文（通知、请示、批复、报告）及公文办理的程序。

项目一
公文拟制

情景描述

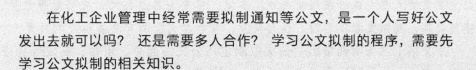

在化工企业管理中经常需要拟制通知等公文,是一个人写好公文发出去就可以吗? 还是需要多人合作? 学习公文拟制的程序,需要先学习公文拟制的相关知识。

各种应用文在拟制过程中有一定的要求,特别是公文,有着非常严格的拟制要求和拟制程序,下面来介绍2012年的《党政机关公文处理工作条例》中关于公文拟制的规定。

第五章 公文拟制

第十八条 公文拟制包括公文的起草、审核、签发等程序。

第十九条 公文起草应当做到:

(一)符合党的理论路线方针政策和国家法律法规,完整准确体现发文机关意图,并同现行有关公文相衔接。

(二)一切从实际出发,分析问题实事求是,所提政策措施和办法切实可行。

(三)内容简洁,主题突出,观点鲜明,结构严谨,表述准确,文字精练。

(四)文种正确,格式规范。

(五)深入调查研究,充分进行论证,广泛听取意见。

(六)公文涉及其他地区或者部门职权范围内的事项,起草单位必须征求相关地区或者部门意见,力求达成一致。

(七)机关负责人应当主持、指导重要公文起草工作。

第二十条 公文文稿签发前,应当由发文机关办公厅(室)进行审核。审核的重点是：

（一）行文理由是否充分，行文依据是否准确。

（二）内容是否符合党的理论路线方针政策和国家法律法规；是否完整准确体现发文机关意图；是否同现行有关公文相衔接；所提政策措施和办法是否切实可行。

（三）涉及有关地区或者部门职权范围内的事项是否经过充分协商并达成一致意见。

（四）文种是否正确，格式是否规范；人名、地名、时间、数字、段落顺序、引文等是否准确；文字、数字、计量单位和标点符号等用法是否规范。

（五）其他内容是否符合公文起草的有关要求。

需要发文机关审议的重要公文文稿，审议前由发文机关办公厅（室）进行初核。

第二十一条 经审核不宜发文的公文文稿，应当退回起草单位并说明理由；符合发文条件但内容需作进一步研究和修改的，由起草单位修改后重新报送。

第二十二条 公文应当经本机关负责人审批签发。重要公文和上行文由机关主要负责人签发。党委、政府的办公厅（室）根据党委、政府授权制发的公文，由受权机关主要负责人签发或者按照有关规定签发。签发人签发公文，应当签署意见、姓名和完整日期；圈阅或者签名的，视为同意。联合发文由所有联署机关的负责人会签。

上文第十八条明确指出"公文拟制包括公文的起草、审核、签发等程序"。这些程序由多人参与共同协作完成，并非一人完成。

第十九条是公文起草，是公文拟制的第一个环节，这些工作主要由起草公文的人员负责，（一）、（二）是公文拟制的依据；（三）、（四）是公文拟制的文字及格式要求；（五）、（六）是要求公文拟制要深入实际调查和征求相关部门意见；（七）是领导要指导公文起草工作，起草公文的人员在这个过程中要经常和领导请示沟通。

第二十条是公文审核环节，由指定部门负责，一般是发文机关办公厅（室），从（一）到（五）各个方面来审核。

第二十二条是公文签发环节，是由领导来完成的。对审核通过的公文，由本单位领导来签发，同意发文。多个单位联合发文的，由各单位领导来会签一起签发。

 写作训练

与同学分工合作，模拟化工厂办公室的工作人员，拟制一份公文——关于安全生产培训的通知。要求有公文拟制的主要环节，拟制的公文要符合《党政机关公文处理工作条例》要求。可以课下准备，课堂上以情景模拟的形式展示。

项目二
公文办理

情景描述

在机关或企业中担负着上传下达任务的公文,是如何从上级拟制完成,一步一步传达到下级的? 是不是一个人能够完成的? 下级收到文件后该如何办理才能完成上级领导交办的任务?

公文的办理有着非常严格的程序,下面来学习一下公文的收文、发文的程序:

2012年的《党政机关公文处理工作条例》规定了公文拟制包括公文的起草、审核、签发等程序;简化了公文办理程序,现在"收文办理"程序总共有7个环节:签收、登记、初审、承办、传阅、催办、答复。"发文办理"的程序有4个环节:复核、登记、印制、核发。《党政机关公文处理工作条例》中的原文(节选)如下。

第六章 公文办理

第二十四条 收文办理主要程序是:

(一)签收。对收到的公文应当逐件清点,核对无误后签字或者盖章,并注明签收时间。

(二)登记。对公文的主要信息和办理情况应当详细记载。

(三)初审。对收到的公文应当进行初审。初审的重点是:是否应当由本机关办理,是否符合行文规则,文种、格式是否符合要求,涉及其他地区或者部门职权范围内的事项是否已经协商、会签,是否符合公文起草的其他要求。经初审不符合规定的公文,应当及时退回来文单位并说明理由。

(四)承办。阅知性公文应当根据公文内容、要求和工作需要确定范围后分送。批办性公文应当提出拟办意见报本机关负责人批示或者转有关部门办理;需要两个以上部门办理的,应当明确主办部门。紧急公文应当明确办理时限。承办部门对交办的公文应当及时办理,有明确办理时限要求的应当在规定时限内办理完毕。

(五)传阅。根据领导批示和工作需要将公文及时送传阅对象阅知或者批示。办理公文传阅应当随时掌握公文去向,不得漏传、误传、延误。

(六)催办。及时了解掌握公文的办理进展情况,督促承办部门按期办结。紧急公文或者重要公文应当由专人负责催办。

(七)答复。公文的办理结果应当及时答复来文单位,并根据需要告知相关单位。

第二十五条 发文办理主要程序是:

(一)复核。已经发文机关负责人签批的公文,印发前应当对公文的审批手续、内容、文种、格式等进行复核;需作实质性修改的,应当报原签批人复审。

(二)登记。对复核后的公文,应当确定发文字号、分送范围和印制份数并详细记载。

(三)印制。公文印制必须确保质量和时效。涉密公文应当在符合保密要求的场所印制。

(四)核发。公文印制完毕,应当对公文的文字、格式和印刷质量进行检查后分发。

"收文办理"程序总共有7个环节:签收、登记、初审、承办、传阅、催办、答复。签收、登记,一般由普通工作人员,通常是办公室秘书来完成;初审,由秘书汇报领导共同来完成;承办,由领导批准后,交相关部门来完成;传阅,秘书把文件呈给各位领导和相关部门传阅;催办,一般由秘书督促承办部门按期办结相关事务;答复,公文的办理结果由秘书汇报领导,并经领导批准及时答复来文单位。

"发文办理"的程序有4个环节:复核、登记、印制、核发。复核,一般拟制完毕由领导签批了的公文,印发前应当对公文的审批手续、内容、文种、格式等进行复核;登记,由指定部门或人员负责,对复核通过的公文,确定发文字号、分送范围和印制份数并详细记载;印制,就是印刷,由指定部门或人员,保质保量按时完成;核发,指定部门或人员对印制完毕的公文,再次核对公文的文字、格式和印刷质量,然后分发到各相关单位或部门。

法定公文的拟制办理是非常严肃的事情,违反公文拟制办理程序要追究相关法律责任。希望大家在公文办理运行中要严格遵守相关规定,提高职业素养,避免违反公文拟制的相关规定。

 写作训练

某学院办公室收到上级签发的《关于专升本报名工作的通知》,作为办公室工作人员,你收到文件后,该如何办理?有哪些环节?

项目三
通知

情景描述

某校作为化工大赛主办方,要给协办单位、参赛队伍等发送相关比赛通知,告知比赛相关事宜。拟制通知时,要注意哪些事项?按照怎样的格式去拟制?标题采用什么结构?内容如何去写?

一、通知认知

《党政机关公文处理工作条例》规定:"通知。适用于发布、传达要求下级机关执行和有关单位周知或者执行的事项,批转、转发公文。"

这里说的通知是书面的公文的一种,与口头通知和微信、QQ 等的通知不是一个概念。

二、通知种类的选用

1. 指示性通知

指示性通知就是上级机关需要向下级机关阐述重要政策、布置重要工作任务时,其内容又不适于用命令、决定等指示性文种,则用指示性通知。上级行政管理部门发给化工企业的多数通知属于此类。

2. 周知性通知

周知性通知主要用于告知有关单位需要周知而不需要直接执行或办理的事项,起交流信息、通报情况的作用。主要表现在对周知的有关事项不做具体的执行要求。上级行政管理部门发布给化工企业的也有这种周知性通知。

3. 会议通知

会议通知是由会议的主办单位,向参加会议的有关单位发出的通知,主要是告知会议的内容、时间、地点等有关事项，便于与会者准备齐全，及时参加会议。

4. 批转、转发、发布性通知

批转下级机关或转发上级机关和不相隶属机关的公文，发布行政法规和规章时使用的通知。批转、转发、发布公文通知的主要作用是：使一部分公文升格赋予其在更大范围产生效用的条件（批转）。这三种通知的正文都比较简短，最简单的形式就是"指出谁，经谁批准，为何原因，根据什么，制定了一个什么公文，现将公文发（转发）给谁，怎样执行（或从何时开始施行）完成有关规定性公文的发布生效程序（发布）"。稍复杂一点的就是在上述简单形式的基础上，对被印发、转发的公文或其所针对的事物进行评价分析，说明意义，指出执行中需注意的事项，或者对这些公文中的规定、要求等提出补充性意见。上级的安全生产相关法规，以及不相隶属机关的极有参考意义的文件，可以用此类通知来转发。

5. 任免性通知

专门用来任免、聘用干部的通知。化工企业任免干部就会用到这种通知。任免通知正文只写明经机关组织决定，任命（或免去）某人担任某项职务，有的还写明任期和待遇。任职通知、免职通知可以分开写，也可以合成一个任免通知。

三、通知的构成与写法

通知的写作一般由标题、主送机关、正文和落款组成。

（一）标题

一般由发文机关、事由和文种三部分组成，如《山东省人民政府关于印发2006年国民经济和社会发展计划要点的通知》。批转、转发、发布性通知的标题式样与其他公文稍有不同，一般标题比较长，格式为：颁发（印发）或转发（批转）＋原文标题＋的通知。

（二）主送机关

通知一般应有主送机关，即应在通知中指定承办、执行或知晓通知内容的受文机关，一般是发文机关的直属下级机关，或需要了解通知内容的不相隶属的单位。因为通知多为下行文或平行文，可出现多个主送机关。可用统称。

（三）正文

通知的正文部分因其类型不同写法各异。

1. 指示性通知

其正文一般由开头、主体和结尾三部分构成。指示性通知用于传达要求下级机关办理和有关单位需要共同执行的事项。

开头：说明制发通知的原因、背景、目的或意义。一般用"现将有关事项通知如下""现通知如下""特作如下通知"等过渡语引出下文。

主体：上级指示的精神及其具体化，如政策规定、工作任务及安排。交代工作任务，提出具体的措施、办法，执行要求及有关注意事项，如步骤、方法、时间要求、政策界限、报告执行情况的方式与期限等。一般采用分条列项的形式，力求语言简练、层次清晰、任务明确，否则下级无法贯彻执行。

结尾：可用"以上通知，望认真研究执行"，也可用"特此通知"收束，也可不写。

指示（或布置）性通知的目的在于布置工作任务，要求下级遵照执行，写作时要写明："做什么事""为什么做这些事""怎样做这些事"。

2. 周知性通知

周知性通知用于转达要求各有关方面周知，只需要知晓而不要求直接执行的事项。这种通知的发送对象更为广泛，级别方面的限制也不严格，可以是对下级或平级，也可以是对一部分上级。

正文一般包括：形成该事项的过程、原因、根据；事项的具体内容、状态等。周知性通知的正文一般是直陈其事，就事说事，比较简单。也就是简要写明通知的原因，交代清楚所通知的具体事项即可。为简化正文，有时用附件，如任免名单、公章印模、组织章程等，对事项的内容作细致交代。周知性通知经常涉及的事项是：成立或撤销机构或组织，启用或废止公章，变更一些组织或刊物的名称，刊物出版发行等。

3. 会议性通知

会议通知的正文，一般应交代清楚会议的原因、目的，会议的名称，会议的主要内容或主要议程，与会人员，会议的起止时间、地点，报到的时间、地点，出席会议的准备工作，如要求携带的材料、食宿及会务费等其他有关事宜的安排。为了做好会务工作，有的会议通知还附有回执，要求与会单位或个人提前告知参加会议的人员名单、乘坐的交通工具、到达的时间及是否预订回程票等情况。有的会议通知还附上会议日程安排和与会的有关证件。会议通知的正文应具体、周全，不能产生歧义，通常采用分条列项式写法。

4. 批转、转发、发布性通知

此类通知应写明两点：一是被批转、转发或发布的公文或规章的全称；二是批转、转发或发布语。有些批转、转发或发布性通知必要时可强调发文的目的，提出进一步贯彻执行的要求或贯彻文件精神的具体方法、步骤、措施等。批转、转发或发布性通知的正文既包括通知本身又包括被批转、转发或发布的公文或规章，被批转、转发或发布的公文或规章是通知正文的主要组成部分，而不是附件。

批转、转发、发布性通知三者的最大区别是：批转类重在一个"批"字，要表明上级"同意"的态度；转发类重在一个"转"字；发布类重在一个"发"字。

5. 任免性通知

此类通知的正文写法比较简单，主要写明任免的依据和具体任免事项即可。任免可以在同一文中，也可以任职、免职分开发文。

(四) 落款

落款应写上发文机关的名称和成文日期。成文日期放在正文的右下角，写清楚通知的成文时间。

四、撰写通知的注意事项

1. 内容要有针对性

制发通知是为了解决一些实际问题，因此，撰写通知内容要有针对性。首先要针对特定的对象，回答、解决受文对象提出的问题；其次要针对问题的特点，这些问题是不是必须解决的，根据实际情况，给出合理的解决方案或意见。

2. 结构层次要清晰

一份通知，写几个问题，先写什么，后写什么，要用序号标清楚，逻辑分明，一目了然。每个段落要突出一个中心思想，讲清楚一个小环节。段落之间要逻辑清晰，详略得当，字数不要相差太多。

3. 语言要简练

通知的写作要语言明确，简明扼要，不能模棱两可，这样受文对象才能弄清通知精神，落到实处。

4. 要注意时效性

通知要回答和解决实际问题，是有时效性的，就必须及时地制发，不能拖拉，如果拖延时机，实际情况发生变化，通知就会失去意义，降低了工作效率。

5. 要与非公文的通知区分清楚

非公文的通知包括日常生活中的口头通知、短信通知、微信通知、QQ通知、小黑板通知等。这些都不属于公文，仅仅是日常事务文书。而本节讲的通知属于公文，是党政机关公文的一种。

五、通知例文

××省政府办公厅关于开展全省化工企业
"四个一批"专项行动的通知

各市、县（市、区）人民政府，省各委办厅局，省各直属单位：

根据省委、省政府主要领导指示精神，决定在全省范围内开展化工企业"四个一批"（关停一批、转移一批、升级一批和重组一批）专项行动，现将有关事项通知如下：

一、行动范围

各设区市人民政府是化工企业"四个一批"专项行动的责任主体和实施主体，省各有关部门和单位负责指导和综合协调。"四个一批"专项行动范围主要包括三类：一是所有化工生产企业（含规模以下），由设区市经济和信息化部门负责认定；二是构成重大危险源的危险化学品经营、仓储企业，由设区市安监、交通运输（港口）部门负责认定；三是在港区规划范围内危化品仓储企业和危化品码头，由设区市交通运输（港口）、安监部门负责认定。

二、行动内容

（一）关停一批（由各级政府负总责，公安、国土资源、环保、交通运输〔港口〕、工商、质监、安监、海事等职能部门注销相关证照）。

（二）转移一批（由各级政府负总责）

对市场前景好、技术工艺水平较高、安全环保压力较小的，或有条件实施工艺技术升级改造的化工企业，加快搬迁转移进程。

（三）升级一批（由各级政府负总责）

对产品前景好、符合区域产业定位但企业产品质量不稳定、规格不齐全、技术水平不高的化工企业，积极鼓励、支持其改造升级。

（四）重组一批（由相关部门和各级政府出台具体政策措施，鼓励企业间兼并重组）

对有条件、有实力、管理能力强的企业，对产品前景较好，但生产工艺安全、环保与节能水平较低的或企业规模较小、技术力量较弱、自身无力提升改造的企业进行重组改造，提升现有产能。

三、行动安排

（一）摸底上报

各设区市人民政府要立即行动，组成多部门参加的联合工作组，摸清辖区内化工企业、化工园区基本情况，制定本地区化工企业"四个一批"专项行动实施方案，梳理上报辖区内化工企业"四个一批"清单、化工园区（集中区）产业链及链上企业情况，于2017年3月底前报送省政府（市长签字，市政府加盖公章）。省经济和信息化、发展和改革、公安、国土资源、环保、交通运输、工商、质监、安监等职能部门要加强工作指导，根据职责分工，进一步细化标准、明确整改时限和要求等。

（二）组织实施

各设区市在梳理化工企业"四个一批"清单基础上，制定年度工作计划，明确责任单位、责任人和完成时限，召开动员部署会议，整个工作在2017年4月底前完成。关停一批化工企业原则上在2018年底前完成；转移一批、升级一批和重组一批化工企业原则上在2020年6月底前完成。涉及区域间（设区市之间）转移和重组的项目，各相关市可报省相关部门协调推动。到2020年底前，全省化工企业数量大幅减少，化工行业主要污染物排放总量大幅减少，化工园区内化工企业数量占全省化工企业总数的50%以上。

附件：
1. _____市化工企业"四个一批"清单汇总表
2. _____市化工生产企业名单及"四个一批"清单

××省人民政府办公厅
2017 年 1 月 7 日

写作训练

某校将主办省级化工技能大赛，作为大赛主办方，需要给协办单位、参赛队伍等发送相关比赛通知，告知比赛相关事宜。请拟制一份会议通知。

项目四
请示 批复

情景描述

某校将主办省级化工技能大赛,作为主办方,举办大赛要得到上级的批准,需要向省教育厅递交举办比赛的请示。请示如何拟制? 标题什么结构? 内容如何构成? 有哪些注意事项?

一、请示

(一) 请示的认知

《党政机关公文处理工作条例》规定:"请示适用于向上级机关请求指示、批准。"凡是下级机关在工作中出现不能自行解决的重要问题、不属于本机关权限范围内解决的事项、需要上级帮助解决的重要事项以及需要请上级指示时,都需要拟制请示。

(二) 请示种类的选用

请示属于呈请性的上行文。按其性质可分为两类。

1. 政策性请示

旨在请求指示,主要用于对有关方针、政策、法律、法规和上级的文件精神等把握不准或不明确时;在工作中遇到无章可循的新情况、新问题,在本机关的权限范围之内从未处理和解决过的事项时,需要上级给予指示。这类请示,一般用"上述意见妥否,请指示"收束全文。

2. 事务性请示

旨在请求批准。主要用于按规定需要上级机关批准方能办理的事项,或者需要得到上级机关支持帮助的事项。如，增设机构、增加编制、上项目、要资金、购置设备等。这类请示，一般用"特此请示，请予批准"收束全文。

(三) 请示特点分析

1. 一文一事

由于请示要简明扼要，按照"一文一事"的原则，请示在行文时，一份请示只能写一个事项，不能"一文多事"，不能将两个或多个事项杂糅在一份请示中，多个混在一起，上级不容易辨别，不好批复。

2. 事前请示

请示涉及的事项，一般是下级机关无权解决，或是下级机关无力解决，因此，要严格遵循事前行文的规则。绝不能先斩后奏，这样就违背了行文原则和组织原则。

3. 请求批复

请示无论是何种性质，最根本的目的就是期望得到上级机关的答复、批准，以便开展下一步工作。没有批复，就不能继续开展此项工作，如果未经上级批准而擅自越权行事，既是不负责任的表现，又违反了组织原则。上级机关对下级机关的请示应该在固定期限内予以答复。

(四) 请示的构成与写法

请示一般由标题、主送机关、正文、落款等部分组成。

1. 标题

请示的标题一般用三要素或两要素式标题。请示的标题格式：发文机关＋事由＋请示，其中发文机关也可省略不写。如"石化学院关于增设石油工程专业的请示"。拟制请示标题时，应注意事由简明，文种准确。

2. 主送机关

请示的主送机关只能有一个，不能有多个。这是请示的一大特点。

3. 正文

请示的正文一般由请示缘由、请示事项、请求语组成。

(1) 请示缘由　请示正文中写明为什么要请示，请示的依据是什么。依据要有理论依据和事实依据两种，必要时可组合起来使用，更有说服力。这是请示写作的基础，应做到有理有据，合情合理，具体充分，简洁清楚。一定要把行文的原因写清楚，重点突出问题的必要性、重要性和紧迫性。这是写作的难点，也是重点。语言表达很重要，为了增强说服力，还可以援引具体的数据、事实等。目的就是找出充足的理由，让领导批复同意。

(2) 请示事项　这是请示的核心部分，应清楚写明希望上级予以指示、批准或解决的是什么事情。请求指示的请示事项主要写遇到什么问题，有哪些不同意见，现状如何，需要上级机关在哪些方面或哪几个具体问题上给予明确的指示；请求批准的请示事项应写明准备做什么，怎么去做，请求上级在哪些方面给予支持或帮助等，或请求批准同意什么问题。事项、意见要明确、具体、可行。事项部分如内容较多，为了表述清楚，可分条列项写，便于领导审阅。

（3）请求语　请示事项写完后，用请求语收束全文。请求语既要肯定，又要谦和。不同类型的请示，有不同的请求语。通常有"以上请示，请予审核批准""妥否，请批复""以上事项，请指示""以上请示，如无不妥，请予批准"等。另起一行书写。

4. 落款

落款写法与其他公文相同，另起一行，靠右排列，包括发文机关和成文日期。

(五) 撰写请示的注意事项

（1）要避免多头请示　请示只有一个主送机关，报送主要上级就可以，千万不要多头请示，多头请示不同的上级，给你的答复不同，你不知道该听谁的，工作就无法进行。

（2）要做到一文一事　一个请示文件只写一件事就可，不要多件事写在一起，影响工作效率。

（3）要避免越级请示　分级管理，下级服从上级，不要越级请示。

(六) 请示例文

关于××油库项目备案的请示

××省发展改革委：

我司新建××油气化工有限公司××油库项目符合国家和省发展规划、产业政策及行业准入标准，该项目具有良好的经济效益和社会效益，建成后将给地方经济发展发挥重要作用，项目基本情况如下：

一、建设地址

本项目位于××经济开发区文大村西北侧，西邻××油气精细化工厂，北邻××LNG气库。

二、建设目的

本项目用于成品油批发及零售。国务院审议通过的《中国能源中长期发展规划纲要》中强调：要高度重视能源安全、搞好能源供应多元化，加强石油战略储备建设，健全能源安全预警应急体系。成品油的商业储备对维持社会经济的正常运转具有重要的保证作用，在国际原油市场大幅波动时，有一定的抗风险能力。因此，为了增强海南地区成品油市场的经营活力，保障本地区成品油供给市场的稳定性，促进地方的经济发展，拟建本项目。

三、建设内容

项目占地180亩，拟建23个成品油罐及相关附属配套设施，储存油品有汽油、柴油、轻燃料油、重油、沥青、液化气等石化产品，总库容量为13.1万立方米。

四、总投资及资金来源

项目总投资估算为8774万元，建设资金由我司自筹解决。

五、建设期限

项目建设期为15个月，拟2017年4月份开工建设。

妥否，盼予备案。

××油气化工有限公司
2016年8月25日

二、批复

（一）批复认知

《党政机关公文处理工作条例》规定："批复适用于答复下级机关的请示事项。"没有下级的请示，也就没有批复，所以批复是一种被动性下行文。

批复是上级机关针对下级机关的请示而撰制的，因此，可根据性质分为指示性批复和批准性批复两种。

（二）批复特点分析

（1）指示性　批复代表了上级机关的意见，上级机关就请示内容做出的批复，对受文单位具有直接的法定效力，需要下级机关认真贯彻执行，不能马虎应付。

（2）针对性　批复是针对下级机关的请示制发的，必须就请示的事项做出明确具体的答复，或表明态度，或提出处理意见，其内容具有很强的针对性，下级必须服从。

（3）及时性　上级机关收到下级的请示后，应该在规定的时间内及时答复。否则，就会贻误时机，影响下级机关开展下一步工作。

（三）批复的构成与写法

批复一般由标题、主送机关、正文等部分组成。

1. 标题

批复的标题一般有两种。第一种是由发文机关、事由和文种组成，其中的事由内容可与请示事项相同，尤其是针对请示所做的批示，常采用这种形式。如《国务院关于松花江流域水污染防治规划（2006—2010年）的批复》（国函〔2006〕77号）。

第二种是在批复的标题中体现批复机关的态度，如"同意""不同意"等，主要是针对请求批准的请示所采用的形式。如《山东省人民政府关于同意调整济南市历城区部分行政区划的批复》（鲁政字〔2019〕123号）。

2. 主送机关

批复的主送机关一般应为报送请示的下级机关。如：《国务院关于同意将河南省濮阳市列为国家历史文化名城的批复》（国函〔2004〕84号）的主送机关则是"河南省人民政府"。如果批复的问题涉及其他的下属单位，并具有一定的代表性的时候，可以同时主送多个下级机关。如：《国务院关于全国山洪灾害防治规划的批复》（国函〔2006〕116号）的主送机关就是"各省、自治区、直辖市人民政府，发展改革委、财政部、国土资源部（现自然资源部）、建设部、水利部、环保总局、气象局"。

3. 正文

批复的正文一般由批复引语、批复意见和结语组成。

（1）批复引语　批复开头引述下级请示的标题和文号，以此作为批复的根据和缘由。然后用"经研究，现批复如下"过渡到下文。有时还要简述来文所请示的事项。文字较短的批复可以不用过渡语。

（2）批复意见　一般针对下级来文的请示事项，予以明确答复或具体指示。有的批复还要写明希望或执行要求，下级应该服从。

一般来说，对常规事项、例行工作的批复，特别是同意有关请示的批复，不必阐述批复理由，表明同意态度即可。若不同意请示事项，或对下级机关要求的支持和帮助难以满足，则除在批复中表明态度外，一般还需要适当说明理由，以便对方接受，并及时作出相应的工作安排。

（3）结语　一般用"特此批复"或"此复"，也可省略结语。

4. 落款

落款写在批复正文右下方，署成文日期并加盖公章。

（四）撰写批复的注意事项

① 批复前要核查请示缘由是否真实，研究请示所提意见或建议的可行性，并调查研究再做批复。

② 请示中涉及其他部门或地区的问题，批复前要与其协商，协商同意后，方可批复。

③ 及时批复，以免贻误工作。对不按行文规则或一文多头请示的，应予以纠正，再行批复。

（五）批复例文

××省生态环境厅关于××至东营
原油管道工程环境影响报告书的批复

××管道储运有限公司：

你公司《关于呈报〈××至东营原油管道工程环境影响报告书〉的请示》收悉。经研究，批复如下：

一、该项目为新建项目，管道工程线路全长 364km，工程总投资 244815 万元，其中环保投资 13280.3 万元。该项目符合国家产业政策，原则上同意本项目穿越《××省生态保护红线规划（2016—2020 年）》相关区域方案。项目穿越××湿地公园、××地下水源地、××地下水富集区和 3 处饮用水水源保护区，均取得了有关部门同意。在全面落实环境影响报告书提出的各项生态保护和污染防治、风险防范措施的情况下，该工程建设对环境的不利影响能够得到缓解和控制。经研究，原则同意环境影响报告书中所列建设项目的性质、规模、路由和拟采取的环境保护措施。

二、项目设计、建设和运行管理中应重点做好的工作：

（一）加强施工沿线生态保护。进一步优化调整工程路由，充分避让集中居民点、公益林、饮用水源保护区等环境敏感目标和生态保护红线区，尽可能减少穿越。项目施工及运营中要重点加强对饮用水源保护区、生态保护红线区等各类重要环境敏感目标的保护。未经批准，项目建设不得擅自进入饮用水源保护区和生态保护红线区。

（二）加强沿线生态保护工作。严格施工管理，控制施工范围，尽量减少施工占地。合理选择管线河流水体穿越方式，优先采用对环境影响较小的定向钻施工方式。弃渣过程中应及时防护，不得乱堆乱弃，渣场、料场运输道路应结合当地现有道路布置，减少地表开挖和植被扰动。强化对施工人员的生态保护宣传和教育。

（三）落实水污染防治措施。施工机械须定期检修，严防施工油类进入水体。采用围堰导流开挖管沟方式穿越小型河流时，应选择枯水期或上游落闸期间，控制河流水质影响。

（四）强化环境风险管控。健全施工期环境应急指挥系统，配备好应急装备、材料和监测仪器，落实好报告书提出的环境风险防范、预警措施，制定相应的环境风险应急预案，做好项目环境风险管理工作，确保环境安全。

三、工程建设必须严格执行配套的环境保护设施与主体工程同时设计、同时施工、同时投产使用的环境保护"三同时"制度。工程竣工后，须按规定程序开展竣工环境保护验收。

四、你公司应在接到本批复后 10 个工作日内，将批准后的环境影响报告书送××市生态环境局，并按规定接受各级生态环境主管部门的监督检查。

××省生态环境厅

2019 年 2 月 2 日

 写作训练

我校将主办省级化工技能大赛，作为主办方，举办大赛要得到上级的批准，需要向省教育厅递交举办比赛的请示，说明我校具备的主办比赛的实力和条件，请上级批准我校主办比赛。

请示拟制完成后，要经过哪些程序后才能送到省教育厅？请学生分组进行模拟。

项目五 报告

情景描述

某校将于下学期主办山东省化工技能大赛,比赛完成后,要写一份报告,向省教育厅汇报比赛情况。报告标题采用什么结构?内容如何构成?有哪些注意事项?

一、报告认知

在《党政机关公文处理工作条例》中介绍:报告适用于向上级机关汇报工作、反映情况、答复上级机关的询问。

二、报告与请示的异同

(1) 相同点 都是上行文,主送机关是上级,行文方向一致。
(2) 不同点
① 行文目的不同。报告是向上级汇报情况,对上级没有提出要求;请示是对上级提出请求,请求上级批复。
② 上级处理方法不同。对报告,上级不一定批复;对请示,上级一定批复。
③ 行文时限不同。报告可以在事前、事后或工作进行中行文;请示必须事前行文,得到上级的批复后,才可以开始工作。

三、报告类型选用

根据内容的不同,报告可分为综合报告和专题报告两种;根据时间期限的不同,可分为定期报告和不定期报告两种;根据报告的性质和用途不同,可分为工作报告、情况报告、答复报告和递送报告等。需要说明的是，有些专业部门使用的报告文书，例如"调查报告""审计报告""咨询报告""立案报告""评估报告""调查报告"等，虽然标题也有"报告"二字，但其概念、性质和写作要求与公文中的报告不同，不属于公文范畴，不应与之混淆。报告的分类方法很多，本节主要按报告的性质和用途来分。

1. 工作报告

指汇报工作的报告，主要用以向上级汇报本单位某一阶段的工作情况，包括汇报例行工作、成绩经验、问题教训、今后打算；汇报上级机关交办事项的结果；汇报执行上级机关指示的进度等。如《××市政府 2020 年度工作报告》。

2. 情况报告

指反映情况的报告，反映本机关、本地区发生的重大事件；带有倾向性的新问题、新现象、新动向等。这种报告便于上级机关根据下级情况，及时采取措施，指导工作。例如《关于××化工厂流水线安装情况的报告》就是情况报告。

3. 答复报告

答复上级询问事项的报告。《××省人民政府办公厅关于我省清理整顿统一着装工作情况的报告》就是答复报告，下面例文《××市关于清理整治化工园区工作的情况报告》既是情况报告，也是答复报告。

××市关于清理整治化工园区工作的情况报告

××省人民政府：

根据应急管理部《化工园区安全风险排查治理导则（试行）》和省政府《化工园区整体性安全风险评价指导原则》等要求，我市按照"一园一策"原则对现有化工园区实施了严格的治理整顿，具体情况如下：

一、审批新建化工园区方面

强化新建化工园区安全发展规划，由市政府组织开展安全风险评估、论证，并完善和落实管控措施。

二、清理整治现有化工园区方面

按照《精准化安全风险排查评估细则》，根据"一园一策"原则，取消关闭了一批安全风险等级高的化工园区或化工集中区。

三、完善化工园区配套功能方面

根据化工园区实际需要，规划建设了危险化学品专用停车场。

四、化工园区信息化监管水平方面

加快化工园区安全生产信息化智能化平台建设，建成了应急管理部门与辖区内化工园区和危险化学品企业联网的远程监控系统。

特此报告。

××市人民政府
2019 年 10 月 15 日

4. 报送报告

向上级机关报送材料或物件时，附以对材料或物件的介绍说明报告。《关于报送重点研究基地"十五"科研规划的报告》就是报送报告；学校往省里报送《高级职称评审材料》，也要写一个关于评审材料的报送报告。

四、报告的结构与写法

（一）标题

报告标题大多采用公文的常规写法，三要素或两要素，即可以由发文机关 ＋ 主要内容 ＋ 文种构成的完整标题，如《××学院关于招生情况的报告》；也可以由主要内容 ＋ 文种构成，如《关于粮食政策性财务挂账停息的报告》。

（二）主送机关

主送机关只能有一个。这个和请示一样，都是向特定的一个上级行文。

（三）正文

1. 缘由

报告缘由，对报告的情况作简要概括，或交代报告的起因、缘由或说明报告的目的、主旨、意义。缘由要能概括说明全文主旨，开门见山，起名立意。一般用"现将有关情况报告如下"承启下文。答复报告开头要先引述来函文号及询问的问题，然后过渡到下文，答复上级的询问。

2. 报告事项

报告事项，是正文的核心。应将工作的主要情况、措施与结果，成效与存在的问题等分段加以表述，要以数据和材料说话，内容力求既详实又概括。

不同类型的报告，内容上各有不同的侧重点。

工作报告一般以成绩、做法、经验、体会、打算、安排为主，在叙述基本情况的同时，有所分析、归纳，找出规律性认识。这类报告相对篇幅较长，一般可标出序数，分条分项陈述。

情况报告一般以"情况、原因、教训、措施"的结构来写。先将情况叙述清楚，然后分析情况产生的原因，接着总结经验教训，最后提出下一步的行动措施。把情况发生的始末及处置意见说清楚，便于上级了解情况。

答复报告一般写答复的意见或处理结果，中心非常集中，是依据上级询问的事项进行写作，所以要写得周全而有针对性，中心明确而集中。这种报告内容针对性最强，上级询问什么，就答复什么，不能答非所问。

3. 结束语

报告的结束语应另起一行，空两字符。根据报告种类的不同一般都有不同的特定用语，工作报告和情况报告的结束语常用"特此报告""请审阅""以上报告，请审查"；答复报告多用"专此报告"。因报告是单向性公文，所以类似"以上报告当否，请批示"的结束语是不妥当的。

（四）落款

落款在报告正文的右下方，写明发文机关和成文日期。

五、撰写报告的注意事项

（1）要明确报告写作目的　根据目的选择报告的典型材料和重点内容，并确定所撰写报告的具体种类。

（2）要选用真实可靠数据材料　报告是公文的一种，不允许造假，所用材料数据必须真实可靠。

（3）语言要言简意赅　所有文章，特别是各种应用文的写作语言一定要简练。

写作训练

某校主办完省级化工技能大赛后，要写一份报告，向省教育厅汇报一下比赛的整个情况，请按照学过的知识拟制一份报告。

本章小结

本章主要学习的是行政性应用文，即公文。公文在机关、团体、企事业单位中上传下达，发挥着重要作用。本章主要学习了通知、请示、批复、报告等最常用的公文，公文格式严格，标题、主送机关、正文、落款缺一不可。

课后练习

1. 通知的种类有哪些？
2. 会议通知的写法是怎样的？
3. 请示的种类有哪些？
4. 请示的特点有哪些？
5. 请示的写法是怎样的？
6. 批复的写法是怎样的？
7. 报告的种类有哪些？
8. 报告的写法是怎样的？

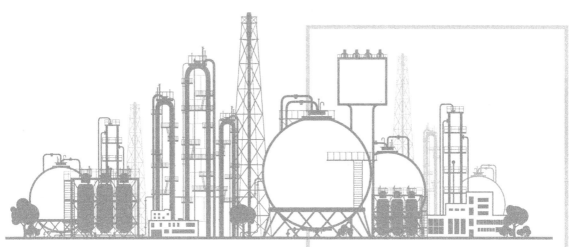

学习目标

· **能力目标**

能够写出规范的常用事务性应用文，计划、总结、申请书、请假条、证明信、述职报告、会议记录、求职信、简历等。

· **知识目标**

① 了解计划、总结、申请书、求职信、条据的概念。

② 掌握计划、总结、申请书、述职报告、会议记录、简历、求职信、请假条、证明信的写法。

· **素质目标**

提高书面表达能力，以及与人沟通的能力。

模块二

日常事务：事务性应用文

在化工行业里会用到许多种事务性应用文，也叫事务文书。事务文书指法定公文以外的用于处理日常事务的应用文，可以分为简单应用文和复杂应用文两大类。简单应用文指结构简单、内容短小的应用文，如请假条、收条、领条、欠条、请帖、聘书、启事、证明、电报、便函等；复杂应用文指篇幅较长，内容较多的应用文，如计划、总结、条例、读书笔记、会议记录等。本模块将学习各种事务性应用文。事务性应用文在日常工作生活中经常使用，起到了重要的作用。例如下面一段文字，强调了"计划"事务性应用文的重要性。

凡事预则立，不预则废

古人说"凡事预则立，不预则废"，这个故事出自《礼记·中庸》：鲁哀公请教孔子为政之道，孔子提出为政的根本在于选贤任能，他为鲁哀公阐述了治国之道，并且说"凡事豫则立，不豫则废。言前定则不跲，事前定则不困，行前定则不疚，道前定则不穷。""豫"同"预"，是预先计划、准备的意思，孔子认为，做任何事情，预先有规划才能做到有的放矢，最终才能取得成功，否则将会一事无成。说话前先准备好，就不会词穷理屈站不住脚；做事先有准备，就不会陷入困境；行事前早计划早定夺，就不会做错误的或后悔的事。

我们平时的工作也是这样，提前做好计划，做好准备工作，才能保证工作顺利完成，所以学会拟定计划非常重要。

项目一
计划

> **情景描述**
>
> 某校将主办省级化工技能大赛,举办比赛前要有一个计划安排。计划的格式和写法是怎样的? 内容怎样写?

一、计划认知

计划是组织或个人为在一定时期内完成某项任务或目标,根据相关精神以及本部门、本单位或个人的实际情况作出的打算以及实现目标的行动方案。其中目标、措施、步骤是计划的三要素。提出打算实现的目标要求,明确完成的时限,制定相应的措施,写明进行的步骤和方法。

常用的规划、纲要、安排、打算、设想、要点、方案等均属于宽泛意义上的计划。

计划有很多种,按不同的标准,可以分成不同的种类。按照性质分:综合计划、专题计划;按照内容分:学习计划、工作计划、生产计划、科研计划、劳动计划;按照范围分:个人计划、单位计划、部门计划;按照形式分:表格计划和条文计划,按照时间分:长远计划、年度计划、季度计划、月度计划等。

二、计划的特点分析

1. 普遍适用性

计划的普遍适用性,一是指社会组织的各部门、各环节、各岗位,为有效实现管理,都可制订相应的计划。二是指个体成员也可以制订计划,为达成某一阶段的目标,社会组织中的个人或自由职业者都可为一时段内的某项工作制订相应的计划。

2. 科学有效性

制订计划，一是要有实事求是的科学态度，一切从实际出发，量力而行；二是有可靠的行动步骤，包括明晰的目标，切实可行的方案措施等。从现实出发制订的计划，建立在科学合理的基础上，才能科学有效地实施。

3. 超前预设性

计划是对工作的一个预设安排。做任何工作都要有长远眼光，计划突出了这一特点。因为，计划都是事前制订的，所以必须有超前思想，长远眼光，才能做出完美的计划。

三、计划的写法

（一）标题

计划的标题大都参照公文式写法，四要素标题，包括制订计划的单位名称、时间、内容和计划的种类，如《教育部 2003—2007 教育振兴行动计划》。其中，单位名称和时间可根据具体情况进行省略，如《山东省化工生产企业新一轮评级评价行动计划》。如果属于尚未正式确定的讨论稿，则在计划标题后用括号注明"未定稿""讨论稿""草案"等字样。

（二）正文

正文是计划的主要内容，包括前言、主体、结尾三部分。

1. 前言

主要说明制订计划的主观目的、客观依据、基本情况或指导思想及其重要意义。要求简明扼要，统领全文。

2. 主体

说明计划的基本内容，包括两个方面：一是总的任务和指标，二是具体任务。有四个要素：具体的任务、目标、措施、步骤。四个要素是计划的核心。

首先说明总的任务和指标，即本地区、本单位在计划期内，要达到怎样的程度和水平；其次是具体任务，各部门的具体的任务和指标分配，以及任务要求。总的任务要概括写，具体任务应分项分条写。"目标"即"做到何种程度"，指需要达成的基本要求，要有可行性、可能性、适度性。"措施"即"如何做"，指完成目标或任务的具体做法，要实事求是又恰当得力。"步骤"即"何时做"，指完成工作的时间和程序，要科学合理地安排工作次序。重要的措施放前面，尽可能写细写实，便于执行部门操作。次要的措施放后面，简要概括即可。任务和措施是相互依存、不可缺少的两部分。

3. 结尾

即结束语。一般是发出号召，提出希望，鼓励相关人员为实现计划而努力。也可省略不写。

(三) 落款

即制订计划的单位名称和成文日期，位于正文的右下方。如标题中出现单位名称，此处可不写。

四、撰写计划的注意事项

（1）任务不要定太高，指标要留有余地　计划里所提出来的任务、指标、要求，一定要实事求是，既不能脱离现实、定得太高，也不能停滞不前、定得太低。在任务、指标、措施上应留有余地。跳一跳摘果子，经过努力，可以完成计划才行。

（2）材料数据要真实准确　计划中的目标是在各种数据材料基础上制订的，应该是科学的，符合客观事物发展规律的。所以，计划用到的各种数据、信息、资料等都必须真实可靠、不能造假。在假的材料基础上制订出来的计划，是不可能实现的。

五、计划例文

加快推进碳纤维行业发展行动计划（节选）

为贯彻落实《国务院关于加快培育和发展战略性新兴产业的决定》《"十二五"国家战略性新兴产业发展规划》和《新材料产业"十二五"发展规划》，加快碳纤维及其复合材料产业发展，推动传统材料升级换代，满足国民经济重大工程建设和国防科技工业发展的需要，特制订本行动计划。

一、战略意义

碳纤维是国民经济和国防建设不可或缺的战略性新材料，是先进复合材料最重要的增强体之一，技术含量高，辐射面广，带动力强，广泛应用于航空航天、能源装备、交通运输、建筑工程、体育休闲等领域。加快碳纤维行业发展，提升产品性能，对带动相关产业技术进步，促进传统产业转型升级、满足国民经济各领域的需求等具有重要意义。

当前，我国碳纤维行业发展正处于关键时期，要抓住机遇，以市场为导向，加强政策引导，突出发展重点，采取有力措施，实施专项行动，促进碳纤维行业持续健康发展。

二、行动纲领

（一）指导思想

以邓小平理论、"三个代表"重要思想、科学发展观为指导，以科技创新为支撑，紧紧围绕国家重点工程、国防科技工业和经济发展需要，加快转变发展方式，加大政策支持力度，集中力量，突出重点，全面推进。着力突破关键共性技术和装备，发展高性能碳纤维产品；着力加强现有生产工艺装置的技术改造，实现高质量和低成本稳定生产；着力培育碳纤维及其复合材料下游市场，促进上下游协调发展；着力推进联合重组，不断提高碳纤维产业集中度。构建技术先进、结构合理、上下游协调、军民融合发展的碳纤维产业体系。

（二）行动目标

经过三年努力，初步建立碳纤维及其复合材料产业体系，碳纤维的工业应用市场初具规模。聚丙烯腈（PAN）原丝、高强型（注1）碳纤维的产品质量接近国际先进水平，高强型碳纤维单线产能产量达到千吨级并配套原丝产业化制备，高强中模型碳纤维实现产业化，高模型和高强高模型碳纤维突破产业化关键技术；扩大碳纤维复合材料应用市场，基本满足国家重点工程建设和市场需求；碳纤维知识产权创建能力显著提升，专利布局明显加强；碳纤维生产集中度进一步提高。到2020年，我国碳纤维技术创新、产业化能力和综合竞争能力达到国际水平。碳纤维品种规格齐全，基本满足国民经济和国防科技工业对各类碳纤维及其复合材料产品的需求；初步形成2～3家具有国际竞争力的碳纤维大型企业集团以及若干创新能力强、特色鲜明、产业链完善的碳纤维及其复合材料产业集聚区。

三、主要行动

为实现上述目标，重点组织实施四大行动：

（一）关键技术创新行动

突破关键共性技术。依托国家科技重大专项等科技计划，大力支持科研院校、企业技术中心及行业组织等机构，系统研究碳纤维及其复合材料全产业链的关键技术，优化工程实验和工程化条件，重点支持高效聚合引发剂、大容量聚合、高速纺丝、快速预氧化等共性工艺技术，以及宽口径碳化、石墨化等装备的研发。研究纤维预浸料、预成型体、复合材料成型及回收再利用技术等。加强沥青基、黏胶基、石墨基等碳纤维原料多元化技术研发，突破产业化关键技术。

……

（二）产业化推进行动

推动高端品种产业化。加快高强型GQ4522级（注2）碳纤维产业化建设步伐，掌握碳纤维预浸料制备、复合材料构件设计与制造、产品性能评价等关键技术；有效集成单体聚合、纤维成型、氧化碳化、表面处理等关键工艺技术，逐步实现高强中模型、高模型、高强高模型等系列品种产业化。

加强企业技术改造。积极推动现有企业完善聚丙烯腈原丝、碳纤维、复合材料及应用全产业链生产工艺，提高自动化控制水平；提高聚合釜及其配套装置、预氧化炉、高低温碳化炉、高温石墨化炉、恒张力收丝装置等大型关键设备自主化制造水平；提高专用纺丝油剂、上浆剂等重要辅料保障能力，提升产品质量；加快预浸料、织物、高性能树脂基体材料、复合材料及应用产品的产业化，实现碳纤维高质量低成本及复合材料产品多样化发展。

……

四、保障措施

（一）加强统筹协调。各有关地区工业和信息化主管部门要加强与发改、教育、科技、财政、环保等部门的协调配合，充分发挥企业市场主体作用，以及行业协会等中介组织的桥梁纽带作用，研究行业发展中的重大问题，引导规范企业行为。积极推动碳纤维行业协会等中介组织建设，加强产业链各环节间的衔接与融合，推进上下游产业协调发展。

（二）加大政策支持力度。依托战略性新兴产业专项、科技重大专项、工业转型升级、技术改造等专项以及国家重大工程，支持骨干企业发展高端品种、提高质量性能，支持上下游企业联合开展碳纤维以及复合材料应用示范项目；鼓励企业加大科技研发投入，支持符合条件的优势企业认定为高新技术企业，享受所得税优惠。

……

注1：高强型、高强中模型、高模型和高强高模型的定义均参照国家标准 GB/T 26752—2011。

注2：GQ3522、GQ4522等牌号的定义均参照国家标准 GB/T 26752—2011。

工业和信息化部
2013 年 10 月 22 日

 写作训练

请为我校主办省级化工技能大赛，拟写一个计划安排，按照计划的格式和要求，详细地写出比赛各个方面的计划安排。

项目二
总结

情景描述

某校将主办省级化工技能大赛,举办比赛后要写一份总结,总结的格式和写法是怎样的? 内容怎样写?

一、总结认知

工作总结是单位或个人对前一阶段或前一时期内的工作、学习、生产或思想情况等进行回顾检查、分析研究,从中找出成功的经验、失败的教训,引出规律性的认识,为今后工作提供指导和借鉴的一种事务文书。它是对已做过的工作进行的理性思考。总结与计划是相辅相成的,总结要以工作计划为依据;计划是在总结经验的基础上进行的。

根据不同的分类方法,可将总结分为许多不同的类型。按时间分,有月份总结、季度总结、半年总结、年度总结等。按范围分,有个人总结、单位总结、行业总结、地区总结等。按内容分,有综合性总结、专题性总结等。按性质分,有工作总结、教学总结、学习总结、科研总结、思想总结、项目工作总结等。

二、总结特点分析

1. 经验升华为理论

总结的目的不仅要概括情况,更重要的是找出成功的经验或失败的教训。总结是理论的升华,是对前一阶段工作的经验、教训的总结归纳,提炼出有规律性的东西,从而指导今后的工作。因此,写作总结,要在正确理论的指导下,通过对材料的综合分析,透过工作现象认识其内在本质,将认识上升到一定的理论高度,实现经验到理论的转化。

2. 叙述结合议论

总结一般以第一人称书写，是对单位或个人自身实践活动的概括反映，其结论用于指导今后实践。总结是对前段社会实践活动的全面回顾、检查的文书，这决定了总结基于客观事实，以主体实践活动为依据，所列举的事例和数据必须完全可靠，确凿无误。为此，总结一般采用第一人称，其中的成绩、做法、经验、教训等，都有自指性的特征。表达方式为叙述、说明、议论结合，不论哪种表达方式都有较强的概括性，要实事求是，真实可靠。

三、总结的写法

总结一般分为标题、正文和落款三部分。

1. 标题

总结的标题要根据总结的目的、要求和具体内容来拟写，力求准确、简洁、醒目。有公文式标题：由单位名称、时限和文种组成，如《北京2008年奥运会总结报告》《北京2008年残奥会总结报告》。有文章式标题：经验性总结的标题基本采用这种写法，或突出中心，或概括内容，如《用改革精神建设三峡》《客户争等级，诚信稳销量》。正副标题：由正、副两个标题组成，正标题概括总结的内容或基本观点，副标题标明单位名称、内容范围、时间和文种。

2. 正文

正文分为前言、主体、结尾三部分。

（1）前言 概述工作的基本情况，包括工作的背景、工作性质、主要任务、指导思想、工作成绩或效果等。主要是引导读者，概述全文。不宜面面俱到，应该有所侧重，简明扼要。

（2）主体 总结的主要部分，内容包括成绩和做法、经验和教训、今后的计划等方面。具体介绍工作任务完成的情况和取得的工作成绩，采取的措施或做法，以及经验教训等。这部分篇幅大、内容多，一般按从主到次的逻辑顺序组织材料，注意层次分明、条理清楚。

（3）结尾 结尾收束正文，主要有工作中存在的问题和今后改进工作的建议，这是总结不可或缺的部分。就工作中存在的问题要抓重点、抓主要方面展开论述；改进建议要有针对性，切实可行。应在总结经验教训的基础上，提出今后的方向、任务和措施，表明决心、展望前景。

3. 落款

包含总结的单位名称和成文日期，位于正文的右下方。如标题中已出现单位名称，此处可不写。署名时要全称，日期标明年、月、日。

四、撰写总结的注意事项

（1）要客观公正、实事求是 写工作总结时，不能好大喜功，只讲成绩优点，不谈问题;当然也不要把总结写成了"检讨书",全是缺点错误。要有客观公正、实事求是的态度。要辩证地分析、评价、总结自己的工作。

(2) 要总结出经验教训　总结中成绩和问题都要写,写完要进行深入的分析,总结出具体的经验、教训,以及出现问题的原因、性质等。把实际工作上升到一定的理论深度,在以后的工作中可以借鉴。

(3) 总结采用第一人称书写　个人总结采用第一人称来写,单位、部门总结从本部门、本单位角度来写,也是第一人称。

五、总结例文

××省石油化工行业协会考核年度工作总结

当前我省石油化工行业的发展蒸蒸日上,作为行业协会,充分发挥了协会的桥梁作用,为我省石油化工行业的发展尽一份力。协会的具体工作,有以下几点。

一、加强协会自身建设。

1. 加强协会的组织建设。我协会四年一届,协会任期届满能按时换届,能按规定报业务主管部门审核,严格履行换届手续,协会负责人经会员大会民主选举产生,秘书长由专职人员担任,秘书处配有专职专业人员的本专业的专家。

2. 成立了三个专业委员会,即石油化工、重油深加工专业委员会,重芳烃深加工专业委员会,生物柴油专业委员会,实行轮值制。各专业委员会主任委员由企业负责人轮流担任,轮值主任委员与协会秘书处联合主持日常工作并召集召开本专业委员会工作会议。

3. 依靠协会工作人员的专业技能和掌握的信息技术,为行业、为会员企业服务,维护行业和会员企业的正当利益,协助政府有关部门加强行业管理,为政府行业管理当好纽带、桥梁、助力作用,提高协会的凝聚力和吸引力。

二、协助政府有关部门加强对石化行业的管理,努力完成政府部门委托的各项工作。

1. 协助全国工业产品生产许可证办公室和××省工业产品生产许可证办公室对国审和省审危化品生产企业的许可证换发证进行了现场审查。

2. 我协会参与了政府对××港石油化工发展规划的论证;参与××石化分公司炼油改扩建项目的评审;参与了××石化公司炼油改扩建装置节能降耗项目评审。

3. 积极配合省安委会、省安全生产监督管理局推进我省石化行业科学的安全管理,杜绝重特大事故,参加了省安监局组织的安全大检查工作。

三、加强与政府相关部门的沟通,用专业知识解释税收政策,为企业排忧解难。

组织了省内资深专家,从专业角度与有关市国税局对话,解决了 C_{10} 重芳烃深加工生产重芳烃溶剂消费税纳税问题。

四、协会为我省生物柴油行业健康发展，组织与政府对话，求得政府的支持。

在全国生物柴油行业协作组织的支持下，我协会组织了省内生物柴油重点企业赴北京，向国家能源局汇报了××生物柴油的研发现状、存在的困难和政策建议，得到了他们的肯定和支持。

全国××柴油协作组和我协会共同组织包括我省在内的国内主要生物柴油企业向财政部汇报生物柴油生产现状和面临的困境，尤其是石油柴油消费税政策对生物柴油的影响。

五、协调、沟通石化企业之间的关系，促进了××石化企业的发展。

利用副产品深加工发展地方石化，协会先后与省内相关配套企业，协商如何共同应对危机，协调石化企业的供需关系、产品质量、价格、标准等。

以上是我协会的工作总结，虽然取得了一些成绩，但在创新方面存在不足，这也是我们今后努力的方向。

××省石油化工行业协会

2013 年 10 月 22 日

 写作训练

某校将主办省级化工技能大赛，举办比赛后要写一份总结。请按照总结的格式和写法，写一份主办大赛的总结。

项目三
申请书

情景描述

新学期伊始,很多同学参加了军训,经历了思想教育,希望加入中国共产党。那么,入党申请书怎么写? 格式是怎样的? 有哪些注意事项?

一、申请书认知

顾名思义,申请书,就是申明请求的一种文书。它是个人或集体向组织、团体、机关、单位说明情况,表达愿望和提出请求时使用的一种书信类文书。

申请书的使用范围广泛,申请书也是一种专用书信,它同一般书信一样,也是表情达意的工具。申请书要求一事一议,内容要单纯。不同的对象有不同的申请书,常见的有入学申请书、工作调动申请书、入党申请书、辞职申请书等。

① 个人或集体向组织、团体表达愿望、理想和希望时,可以使用申请书。

② 个人在学习、工作、生活上对机关、团体、单位领导有所要求时,可以使用申请书。如困难补助申请等。

③ 下级单位在工作、生产、学习、生活上对上级单位、领导有所要求时,可以使用申请书。

二、申请书种类分析

申请书的使用范围相当广泛,种类也很多。按作者分类,可分为个人申请书和单位、集体公务申请书。按照用途上分类,可分为以下几类。

1. 工作学习方面

工作或学习中用到的申请。如工作调动申请书、辞职申请书、入学申请书等。

2. 思想政治方面

政治方面的申请，参加某项政治性活动或加入某些进步的党派团体用到的申请。如申请加入中国共产主义青年团、申请加入中国共产党、申请加入工会、申请参军等。

3. 日常生活方面

有些职工在日常生活中遇到一些问题，需要申请组织、集体、单位帮忙照顾或者给予解决，如申请困难补助等。

三、申请书的构成与写法

申请书的写法一般由标题、称呼、正文、结尾、落款组成。

1. 标题

在第一行中间写"申请书"或"××申请书"字样。题目要在申请书第一行的正中书写，而且字体要稍大。

2. 称呼

第二行顶格写接受申请书的单位或单位负责人名称，如"××市环境保护局""××大学"。

3. 正文

说明要申请的具体内容，理由和要求。这是申请书的主要部分。在这部分里要写清楚所申请事情的原委、理由和事项，用简短精练的语言说清楚，然后直接提出申请事项。在一些长的申请书里，因为内容复杂，要说明情况、申述理由，就要将申请理由、申请事项分条列项写清楚。

4. 结尾

申请书可以有结尾，也可以没有。结尾一般写上"此致敬礼"之类的敬语即可。

5. 落款

落款，即要署上申请人姓名和成文日期。

四、入党（团）申请书写作

(一) 入党（团）申请书的写作格式

入党（团）申请书，格式相对固定，它的内容主要包括五个部分：标题、称呼、正文、结尾、落款。

1. 标题

入党申请书一般由申请内容和文种共同构成。如"入党申请书"。题目要在申请书第一行的正中书写，而且字体要稍大。入党申请书，题目也可单独写在第一页上，字体醒目。

2. 称呼

通常称呼要在标题下空一两行顶格写出接受申请书的党支部的名称，并在称呼后面加冒号，如"敬爱的实验中学党支部："。

3. 正文

这是申请书的主要部分，通常要先介绍一下个人的现实情况、个人简历、家庭成员及社会关系情况。然后，要写明申请入党的动机、理由、对党的认识、自己的决心等。对个人情况的介绍可以较简单，而把重点放在入党的动机、对党的认识以及自己的决心上。正文要从接受申请书的党组织名称下一行空两格处写起。申请书的正文部分一般篇幅较长，所以要注意分段。

（1）介绍个人的现实情况　对个人现实情况的介绍，是为了让党组织对自己现在的身份、情况有一个初步和大致的了解，不用展开来写，简明扼要即可。

（2）个人简历和家庭成员及社会关系的情况　这一部分的内容也要简单，无须多用笔墨，但也必须清楚明白。对个人简历的写法，一般要求从上学时写起，到目前为止，只需依据时间的顺序，一项项地排列出来即可。主要家庭成员及社会关系的情况，在申请书正文中可以简单地介绍一下，也可以不写，要视具体情况而定。有的家庭成员及主要社会关系可附在申请书后。

（3）入党动机和理由　入党的动机、理由要重点写。申请的理由比较多，则可以从几个方面、几个阶段来写。

（4）对党的认识　对党的认识往往是同个人的成长经历有关的，这在申述自己的入党动机时已有所涉及。这里指的是专门较集中的对党认识的文字。

（5）自己的心情、决心　这一部分是抒写自己入党的强烈愿望，表达自己的决心的部分。

4. 结尾

申请书可以有结尾，也可以没有。结尾也可以写上"此致敬礼"等表示敬意的话收尾。

5. 落款

落款，即要署上申请人姓名和成文日期。

（二）入党申请撰写注意事项

1. 要认真手写

入党申请书要用手写，不要打印。入党后要放入本人人事档案，要用钢笔或签字笔按规定格式书写，不要用圆珠笔、铅笔，入党申请书字数一般在一千字左右，字迹要工整、整洁，不要有错别字。

2. 要写出自己真实的思想认识

要有正确纯洁的入党动机，要写出自己的真实想法，忠心向党，讲真心话。在写对党、对共产主义事业的认识时要深刻，要真实。

3. 文风要庄重朴实

写入党申请书用词要恰当，要用自己朴实的语言来表达，不要华丽的辞藻，更不能照搬照抄。要反映自己的真实思想，写出真实的感情。

4. 要对党忠诚老实

申请书要如实反映自己的情况，对取得的成绩，不要骄傲，要谦虚谨慎。对自身存在的问题，要如实反映，绝不允许欺骗组织。实事求是地反映问题，对自己的评价客观真实，这是对党忠诚的表现。

（三）入党申请书范文

入党申请书

敬爱的党组织：

　　我申请加入中国共产党，拥护党的纲领，遵守党的章程，履行党员义务，执行党的决定，严守党的纪律，保守党的秘密，对党忠诚，积极工作，为共产主义奋斗终身，随时准备为党和人民牺牲一切，永不叛党。中国共产党是中国工人阶级的先锋队，同时是中国人民和中华民族的先锋队，是中国特色社会主义事业的领导核心，代表中国先进生产力的发展要求，代表中国先进文化的前进方向，代表中国最广大人民的根本利益。党的最高理想和最终目标是实现共产主义。

　　我学习了很多有关中国共产党的指导思想、党史等方面的相关知识。我时刻牢记，中国共产党以马克思列宁主义、毛泽东思想、邓小平理论、"三个代表"重要思想、科学发展观、习近平新时代中国特色社会主义思想作为行动指南。当前的中国，经过几十年飞速发展，已成为富强、民主、文明、和谐的社会主义强国，人民生活水平得到根本改善，全面脱贫，建成了小康社会。在伟大的中国共产党的领导下，中国走出了被压迫、被欺辱的历史，逐步走向了今天的辉煌。1921年，中国共产党成立了。这个诞生时仅有十几人的党，日后成就了一系列伟大的事业。党带领人民取得了抗日战争、国内革命战争的胜利，领导中国人民真正站起来，成为这片土地的主人。后来，在党的伟大思想的指引下，中国推行改革开放，建立社会主义市场经济制度，为后来的繁荣发展打下坚实的基础。中国的国际地位不断提高，综合国力不断增强，在外交上取得了丰硕成果，在经济、科技、文化实力等各领域齐头并进，走在世界前列。学习党史有助于我们更好地理解中国共产党的发展进程，让我们明白，党带领人民走到今天，建设好我们伟大的祖国是多么不易，也让我更加敬佩中国共产党领导人的英明决策，以及千千万万中国共产党党员为党和国家的发展团结一致、坚守初心的伟大精神。

　　我的父母都是党员，教导我学习伟大共产党员的精神，拥护中国共产党的领导，我在心中逐渐产生了加入中国共产党这一伟大政党的愿望。伴随我的成长，一直受到党的教育和培养，无数革命先烈及优秀党员，吃苦耐劳、无私奉献的精神深深打动着我，我在心中默默立志，要向他们学习，努力成为一名优秀的共产党员，为同学服务，为人民服务，奉献社会，回报祖国对我多年的培养与教育。

我在生活中是一个努力进取，勇于挑战自我的人。我会为自己设定阶段性目标，在学习、社会实践、学生工作等方面发展自我，提升自我。我拥有积极乐观的生活态度，面对挫折和困难，不放弃希望，以开放的心态面对，相信努力终会有回报。我乐于帮助同学，参与各类志愿服务，我也热爱学习，积极学习教育学专业知识，开展学术研究，并且努力学习党的相关理论知识和党史知识，关注时政新闻，关心国家大事。不过，人无完人，我自身也存在一些缺点，比如对党的理论学习还不够深入，覆盖面不够广；在学习、工作时有时会因不够专心存在效率低下的问题；需要提高体育锻炼的次数及频率等。在以后的学习和工作中我会努力改正这些不足之处，更好地完善自己，提高自己。

今天我正式申请加入中国共产党。如果能够成为一名共产党员，我会对自己高标准，严要求，提高自己的品行和修养，让自己成为一名优秀的共产党员，为人民服务，发挥生命的价值。同时，如果党组织还不能接收我，我也会在以后的生活中继续提升自己，发展自己，让自己能够更好地达到成为一名党员的标准。

请党组织在实践中考验我！

此致

敬礼！

申请人：王××
2020 年 9 月 11 日

 写作训练

新学期伊始，很多同学参加了军训，经历了思想教育，希望加入中国共产党。请按照申请书的写作格式和要求，写一份入党申请书。

项目四
述职报告

> **情景描述**
>
> 工作以后成为管理人员或专业技术人员，在一定的履职期限内要接受考核，向上级领导、主管部门作述职报告。这个述职报告怎么写？有什么格式和要求？

一、述职报告认知

述职报告是各种社会组织的管理人员、专业技术人员接受有关考核，及各级各类机关工作人员向上级、主管部门和下属群众，陈述自己在一定时期内履行岗位职责的情况及绩效的文书，包括履行岗位职责，完成工作任务的成绩、问题、经验、教训，进行自我回顾总结、评估鉴定的书面报告。

二、述职报告特点分析

1. 自述自评

自述就是要求报告人叙述自己在一定时期内履行职责、完成任务的情况，因此，使用第一人称自述的方式，向有关方面报告自己的工作情况。包括报告人在一定时期内，按照岗位规范的要求，为国家或单位做了些什么事情，完成了什么指标，取得了什么效益，有些什么成就和贡献，工作责任心如何，工作效率怎样。述职报告可以采用夹叙夹议的写法，既表述履行职责的有关情况，又说明履行职责的出发点和思路，还要申述处理问题的依据和理由。

自评就是要求报告人依据岗位规范和职责目标，对自己任期内的德、能、勤、绩等方面的情况，作自我评估、自我鉴定。述职人必须持严肃、认真、慎重的态度，既要对自己负责，也要对组织负责，对群众负责。对工作的走向，前因后果，要叙述清楚，详略得当，并做出准确的自我评价。

2. 依照标准

述职报告是针对个人工作情况而作的文书，因此要求报告人必须以自己所在岗位的职责和目标为标准，依据岗位的职责和目标，去陈述自己的工作并做出自我评价。所以，报告内容不是由述职者自主确定，而是依照岗位职责标准确定。

3. 诚恳报告

诚恳报告就是要求报告人放下官架子，以被考核、接受评议、监督的人民公仆的身份，履行职责作报告。报告人要认识到，自己是在向上级汇报工作，是严肃的、庄重的、正式的汇报，是让组织了解自己，评审自己工作的过程，因此，语言必须得体，态度必须谦逊诚恳。

三、述职报告种类选用

1. 从内容上划分

（1）综合性述职报告　指报告内容是一个时期所做工作的全面、综合的反映。

（2）专题性述职报告　指报告内容是对某一方面工作的专题反映。

（3）单项工作述职报告　指报告内容是对某项具体工作的汇报。

2. 从时间上划分

（1）任期述职报告　对任现职以来的总体工作进行报告。时间较长，涉及面较广，要写出一届任期的情况。

（2）年度述职报告　是一年一度的述职报告，写本年度的职责履行情况。

（3）临时性述职报告　是指担任某一项临时性的职务，写出其任职情况，比如，负责暑期的招生工作，或主持一项科学实验，或组织了一项体育竞赛，写出其履职情况。

3. 从表达形式上划分

（1）口头述职报告　指需要向选区选民述职，或向本单位职工群众述职的，用口语化的语言写成的述职报告。

（2）书面述职报告　指向上级领导机关或人事部门报告的书面述职报告。

四、述职报告的写法

述职报告一般由标题、抬头、正文、落款四部分组成。

1. 标题

述职报告的标题，常见的写法有三种：

① 文种式标题，第一行居中直接写"述职报告"。

② 公文式标题由姓名、时限、事由、文种名称组成，如《2015年至2017年任环保局长职务的述职报告》，这种完全式写法用于向上级机关述职。在大会上述职可以

采用简化式，如《个人述职报告》《2018年度述职报告》等。

③ 文章式标题通常由正题和副题构成，如《思想政治工作要结合经济工作一起——稠油厂厂长赵××的述职报告》。

2. 抬头

① 书面报告的抬头，写主送单位名称如"××党委""××组织部"或"××人事处"等。

② 口述报告的抬头，写对听者的称谓如"各位代表""各位同事"或"各位领导，同志们"。

3. 正文

述职报告的正文由开头、主体、结尾三部分组成。

① 开头又叫引语，一般交代任职的自然情况，包括何时任何职，变动情况及背景；岗位职责和考核期内的目标任务情况及个人认识；说明自己所担当的具体职责，表明自己对本职责的认识，并阐明任职的指导思想和工作目标，概述所取得的成绩。对自己工作尽职的整体评价，明确述职范围和基调，这部分要写得简明扼要，概括介绍一下。

② 主体是述职报告的中心内容，主要写实绩、做法、经验、体会或教训、问题，要强调写好以下几个方面：对党和国家的路线方针政策、法纪和指示的贯彻执行情况；对上级交办事项的完成情况；对分管工作任务完成的情况。在工作中出了哪些主意，采取了哪些措施，作出了哪些决策，解决了哪些实际问题，纠正了哪些偏差，做了哪些实际工作，取得了哪些业绩。写出存在的主要问题，并分析问题产生的原因，提出今后改进的意见和措施，这部分要写得具体、充实、有理有据、条理清楚。这部分内容由于涉及面广、数量多，宜分条列项写出。要注意安排好各条内容逻辑关系。述职报告应从思想道德素质、政治理论素质，开拓进取精神，政策法律水平，处事决断能力，分析综合能力，廉洁模范作用，工作作风和工作方法等方面，叙述自己的情况，回答好称职与否的问题。

③ 结尾一般写结束语，概述一下对自己的评价，并表明自己的态度和决心，用"以上报告，请审阅""以上报告，请审查""特此报告，请审查""以上报告，请领导、同志们批评指正""谢谢大家"等作为结束语。

4. 落款

述职报告的落款，写述职人姓名和述职日期或成文日期。其中，署名可放在标题之下，也可以放在文尾。

五、撰写述职报告的注意事项

1. 牢记自己的职责定位

述职是要围绕自己的工作职责展开，找准职责定位，报告自己履行职责的情况。

2. 客观地评价自己的成绩和问题

成绩要说出来，是你自己的还是集体的一定要说清楚，领导的支持、同事的配合，都要说出来。有问题也不能隐瞒，要汇报出来并总结教训，这才是实事求是、认真负责的态度。

3. 语言朴实简练

述职不要写太长，要详略得当，重点突出。语言要高度凝练，用词朴实准确，言简意赅。

六、述职报告例文

调度员述职报告

2014年以来，我以高度负责的精神，认真履行工作职责，按时、按质、按量地完成了各项工作，作为调度处大家庭的一员，我也明显感觉到自己在不断成长，收获的不仅仅是大家庭荣耀，更多的是自身的历练和成熟。现在就我在2014年的工作总结如下：

一、管理制度建设颇有成效

管理制度是企业创造效益的第一道闸门，是容易发生问题、备受关注的工作。作为一名合格的调度人员，必须熟知生产流程的利害关系，清楚装置关键要害部位，能够在危急时刻迅速理清是非曲直。

为此我加强对流程的学习、对事故的总结和对行业法律法规的了解，制定出新生产部调度室管理制度，并按照自己的思路总结了各装置事故时的应急方案，新制度在实施中，反映良好。

二、生产技术问题调度管理

（一）装置之间的制约因素越来越多，往往牵一发而动全身，错综复杂，在接到问题电话后，我立即简明扼要地进行汇报，马不停蹄地安排生产技术部门进行问题查看，追根溯源地查找问题之所在。基本问题安排妥当，没有造成更大的损失。

（二）生产执行单位在回馈的信息中，签署对相关服务单位执行调度指令评估意见。

三、生产任务完成情况调度管理

我室通过查看统计报表、召开现场询问和调度例会，进一步掌握了各生产单位的产量完成进度，了解影响生产进度的原因。并根据现场了解的问题，调度室适时组织和定期召开生产调度会，合理安排均衡生产；必要时，调度室有权调配相应的资源为生产服务，并做好相关记录，同时向生产部负责人汇报资源调配情况。

四、突发事件安全调度管理

在安全事故管理上，做了程序上的创新：

（一）对生产现场发生的突发事件，在能力范围内，立即采取有效措施，较大限度地降低因突发事件对公司生产造成的损失。

（二）在事件发生的第一时刻，立即向上级汇报，组织相关技术人员采取专业的防护措施，防止事态的进一步扩大。

（三）必要时在降低突发事件可能造成损失的前提下，保护好突发事件现场，便于事后对问题进行分析和解决。

（四）对事件的起因、经过、处理结果都做好相应的记录和相应的报告，以便日后领导复查。

凝聚产生力量，团结诞生兴旺。作为调度员，在以后的工作中，我要继续顾全大局，时刻把提高整个团队的凝聚力和向心力作为己任。在同大家多交流思想，多沟通后，增进了相互理解和支持。各部门以诚相待，同舟共济，团结奋进，为营造一个充满生机活力、拼搏奋进的高效的团队奋斗。

调度室　王××
××××年××月

写作训练

请模拟工作以后，你作为化工车间技术员的身份，向上级领导、主管部门写一篇述职报告。

项目五
会议记录

情景描述

某校将主办省级化工技能大赛,举办比赛前要开筹备会议,请你对此次会议进行记录。会议记录的格式和写法是怎样的?下面介绍会议记录的写作要领。

一、会议记录认知

会议记录是工作中经常用到的事务性应用文。机关、团体、企业、学校都会召开各种会议,开会就要做会议记录,会议记录就是把会议的议程组织情况和在会议中的报告、讲话、发言、决定及各方面的意见内容客观记录下来的重要文书。会议记录作为研究和总结会议的重要依据、文件上传下达的通报信息、形成会议纪要及编写简报的参考素材、存档保存的重要凭证,一般不公开发表。

二、会议记录格式

1. 会议记录的标题

标题即会议的准确名称(要写全称)。一般是单位名称、会议事由(含会议届次)加上记录二字组成,单位、部门、机构名称+会议名称+会议次数+记录。例如《××化工总厂2021年第三次调度会议记录》。

2. 会议组织情况

详细记下开会时间和会议地点;会议主持人、出席会议应到和实到人数,缺席、迟到或早退人数及其姓名、职务,记录者姓名。如果是群众性大会,只要记参加人员类别和总人数,以及出席会议的较重要的领导成员名字即可。如果某些重要的会议,出席者来自不同单位或部门，应准备会议签到簿，请出席会议人员签署姓名、单位、职务等。

出席人、缺席人和列席人；主持人姓名、职务；记录人姓名，必要时注明其职务。上述内容可以在会议召开之前写好。

3. 会议内容

主要记录会议议程、议题、讨论过程、发言内容、会议决议等。这一部分是了解会议意图的主要依据，要着重记录。真实记录会议上的发言，会议发言的内容是记录的重点。其他会议动态，如发言中插话、笑声、掌声，临时中断以及其他重要的会场情况等，也应当记录。

会议记录重点要记好五个方面：会议中心议题以及围绕中心议题展开的有关活动；会议讨论、争论的焦点及其各方的主要见解；权威人士或代表人物的言论；会议开始时的定调性言论和结束前的总结性言论；会议已议决的或议而未决的事项；会议记录要求忠于事实，不能有意改变发言内容，更不能夹杂记录者的个人情感。会议记录一般不宜公开发表，如需发表，应征得发言人的审阅同意。

4. 结尾

在会议记录的右下方，由会议主持和记录人签名，以示证明和负责。

三、会议记录注意事项

① 现场书写会议记录要"快、省、要"。快，即书写要快。字小一些、潦草一些没关系，只要自己能看懂即可，会后再进一步整理。省，即在记录中使用省略法。如使用简称；省略句子中的附加成分；省略引文，记起止句或起止词，会后查补。要，即择要而记。记录重点，如议题、会议主持人和主要领导发言的主要思想、会议结论性意见、决定或决议等；就记录一个人的发言来说，要记其发言要点、主要论据和结论，论证过程可以不记。

② 会议记录的方式有摘要和详细两种。一般性的例行会议，只要概括地记录讨论内容和决议的要点，不必记录详细过程。只要求有重点地、扼要地记录与会者的讲话和发言，以及决议，不必全记。对特别重要的会议或者特别重要的发言，要作详细记录。详细记录要尽可能记下每个人发言的原话，不管重要与否，最好还能记下发言时的语气、动作表情及与会者的反应。如果发言者有稿子，可以把稿子收作附件，并记下稿子之外的插话、补充解释的部分。

③ 会议记录作为存档的重要文书凭证，要力求真实、准确、完整地记录，忠于原意。为保证会议记录的客观全面，重要的会议可以录音、录像。

四、会议记录例文

化工学院教学会议记录

会议时间：2021 年 6 月 5 日

会议地点：大会议室

主持人：刘主任

记录人：小李

出席人员：全体教师

缺席人员：3人请假，王×× 张×× 赵××

按照学院有关规定，2021年6月5日下午2:30—3:00，化工学院在会议室召开教研例会，会议主要内容如下。

一、关于一师一优课

我院已经完成70多名教师考核，本教研室所有教师均报名参加。

二、期中教学检查座谈意见反馈

本学期期中教学检查已经顺利结束，有关问题反映如下。

1. 教学态度

希望增加师生之间的沟通交流，在教学内容和教学活动等方面增加与学生的互动，建议多种方式灵活教学，教学日常中尊重学生人格。

2. 教学秩序

要加强考勤和课堂秩序，每周必须点名，加强学生课堂管理。对于破坏课堂秩序的不良行为应有更恰当的处理方式。

3. 教学日志与听课记录

检查中发现部分造假、不认真行为，比如以旧日志涂改、记录不认真、记录内容不符等。大家要引以为戒，坚持提升个人职业道德与强化职业能力。

今后教学科制定相应管理办法，明确任务，强化教学管理过程。听评课等进一步规范。

三、实习工作

本周为第16周，石油化工专业三个班要到化工厂实习，请学生科统计好学生选择的工厂，安排好带队老师，与化工厂联系好，安排好学生的实习工作。

 写作训练

化工厂为做好本季度的生产工作，督促安全生产，狠抓产品质量，于6月8日召开生产会议，由全厂车间主任参加。请你写一份生产工作会议记录。

项目六
请假条 证明信

情景描述

　　大三下学期同学们正在化工厂实习，此时学院将召开全体学生重要会议，要求实习的学生请假回校开会。那么，该怎样向实习单位写请假条？格式和注意事项有哪些？
　　实习完毕，实习单位还要给实习学生出具一份实习证明，这个证明又该怎么写？

一、请假条

（一）请假条认知

　　请假条是常用的文体，是因故不能上班、上课、参加活动等时，向有关单位或个人请假所写的一种应用文。比较简便、灵活，格式可以不固定。请假条通常有事假条、病假条，写时统称"请假条"。写请假条要实事求是，不能弄虚作假，编造理由。

（二）请假条的写法

　　① 标题居中，写请假条三字。
　　② 称呼，顶格写部门的名称或领导人的称呼，并在后面加冒号。称呼标题之下，空一至二行后，另起一行，顶格写向谁请假，可以写单位，也可写领导个人。如果是个人，通常写该人的姓加上职务，但不必用表示尊称的词语。直写"李老师""张经理"即可。
　　③ 正文部分写请假缘由、请假起止时间，要另起一行，空两格。主要写明请假的原因和请多长时间假。如：因……需要请假，请假时间自××××年××月××日

至××月××日共××天,恳请领导批准。

正文最后,另起一行,空两格写"谢谢""抱歉""此致敬礼"之类的客气话,也可以不写。

④ 落款写在右下方,包括请假人签名和日期。写在正文末尾的右下方,空二至三行写。如果是学生请假,可以在名字之前加"学生"二字,表示对老师的尊重。日期另起一行,写在署名下方。

(三) 写请假条的注意事项

1. 请假条须提前写

一般情况下,事先知道有事要请假,应提前向有关人员提交假条请假,得到批准后方可休假。如果遇到突发情况来不及写请假条,可先打电话找领导口头请假,事后补签假条。"事后"补假条又有时间限制,一般最晚为员工恢复上班的当天,或者1~2个工作日内。

2. 请假人不可越级请假

请假一般要先找直属上司签批假条,再找主管领导签批,不能越级请假。

3. 请假原因要具体清楚

请假原因要具体清楚,不能含糊其词,模棱两可,更不能造假。

4. 请假时间要写清楚

请假时间一定要写清楚,便于有关部门考虑和安排人员临时接替你的工作,也是财务部门核发工资的依据。

5. 假期满后应主动销假

请假人在假期满后应主动销假,回来上班了要向相关领导汇报。特别是提前回来了,要销假,改成正确的请假时间。

(四) 请假条例文

请假条

张老师:

  今天上午我母亲突然生急病住院,我父亲出差在外,家里没有其他人员,我只能在医院作护理,因而今天不能到校上课,特此请假,请批准。一旦我母亲病有好转,我立即到校上课。

  附:医院证明。

  此致

敬礼

学生:×××
20××年××月××日上午

二、证明信

(一) 证明信认知

证明信是机关、团体、企事业单位证明有关人员身份或某件事情的真实情况时，所写的专用书信，又简称"证明"。从作者角度，可分为以组织名义出具的证明信和以个人名义出具的证明信。从用途来看，证明信又可分为存入档案的证明信、证明情况属实的证明信以及作为证件使用的证明信。

(二) 证明信的写法

不论是哪种形式的证明信，其结构都大致相同，一般都由标题、称谓、正文、结尾和落款等构成。

1. 标题

证明信的标题一般两种写法。

① 直接在第一行中间写"证明信""证明"做标题。

② 由文体名和事由共同组成标题，居中写在第一行。例如"关于×××同志××情况的证明"。

2. 称谓

称谓是单位名称，标题下顶格写收信单位名称，其后加冒号。

3. 正文

另起一行，前空两格，写清需要证明的事项。写清全部事实，证明某人的身份、经历或者证明有关事件的真实情况。

4. 结尾

另起一行，前空两格，写"特此证明"，以收束全文。

5. 落款

在正文右下方署上证明单位或个人名称，写上证明的日期，并由证明单位或证明人盖公章或私章，签名，才能生效。

(三) 证明信写作注意事项

① 实事求是，证据确凿。对被证明的人或事，必须了解清楚，所写内容必须真实。

② 用语要准确，语气肯定，不能模棱两可。

③ 证明信不能涂改，如有涂改，必须在涂改处加盖公章（或个人印章）。必须有证明机关盖章。

(四）证明信例文

实习证明

兹有××大学××××级××××专业××同学于××年××月××日至××年××月××日在××××化工有限公司实习。

该同学的职位是××××，在实习期间主要工作职能如下：

1. 负责对原材料、产品进行理化检验；
2. 整理检验结果，及时上报；
3. 协助进行产品质量的相关实验；
4. 协助处理质量的相关问题。

该同学实习期间，爱岗敬业，表现优良。

特此证明

××××化工有限公司
20××年××月××日

 写作训练

根据前文的任务描述，请你模拟车间主任和实习同学，分别写出一份实习证明信和一份请假条。

项目七
求职信

情景描述

化工专业毕业生要想到化工厂工作,就要先求职,写一封加分的求职信非常关键,那么,求职信的写作格式和要求是什么? 内容怎么写?

一、求职信认知

求职信,也叫自荐信、自荐书、求职申请等,是求职者在递交求职简历的同时,向用人单位表达求职意愿、介绍自己的基本情况、提出供职请求,希望用人单位考虑、答复的专用性文书。

自荐信是求职者以书信的方式自我举荐、表达求职愿望、陈述求职理由、提出求职要求的一种文书。求职者可以向用人单位说明自己的工作能力、知识水平和人格特点,从而建立起与用人单位之间的联系,取得成功应聘的机会。

二、求职信的结构和写法

求职信的格式和一般书信大致相同,主要包括标题、称呼、正文、敬语、落款及附件六部分。

1. 标题

标题可直接居中写文种名,例如"求职信""求职书""自荐信""应聘信"等。

2. 称呼

求职信的称呼写单位名称或联系人、负责人的职务。在第一行顶格写,称呼后用冒号。求职信的称呼根据不同的单位而定,对国有企事业单位的称谓,可为单位名称或单位的人事处（组织人事部），对民营、私营或合资独资企业的称谓，可称呼"××公司""××经理""××先生（女士）"等。也可以在称谓前面加敬语，如"尊敬的××主任"。

3. 正文

正文是求职信的主体，一般包括问候语、导言、自我介绍：

① 问候语。问候语是对收信人礼貌的表达。写在称呼下一行，一定要空两格，用感叹号。一般写上"您好""近好"即可。如果收信方是某单位的话，可省略问候语。

② 导言。可以写出求职信息的由来与要申请的职位，表达自己对所申请的职位非常感兴趣。因为求职者一般是看到招聘广告或听到别人介绍后写的，例如"本人十分仰慕贵公司，近日看到《××晚报》刊登的贵公司招聘×××员工的广告，激发了我到贵公司求职的渴望。"导言可写可不写。

③ 自我介绍。简介本人基本情况。主要介绍自己的姓名、年龄、政治面貌、就读的学校、所学专业及专业课成绩，尤其是与招聘单位对口或接近的专业课成绩。介绍自己学习的深度及广度，包括与求职岗位相关的社会实践和成绩。对于兴趣爱好的介绍要与目标职位有一定的关联。

应说明能胜任申请职位的各种能力及自己对工作的认真态度，目的就是要明确表明自己具有专业知识和社会实践经验，以及与工作要求相关的特长、兴趣、性格和能力，是该职位的最佳人选。对想要申请的职位，如果在竞争中处于劣势或者自身存在不足之处，必须在求职信中巧妙地化劣为优。在信中阐述自己对职位的充分理解，更能引起招聘单位的注意。

4. 敬语

在正文即将结束时，简单概括一下全文的重要内容，加深收信人的印象，感谢对方阅读并希望用人单位能予接纳、恳请对方给予回复等，提出希望和要求。常用的结束语有"如蒙赐复，不胜感激！""若认为本人条件尚可，请惠予面试，本人将准时赴试"等。信的最后往往写上简短的表示敬意、祝愿之类的话语。常用的有"此致敬礼""顺祝安康"等。

5. 落款

正文右下方，署上个人姓名和日期。姓名后可加"敬上"或"谨呈"等礼貌用语。如用打印机打出自荐信，最好在落款处手写签名。

6. 附件

可提交附件，包括相关材料及复印件等，如成绩单、各类获奖证书、职业资格证书、发表的文章等。在落款下一行空两格的位置，写上"附件"或"附"后加冒号，列出附件目录。最后可以写上求职人的通信地址、邮编和电话号码等信息，以便于联系。如果同时提交的简历里已写了联系方式，这里可以不写。

三、写作注意事项

1. 简明扼要、重点突出

求职信要针对用人单位的需求来写,所以要突出那些能引起对方兴趣,有助于获得工作的内容。在句式上尽量使用短句,在词语运用上少用修饰性词语。展示自己的独特长处,写出人无我有、人有我优的"闪光点"。内容力求简短,任何与求职无关的文字都不要出现。

2. 内容真实,谦虚诚恳

求职信内容一定要真实,材料经历等不能造假。可以坦言自己浓厚的兴趣,但不能言过其实。避免使用"一定、绝对、肯定、保证"等词,不要使用限定性的语言或句子,语气要自信但不自负,要谦逊而不谦卑。

四、求职信例文

求 职 信

尊敬的总经理先生:

  首先,为我的冒昧打扰向您表示真诚的歉意。在即将毕业之际,我怀着对贵公司的无比信任与仰慕,斗胆投石问路,希望能成为贵公司的一员,为贵公司服务。

  我是××职业技术学院计算机软件专业2013级学生,将于今年7月毕业。在大学学习期间,我认真学习各门基础课及专业课,并取得了良好的成绩(见附表),英语已通过六级考试(见附件)。本人不仅能熟练掌握学校所教课程的有关知识(程序设计、AUTOCAD R14、FRONTPAGE98、FOXPRO2.5、C语言等),而且还自学了PHOTOSHOP5.0、DMAX2.5、VISUAL FOXPRO等,专业能力强,曾获学校计算机软件设计比赛一等奖。

  作为新世纪的大学生,我非常注意各方面能力的培养,积极参加社会实践,曾在平安保险做过业务员,在肯德基做过星级训练员,还在腾讯计算机系统有限公司做过网络技师,爱好广泛,有责任感,能吃苦耐劳。

  本人期盼能成为贵公司的一员,从事计算机服务等工作。诚然我尚缺乏丰富的工作经验,如果贵公司能给我机会,我会用我的热情、勤奋来弥补,用我的知识、能力来回报贵公司的赏识。

  盼望您能给我一次面试的机会。

  此致

敬礼!

王×× 敬上
2018年5月17日

写作训练

学完求职信的写法,作为化工专业的毕业生,请为自己写一封加分的求职信吧,注意求职信的结构和写法。

项目八
简历

情景描述

大学毕业后去化工厂求职,除了写一封加分的求职信,还要制作一份简历,那么简历的内容怎么写? 包括哪些方面?

一、简历认知

简历又称个人履历,是求职者将自己的个人情况履历等信息与所谋求的职位紧密相关的内容分析整理出来,形成的清晰简要的书面求职文书。求职者用客观真实的履历材料向招聘者展示自己的学历学业、经历经验、技能特长等。

二、简历特点分析

1. 实事求是

在写作简历时,求职人员必须实事求是地反映自己的学历学业、经历经验、技能特长等信息。求职者在撰写简历时,要着重展示自己适合于所申请职位的条件和优势。

2. 简洁明了

简历的文字要言简意赅,突出重点,字数控制在五六百字。招聘官第一次初选简历几秒钟就看一份,写得太多,人家没时间看。

三、简历的格式及内容

简历一般由标题和正文两部分构成。

1. 标题

标题常用"个人简历""求职简历"等,也可采用名字加简历的写法,例如"×

××简历"。

2. 正文

简历的正文写作形式有文字式、表格式、文字表格综合式。不管哪种形式的简历，都应包括以下内容。

① 个人自然信息，如姓名、性别、出生年月、健康状况、家庭地址、邮编、电话、电子信箱等内容。

② 希望从事的职位，也就是所申请的职位。

③ 学历教育情况。学历学位、毕业院校、专业、计算机水平、英语水平等。

④ 与申请职位相适应的个人能力。所学专业、工作实践经验，与此申请职位相关的职业资格证书、特长爱好、性格等。

四、简历写作的注意事项

1. 不要出现错别字和排版错误

简历上出现错别字或是在格式、排版上有错误，或者简历皱皱巴巴、有污点，这说明你做事不用心、不认真，这是用人单位最不能容忍的事情。应标题明显，疏密得当，字号大小适中。多检查几遍，不要有错别字和排版错误。

2. 简历不必做得太花哨，要简洁大方

有人做的简历很精致、华丽，用了好多艺术字，甚至连打印纸张都是五颜六色的。除了应聘美术设计、装潢、广告等专业外，简历不必做得太花哨，过分标新立异会适得其反。例如，有人简历封面上赫然写着 4 个大字"通缉伯乐"，你觉得自己是标新立异，而用人单位觉得你好像在威胁他。

3. 实事求是，不能造假

简历要用事实说话，让案例和数字证明你的成绩，不要写空口无凭的话。不要把自己的弱项写进去，不写这些并不代表说假话。数据不能造假，也不能说谎。把你具有的优点和能力，实事求是地写出来就行了。

4. 语言要简洁朴素，不要用华丽的辞藻

简历要言简意赅，内容不宜过多。招聘官看简历就好比考官看试卷，没有那么多的时间。不能长篇大论，用一到两页 A4 纸的内容基本就可以了。不要华丽的辞藻，过多的修饰，不要写成文学作品，要用简洁朴素的语言叙述。

5. 不要写薪水要求

简历上写对工资的要求，要冒很大的风险，最好不写。如果薪水要求太高，会让企业感觉雇不起你；如果要求太低，会让企业觉得你无足轻重。所以建议不要写薪水要求。

6. 联系方式要写齐全

手机、电子邮箱、QQ、微信，可以都写在简历上，便于用人单位通知你面试的结果。

7. 简历照片要规范

简历照片为一至两寸彩色近身照，衬衫西服照最好。一般用标准证件照就可以，可适度地进行美颜，但不要过于花哨。

五、简历例文

简历

一、个人资料

姓名：赵某元　　　　政治面貌：党员

性别：男　　　　　　学历：大专

年龄：22　　　　　　毕业学校：××学院

民族：汉　　　　　　专业：石油化工

籍贯：江苏南通　　　健康状况：健康

二、知识结构

专业必修课程：化工原理、有机化学、分析化学、化工机械与设备、化工自动化及仪表。

专业选修课程：油气储运、化工安全、化工分析等。

三、专业技能

××年获得××员证书

6～12月在××省×市××石油公司实习半年，熟悉了基本的工作要求

四、外语水平

××年通过国家大学英语B级考试，有较强的阅读、写作能力。

五、计算机水平

Windows7操作系统和Office2007、互联网的基本操作。

六、社会工作

中学：班长、校学生会主席、校足球队队长。

大学：班长、院学生会主席、校足球队队长。

七、兴趣与特长

喜欢体育活动，曾担任中学、大学足球队长，获得校足球联赛"最佳射手"称号并参加过市大学生足球联赛。参加市田径赛，获得三等奖。

八、个人荣誉

中学：三好学生、优秀团员、优秀干部、××竞赛三等奖。

大学：××年校优秀学生干部、××年一等奖学金、××年三等奖学金。

九、主要优点

1. 有较强的组织能力、协调能力、活动策划能力。在大学期间曾多次领导组织大型体育赛事和文艺演出并取得良好效果，如2019级足球赛等。

2. 有较强的语言表达能力和公关能力。

3. 有较强的团队精神，善于"协同作战"。人际关系良好；在同学中有较高的威信。

十、求职意向

石油化工相关方面的工作。

十一、联系方式

联系电话：0546－12345678 手机：×××××

联系地址：××市×区××大道××号　邮政编码：×××

Email：ZXCV@×××.com

附件：略

表格简历模板如下。

个人简历空白表格

姓名		性别		出生年月		政治面貌		照片
毕业院校		毕业时间		最高学历		学位		
技术职称				从业资格证名称				
身份证号码				专业				
家庭住址				邮政编码		联系电话		
户籍所在地				籍贯		身体状况		
现工作单位				单位性质				
学习经历	起止日期		学校及获得的证书名称					
工作经历	起止日期		单位名称及所从事工作、职务职称					
主要业绩及获奖情况								
应聘岗位、理由及其他需要说明								
备注								

要求：个人简历上需上传相关图片。相关证书、证件扫描图片附简历后。

写作训练

作为化工专业的毕业生，想到化工厂工作，需要进行求职，则要写求职信、制作简历。请你按照学过的知识，制作一份合格的简历，要符合简历的格式和要求。

 ## 本章小结

本章主要学习的是事务性应用文，虽然要求没有公文严格，但是也有一定的格式要注意。事务性应用文涉及工作和生活的方方面面。计划、总结、申请书、请假条、证明信、述职报告、求职信、简历等是最常用的事务性文书，标题、主送机关、正文、落款也有一定的规范，请同学们一定要认真学习，掌握这些事务性应用文的写法。

 ## 课后练习

1. 计划的特点是什么？
2. 计划的写法是怎样的？
3. 总结的写法是怎样的？
4. 申请书的种类有哪些？
5. 入党申请书的写法是怎样的？
6. 请假条、证明信的写法是怎样的？
7. 述职报告的种类有哪些？写法是怎样的？
8. 求职信、简历的制作方法是怎样的？
9. 会议记录的写法是怎样的？

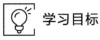 **学习目标**

- **能力目标**

  能够写出符合礼仪规范的应用文书，邀请函、开幕词、闭幕词、欢迎词、欢送词、喜报等。

- **知识目标**

  ① 了解邀请函、开幕词、闭幕词、欢迎词、欢送词、喜报的概念。

  ② 掌握邀请函、开幕词、闭幕词、欢迎词、欢送词、喜报的基本写法。

- **素质目标**

  培养诚恳友善的交往态度，提高文明礼仪素养。

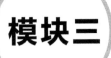

模块三

礼仪活动：
礼仪性应用文

在化工行业的工作中，也有许多会议和接待，例如：上级来检查；兄弟单位来参观、培训等，会用到礼仪性应用文，也叫社交礼仪文书。有学者认为礼仪性应用文也是事务文书的一类。礼仪性应用文是指国家、单位、集体或个人在喜庆、哀丧、欢迎、送别以及其他社交场合用以表示礼节、抒发感情的具有一定格式的文书。具有传统性、应酬性、情感性、真实性等特点。社交礼仪文书种类繁多、体裁各异，在实际运用中应根据不同需要，在不同场合根据不同的时机和对象，运用恰当得体的方式来表达密切关系，增进各方友谊。

项目一
邀请函

> **情景描述**
>
> 某校将主办省级化工技能大赛,需邀请5名化工领域的专家做评委。比赛前要向评委发邀请函,邀请函的格式和内容该怎么写?

在公务和个人生活中,都会有人际交往,邀请相关部门或朋友参加一些活动,邀请有正式与非正式之分。非正式的邀请,通常是以口头形式来表达,要随意一些。正式的邀请,就要用到邀请函。特别是行政机关、企事业单位、社会团体,邀请有关人士前往某地参加某项活动或事宜等,既要讲究礼仪,又要设法使被邀请者备忘,因此多采用书面的形式进行正式邀请,即邀请函。邀请函是为社交服务的专门文书。

一、邀请函认知

邀请函又称邀请信、邀请书,是礼仪活动主办方(单位、团体或个人)邀请有关人员出席重要的会议、典礼,参加某些重大活动时发出的礼仪性书面函件。

精心安排、精心组织的大型活动与仪式,如纪念会、庆祝会、发布会、单位的开业仪式等,只有采用邀请函邀请嘉宾,才会被人视之为与其档次相称。邀请函有自己的基本内容、特点及写法上的一些要求。

二、邀请函特点分析

邀请函的基本内容包括礼仪活动的背景、目的和名称;主办单位和组织机构;礼仪活动的内容和形式;参加对象;礼仪活动的时间和地点、联络方式以及其他需要说明的事项。内容根据实际情况填写。邀请函的特点体现在以下三个方面。

（1）讲究礼貌　邀请时使用邀请函表示礼貌。礼貌性是邀请函的最显著的特征。发出邀请函就是礼貌的体现，邀请函的内容就是体现双方和谐友好的交往，特别是在赞美肯定和固定的礼貌用语的使用上要得体。

（2）情感真诚　礼仪活动邀请函是为社交服务的专门文书，这使得它能够单纯地、充分地发散友好的感情信息，适宜在特定的礼仪时机、场合，向礼仪对象表达专门诚挚的感情。

（3）用语简洁　邀请函是各行各业都会用到的一种事务文书，所以用语要简洁明了，文字不要太深奥，也不要写太多内容。

三、邀请函的写法

1. 标题

邀请函的标题通常直接写"邀请函"，也可以由活动名称加邀请函组成，例如"毕业晚会邀请函"。有时候也可以使用个性化的活动主题标语，例如"魅力无极限××邀请函"，可以体现举办方特有的企业文化特色。邀请函标题一般都是居中的，另外要注意标题的字体、字号。

2. 称谓

邀请函的称谓要顶格写，直接写明邀请对象。邀请函的称谓使用"统称"，一般会在姓名前面加上敬语，例如"尊敬的"等，在姓名的后面增加一些职务、头衔等说明，例如"尊敬的×××先生/女士""尊敬的×××教授"等。

3. 正文

正文是邀请函的主体部分，是活动主办方正式告知被邀请方举办活动的缘由、目的、事项及要求。一般要空两格写。开头一般先写问候语。在称谓的下一行，要空两格写。问候语是对被邀请人进行简单的问候，可以直接写"您好""你们好"等。然后写清活动的时间、地点和日程安排、活动方式、邀请对象以及需要邀请对象所做的工作等。要注意用词礼貌、信息准确，语言简明，对被邀请方发出诚挚的邀请。

活动的各种相关事宜务必在邀请函中写得具体清晰。

若相距较远，则应写明交通路线，以及来回接送的方式等。其他差旅费及活动经费的开销来源及被邀人所应准备的材料文件、节目发言等也应在正文中交代清楚。若附有票、券等也要同邀请书一起送给被邀请对象。

正文结尾一般会写常用的邀请惯用语。如"敬请光临""欢迎光临"，也可以写成长句，表达邀请的真诚。一般是在最后空两格写，结尾用感叹号。

4. 落款

落款要写活动主办单位的全称和发出邀请的日期。落款要严谨庄重，如果是单位发出邀请，一般要盖上单位公章。

四、撰写邀请函的注意事项

1. 邀请函尽量提前发送

主办方要尽早发送邀请函,以便被邀请人安排好自己的工作,准备好各种事务,才能按时前往。如果邀请函发送晚了,被邀请人来不及准备,或拿到邀请函时已过期了,就无法参加主办方的活动了。

2. 语言要尊敬有礼

邀请对象一般都是上级领导、专家、社会名流、兄弟单位代表、友好亲朋等,称呼被邀请者姓名之后应加最高的职务头衔。邀请函的内容类似于通知,但它不能用命令的口气,要用商量的语气,满怀真诚地邀请,用词一定要礼貌。

3. 邀请函内容要详细具体

邀请函是被邀人来参加活动前进行必要准备的依据,各种有关事宜一定要在邀请函里写清楚,使被邀请对象做好充分的准备。

五、邀请函例文

例文 1

邀请函

尊敬的×××教授:

　　您好!

　　我们学会决定于××年×月×日在省城××宾馆举办民间文学理论报告会。恭请您就有关民间文学的现状与发展发表高见。务请拨冗出席。

　　顺祝

健康!

××省文学研究会
2019 年 7 月 8 日

例文 2

2019 年×××市化工产品展销会邀请书

尊敬的××先生:

　　您好!

　　××市 2019 年化工产品展销会,定于 2019 年 12 月 21 日至 23 日在××市黄河会展中心举行。本届展会,展厅面积达 3 万平方米,参展企业达二百余家。从展示的产品中人们可以充分感受到我市化工行业的新成果以及未来发展的新趋势。

本组委会特邀请您于 2019 年 12 月 21 日上午 8:30 来××市黄河会展中心（××市黄河路 88 号）参加展销会开幕仪式并参观指导。敬请您准时莅临为盼。

展销会签到时间和地点：2019 年 12 月 21 日上午 8:10—8:30，××市黄河会展中心北馆正门签到处。

谢谢您的支持和合作。

××市 2019 年化工产品展销会组委会
2019 年 12 月 1 日

写作训练

请在省级化工技能大赛前，给 5 名化工领域的专家写邀请函，请他们来做评委。注意邀请函的写作格式和内容。

项目二
开幕词 闭幕词

情景描述

某校将主办省级化工技能大赛,作为筹备会议的成员,请你准备整个大赛的开幕式、闭幕式,写出开幕词、闭幕词。那么,开幕词、闭幕词的格式和写法是怎样的?

一、开幕词

(一)开幕词认知

开幕词是在会议或活动开幕时,各级党政机关、社会团体、企事业单位在会议开始时,由会议主持人或主要领导人向大会所做的重要讲话。主要是宣布会议或活动议程,阐明会议或活动意义、宗旨的致辞。开幕词有会议开幕词和活动开幕词。

(二)开幕词特点分析

1. 提示性

在开幕式上概括介绍会议或活动的各项议程和大会的精神,使与会者和参与活动的人清楚会议或活动的议程,提前做好各项安排,保障会议或活动的正常进行。

2. 指导性

开幕词对大会或活动的宗旨、目的、性质等进行介绍,能够使大会或活动按照既定的目标进行,对大会活动起到重要的指导作用。

(三)结构与写法

结构:标题+称谓+正文

写法：以会议开幕词为例。

1. 标题

标题通常有三种写法：一是直接写开幕词，二是用会议名称加开幕词作标题；三是前边再加上致辞领导人姓名，如下：

① 开幕词

② 会议名称＋开幕词，如"×××公司第××次职工代表大会开幕词"。

③ 致辞者＋会议名称＋开幕词，如"×××同志在××会议上的开幕词"。

2. 称谓

对与会者的称呼。写在标题下行顶格，称呼常用"各位代表""各位来宾""同志们""朋友们"等。

3. 正文

① 开头：宣布会议开幕。

② 主体：指导思想、议程安排；主体部分一般包括以下内容：会议的筹备和出席会议人员情况；会议召开的背景和意义；会议的性质、目的、形式及主要任务；会议的主要议程及要求；会议要完成的目标及深远影响等。郑重阐述会议的性质、特点、意义、要求和希望，这是重点；对于会议本身的情况如议程等，要概括说明，点到为止。行文则要明快、流畅，议论要坚定有力，语言要充满热情，富于鼓舞力量。

③ 结尾。一般用"祝大会圆满成功"做结尾。

（四）撰写开幕词的注意事项

① 开幕词根据大会或活动的性质、整个会议的基调来写，或庄重或热烈。开幕词表达要根据会议主题营造与之相适应的气氛。多选用富有鼓舞色彩的句式，以传达出或热烈或恳切的感情色彩。

② 语言要简单明了。开幕词要短小精悍，言简意赅，最忌长篇大论。多用短句子、口语化词汇，语言应该通俗简洁、朗朗上口。

（五）开幕词例文

第六届××油气国际峰会开幕词

女士们，先生们：

上午好！

非常感谢各位莅临2011年第六届××油气国际峰会。在此，我谨代表会议主办单位对各位远道而来的国内外海洋油气的专家学者和与会代表表示热烈的欢迎和诚挚的感谢。

2010年，英国石油公司钻井平台泄漏事件使海洋油气产业的快速健康发展正在挑战着全球的海洋油气开发公司以及相关产业。而中国作为新兴的海洋油气大国，在2010年主要海洋产业总体保持着增长的态势。随着多个海上油气田投产，海洋石油天然气产量首次超过5000万吨，海洋油气业增幅较大。今天我们共聚此次盛会，共同探讨当前国际海洋油气产业，尤其是中国海洋油气产业的发展现状及前景规划，分享周边国家及地区发展海洋事业的先进技术及成功经验，为我国海洋事业的加速发展提供有益的借鉴，同时对于世界范围内油气产业技术和资源整合，都具有相当重要的现实意义及战略意义。

根据近年来国际油气市场发展的趋势以及油气勘探及开发技术的进步，海洋石油依然是未来国际石油资源的重要来源，亦是中国未来能源领域极其重要的、亟待提升的产业。目前全球已有100多个国家在进行海上油气勘探，其中对深海海底勘探有60多个国家。深水、超深水海域由于勘探程度低，油气资源丰富，潜力大，继续成为全球海上油气勘探热点。海洋油气业高投入、高风险、高技术的特点对石油企业的技术和管理等都提出了巨大挑战。

随着更多的政策扶持和对外合作的进一步扩大，国内外的海洋油气能源机构都将面临历史性的发展机遇。如何把握这个机遇，已成为国际油气行业领袖们深谋远虑的问题。本次峰会立足中国，放眼全球，以推进地区海洋合作，实践全球范围内的资源和技术整合为宗旨。众多世界一流的行业决策者将再度齐聚北京，洞悉海洋油气最新发展动向，透视合作机遇，探索核心技术，研讨产业风险和管理服务，就本产业目前重要的发展态势、市场战略走向、项目投融资、国际合作、深海勘探与生产技术、海洋工程等相关重要议题进行深入探讨，为业内领袖与精英提供一个面对面的国际交流平台，从而共同迎接全球能源产业的挑战和机遇。

××油气国际峰会自2006年开始已经成功举办了五届，在国内外各界权威机构的支持和协助下获得了圆满成功，对于推动地区海洋油气产业的发展产生了积极的影响。2011年的第六届××油气年度国际峰会继续得到了中海油、中石油和中石化的大力支持，将是一届有规模、有质量的盛会。在此，预祝2011年第六届××油气国际峰会取得圆满的成功。

女士们，先生们，也祝各位在北京期间身体健康，心情愉悦。谢谢！

二、闭幕词

(一) 闭幕词认知

闭幕词是党政机关、社会团体、企事业单位举行隆重会议或活动即将闭幕时，相关领导或主持人所做的总结性讲话。

(二) 结构与写法

结构：标题＋称谓＋正文

写法：

1. 标题

写法与开幕词相同，两要素、三要素都有。

① 只写"闭幕词"三个字。

② 会议名称＋闭幕词，一般由"事由＋文种"构成，如"东营职业学院第二次职工代表大会闭幕词"。

③ 致辞者＋会议名称＋闭幕词，"××同志在××会议上的闭幕词"。

2. 称谓

对与会者的称呼，与开幕词相同，一般是"朋友们""同志们""各位来宾""各位代表"等。

3. 正文

① 开头：宣布会议圆满结束并评价。另起一段首先说明会议已经完成预定任务，现在就要闭幕了；然后概述会议的进行情况，恰当地评价会议的收获、意义及影响。

② 主体：这是闭幕词的重要部分，会议的成果、精神、意义、任务、要求。会议通过的主要事项和基本精神；会议的重要性和深远意义；向与会人员提出贯彻会议精神的基本要求等。对会议内容予以阐述和肯定；同时可以对会议未能展开，但都已认识到的重要问题作适当强调、补充或要求。起到激发与会者斗志，增强与会者信念的作用。

③ 结尾：结尾对相关人员表示感谢；发出号召，提出希望，表示祝愿等；宣布会议结束。

(三) 撰写闭幕词的注意事项

1. 要与开幕词相呼应

闭幕词涉及的内容要与开幕词相呼应，任何事情都要有头有尾，开幕词是一个隆重的开头，闭幕词一个郑重的结尾。会议或活动是否给人圆满完成的印象，闭幕词起着重要的作用。

2. 要对本次会议或活动进行概括性的总结

闭幕词要对本次会议或活动进行概括性的总结，列举会议或活动完成的任务和取得的成果，但不要过于笼统空泛，要把重要的成果总结清楚。

(四) 闭幕词例文

公司职代会闭幕词

尊敬的各位嘉宾、各位代表、同志们：

××股份有限公司第一次工会会员代表暨职工代表大会在大会组委会和与会代表

的共同努力下，已经圆满完成了预定的各项议程，即将胜利闭幕。在此，我代表公司党委向大会的成功召开表示热烈的祝贺！向莅临大会的各位嘉宾表示诚心的感谢！向与会的各位代表，并通过你们向长期战斗在生产一线和项目建设工地上的广大职工致以崇高的敬意！向新当选的工会三委委员，工会主席副主席，经审委主任，女工主任表示热烈真诚的祝贺。

这次大会是在××煤业集团成立近7年，××股份有限公司组建近3年，公司的管理体制、运行机制经营规模和产业结构发生较大变化的形势下召开的一次重要会议。工会会员代表大会暨职工代表大会既是职工行使民主管理和民主监督的重要形式，又是保障公司决策民主化、科学化的重要基础。公司第一次工会会员代表暨职工代表大会的召开，标志着公司运行机制进一步健全、管理体制进一步完善，对公司发展壮大有着里程碑的意义。

会议上，煤化工集团工会主席××同志作了重要讲话，对工会工作给予了充分肯定，并提出了殷切的希望。会议期间，我们共同听取并审议了工会工作报告、经费审查工作报告、工会财务工作报告和工会女工工作报告。选举产生了第一届工会委员会、女工委员会、经费审查委员会，召开了第一届工会委员会、经审委员会、女工委员会第一次全体会议，产生了公司工会主席、副主席，公司经审委主任和女工委主任审议通过了《××股份有限公司职工代表大会议事规则》和《××股份有限公司职工董事、职工监事制度实施办法》，并通过了职工董事、职工监事名单。此次会议通过的工会组织机构和管理制度。为今后工会工作的顺利开展提供了组织保障和制度支持。

与会代表认为：虽然此次会议时间较短，但是会议内容全面完整，会议议程井然有序，会场气氛严肃认真，会议达到了预期的效果，这是一次团结的大会、务实的大会、奋进的大会。

我们大家深切体会到，为了此次会议的圆满召开，大会准备组、公司工会及基层工会的同志们从会议代表推荐、会议材料撰写，到会议准备召开，他们牺牲了休息时间，倾注了很多心血和汗水。让我们以热烈的掌声对他们表示诚挚的问候和衷心的感谢！

各位代表、同志们，自公司成立至今，公司各级工会组织团结带领全体工会会员和职工代表，围绕公司中心工作，广泛开展职工技能竞赛、岗位练兵等素质提升活动；开展职工运动会、专题演讲等精神文明建设活动，并通过职代会等民主管理和决策监督形式积极参与公司的决策和经营管理，为企业的两个文明建设及公司发展壮大做出了积极贡献。借第一届工会会员代表暨职工代表大会闭幕之机，我代表公司党政组织对工会工作提出如下希望：工会应解员工之忧，助公司腾飞，再创佳绩！

写作训练

某校将主办省级化工技能大赛,作为筹备会议的工作人员,请你协助准备整个大赛的开幕式、闭幕式,写出符合要求的开幕词、闭幕词。

项目三
欢迎词 欢送词

情景描述

教育部化工类专业教学指导委员会将在某校召开研讨会,你作为筹备会议的工作人员,需要写一份欢迎词、欢送词。那么,欢迎词、欢送词的格式、写法和注意事项是怎样要求的?

一、欢迎词

(一)欢迎词认知

欢迎词是行政机关、企事业单位、社会团体或个人作为主办方,在会议或宴会等公共场合欢迎客人来访时所用的讲话稿。

(二)欢迎词的结构和写法

欢迎词一般由标题、称呼、正文和落款四部分组成。

1. 标题

标题写法一般有两种。一种标题只写文种名,如"欢迎词"。另一种标题是由活动内容和文种名共同构成,如"在胜利油田分公司经理座谈会上的欢迎词"。

2. 称呼

称呼写在开头顶格处。要写明来宾的姓名称呼,如"女士们、先生们""尊敬的北京大学代表团的朋友"。

3. 正文

欢迎词的正文一般由开头、主体和结尾三部分构成。

（1）开头　开头通常应说明现场举行的是何种仪式，发言者代表什么人向哪些来宾表示欢迎。

（2）主体　欢迎词在这一部分一般要回顾宾主双方在共同领域所持的共同立场、观点、目标、原则等内容，较具体地介绍来宾在各方面的成就及在某些方面做出的突出贡献。同时指出本次来宾到访或光临对增加宾主友谊及合作交流所具有的重要意义。比如，"今天下午我们有机会与张××教授等朋友们欢聚一堂，感到十分荣幸。张××教授已来我校多次，他是一位我们十分熟悉的师长和学界的前辈，他在文学理论方面的学术成就，在学界已久负盛名。这次，我们有幸再次请到张××教授来我校讲学，希望各位倍加珍惜这次机会。首先让我代表今天所有参加会议的人，向远道而来的贵宾表示热烈的欢迎。"

（3）结尾　通常在结尾处再次向来宾表示欢迎，并表达对今后合作的美好祝愿和希望。

4. 落款

书面的欢迎词落款要署上致辞单位名称，致辞者的身份、姓名，并署上成文日期。用于口头讲话的欢迎词无须署名。

(三) 写作注意事项

欢迎词是出于礼仪的需要而使用的，因此要十分注意礼貌。具体而言，要注意以下几点。

① 看场合说话。欢迎的场合、仪式也是多种多样的，有隆重的欢迎大会、记者招待会；有一般的宴会、座谈会等。欢迎词要看场合说话。该严肃则严肃，该轻松则轻松。

② 措辞要慎重，勿信口开河，要提前了解对方的风俗习惯，应避开对方的忌讳，以免发生误会。

③ 欢迎词应出于真心实意，热情、谦逊、有礼。语言亲切，饱含真情。注意分寸，不亢不卑。语言要准确、热情、友好、温和、礼貌，篇幅短小，言简意赅。一般的欢迎词都是礼节性的外交或公关辞令，宜短小精悍，不必长篇大论。

④ 称呼要用尊称，感情要真挚，要能较得体地表达自己的立场，也要热情有礼。在姓名前或后面加上职衔，热情而不失分寸。称呼"先生""女士""亲爱的""尊敬的""敬爱的"等敬语表示亲切。看关系亲疏，用适当的词语。

(四) 欢迎词例文

欢迎词

女士们、先生们，朋友们：

值此××稠油厂30周年厂庆之际，请允许我代表××稠油厂，并以我个人的名义,向远道而来的朋友们表示热烈的欢迎!

朋友们在百忙之中,专程前来贺喜并洽谈贸易合作事宜,为我厂30周年厂庆增添了一份热烈和喜庆。我由衷地感到高兴,并对朋友们为增进双方友好关系所做出的努力,表示衷心的感谢!

今天在座的各位朋友中,有许多是我们的老朋友,我们之间有着良好的合作关系。我厂建厂30年能取得今天的成绩,离不开老朋友们的真诚合作和大力支持。对此,我们表示由衷的感谢。同时,我们也为能有幸结识来自全国各地的新朋友感到十分高兴。在此,我再次向新朋友们表示热烈欢迎,并希望能与大家密切协作,发展相互间的友好合作关系。

"有朋自远方来,不亦乐乎",在此新朋老友相会之际,我提议:

为今后我们之间的进一步合作,

为我们之间日益增进的友谊,

为朋友们的健康幸福,

干杯!

二、欢送词

(一)欢送词认知

欢送词是承办方在会议或重大庆典活动、参观访问等活动结束时,在送别仪式或宴会上,主人对来宾或会议代表的离去表示欢送的讲话内容。

(二)欢送词的写法

欢送词由标题、称呼、正文和落款组成。

1. 标题

标题的写法一般有两种。一是居中直接写欢送词。二是由活动内容和文种名共同构成,如"在退休教师欢送会上的讲话"。

2. 称呼

称呼写在开头顶格处。写出宾客的姓名称呼,如"尊敬的李俊贤院士""尊敬的女士们、先生们""亲爱的山东大学各位同仁"。

3. 正文

欢送词的正文一般由开头、主体和结尾三部分构成。

(1)开头　开头说明为什么举行欢送仪式,发言人是代表谁向来宾表示欢送、表达惜别之情的。

(2)主体　欢送词在这一部分要回顾和总结双方在合作或访问期间在哪些问题和项目上达成了一致的立场、取得了哪些有突破性的进展,陈述本次合作交流中双方的合作和交流给双方所带来的益处,阐述深远的历史意义。表达双方在共事合作期间友谊的加深，以及分别之后的想念之情。

（3）结尾　结尾通常再次向来宾表示真挚的欢送之情，并表达期待再次合作的心愿。表达希望早日团聚的惜别之情，发出再次来访的邀请，并祝来宾一路平安。

4. 落款

欢送词在落款处写上致辞的单位名称、致辞者的身份与姓名及成文日期。用于讲话的欢送词无须署名。

（三）欢送词写作注意事项

1. 篇幅要简短

欢送词是一种礼节性致辞，应该言简意赅、简洁明了。写得过长，会引起听众的反感。

2. 态度要诚恳真实

切记客套话太多、内容空泛，要真实诚恳地表达惜别之情。

3. 语言表达要与场合相适应

语言表达要与欢送的气氛、场合相适应，或热情或不舍。

（四）欢送词例文

欢送词

尊敬的朋友们：

首先，我代表××公司，对你们访问的圆满成功表示热烈的祝贺。

明天，你们就要离开这里了，在即将分别的时刻，我们倍感不舍。大家相处的时间是短暂的，但我们之间的友好情谊是长久的。我国有句古语："来日方长，后会有期。"我们欢迎各位女士、先生在方便的时候再次来××公司访问，相信我们的友好合作会日益加强。

祝大家一路顺风，万事如意！

写作训练

教育部化工类专业教学指导委员会在某校召开研讨会，你作为筹备会议的工作人员，根据学过的知识，写出符合要求的欢迎词、欢送词。

项目四
喜报

情景描述

山东化工厂分厂新上设备开车成功,分厂要向总厂报告喜讯,该用哪种文体? 其他单位如江苏化工厂,得到消息后,要祝贺山东化工厂取得的成功,该用哪种文体? 下面介绍喜报、贺信(电)的不同要求。

一、喜报认知

喜报是机关、部队、团体、学校等单位向上级或特定的个人报告喜讯时的一种专用书信。一般有两种情况:一是某个单位成立了某种组织、完成了某一重大任务、取得了显著成绩、创造发明获得了成功,或个人在工作中取得了重大成绩,向上级单位报喜;二是某个人在工作、学习或战斗中,做出了突出贡献,取得了优异成绩,获得了荣誉称号,上级机关向有关方面或其家属报喜。喜报具有表扬先进、激励全体共同奋斗的作用。

二、喜报的写法

喜报在格式上主要由标题、抬头、正文、结语、落款五部分构成。

1. 标题

第一行正中标明"喜报",或者在"喜报"二字之后加冒号写明喜报涉及的具体事项。

2. 抬头

抬头即称呼。在标题下空两行,顶格处写上接受"喜报"的单位、组织或个人名称,在个人姓名后加上"先生""女士"等恰当称呼。也可冠以"敬爱的""尊敬的"

等表示敬意的修饰词语。然后在称呼后加冒号。

3. 正文

从称呼下一行空两个字开始写正文。正文的内容一般包括：取得成果、成绩的原因；取得成果、成绩的具体情况；今后或下一步的设想打算，如何发扬成绩，取得更大进步。

喜报的正文一般较为简洁。如"生产喜报"只需写明取得了哪些成绩，说明取得成绩的原因，表明继续努力、不断前进的决心。而"立功喜报"则只需写明某人在某项工作或某次战斗中，取得了哪些成绩，获得了哪种荣誉。要防止和避免材料失实。行文应力求简明。

4. 结语

喜报的结语通常另起一行，空两格写"特此报喜"，后面不用标点符号。

5. 落款

在右下方签上送喜报单位的名称、集体总称或个人职务、姓名等。在署名下方书写发文日期。如果是下级单位向上级单位或单位向个人送去的，还要加盖单位公章。

三、撰写喜报的注意事项

1. 目的要明确

喜报是报告喜讯的，就要在正文中显要位置简要地交代行文背景、目的，使受文者清楚地了解喜讯的大概情况。

2. 要素须齐全

喜报篇幅虽然简短，但格式要素也要齐全。一是显示发文机关单位对这项成就、成绩的重视；二是要规范体现喜报的格式要求。

四、喜报例文

喜报

××石油化工大学：

贵校2019届应用化学专业本科毕业生××媛，现为××石化公司员工，于2021年9月27日，在上海举办的全国行业职业技能竞赛聚乙烯装置操作竞赛中表现优秀，荣获金牌，特向贵校报喜！

贵校还有很多优秀学子在不同的岗位上尽心工作，推动了××石化公司不断向前发展，他们工作勤恳、责任心强、综合素质高，在企业提供的广阔平台上不断成长，实现了人生价值。希望贵校与××石化公司继续保持密切联系，创造更大的社会价值。

××石化公司在赴贵校招聘过程中，深切感受到贵校的有序安排、周到接待和得力宣传，使我们的招聘工作顺利开展。同时贵校优秀学子的积极参与，使招聘活动成效显著,在此表示感谢!

愿贵校的教育事业蒸蒸日上!

××石化公司人力资源部
2021 年 9 月 28 日

写作训练

我校化工学院的徐××同学在省级化工技能大赛中获得了冠军,化工学院向徐××同学的父母发出喜报。请同学们拟写一份合格的喜报。

本章小结

本章主要学习的是礼仪性应用文,迎来送往,会议接待,都要用到这些礼仪性应用文。虽然格式要求不是特别严格,但标题、称呼、正文、落款也有一定之规,特别是礼节上一定要符合要求,什么时间讲什么话,用什么文明用语,一定要注意。本章包括邀请函、开幕词、闭幕词、欢迎词、欢送词等礼仪性应用文,请同学们认真学习,掌握这些礼仪性应用文的写法,对你将来的工作和生活都会有帮助。

课后练习

1. 邀请函的特点是什么?
2. 邀请函的写法是怎样的?
3. 开幕词的特点和写法是怎样的?
4. 闭幕词的写法是怎样的?
5. 欢迎词的写法和注意事项是怎样的?
6. 欢送词的写法是怎样的?
7. 喜报的写法是怎样的?

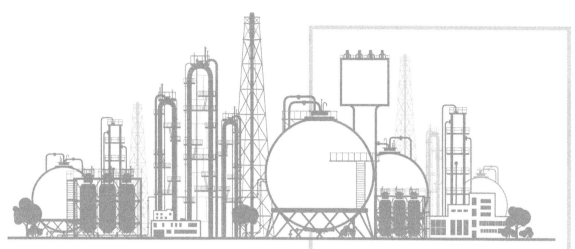

学习目标

· 能力目标

能够写出符合安全生产要求规范的行业应用文书,如生产记录、说明书、安全生产责任书、生产管理规章制度、工作简报。

· 知识目标

① 了解生产记录、说明书、安全生产责任书、生产管理规章制度、工作简报的概念。

② 掌握生产记录、说明书、安全生产责任书、生产管理规章制度、工作简报的基本写法。

· 素质目标

培养安全生产意识,提升职业素养。

模块四

车间工作:
行业性应用文

随着社会经济的发展，各行各业具体需要的专业类应用文应运而生，拓展了应用文的领域，增加和丰富了应用文的种类与内容。如财经应用文，指为财经工作所用的财经专业类文书，是专门用于经济活动的经济应用文体的统称；法律应用文，指运用于法律领域的应用文书；外贸应用文，是对外经贸企业专用的应用文体，是从事对外投资贸易工作使用的文书。这里所说的化工应用文就是指化工行业领域，在生产和管理过程中常用的应用文。

项目一
生产记录

> **情景描述**
>
> 本学期各位同学参加了万达、富海等化工厂的生产实习,在生产过程中要记录符合安全生产要求规范的生产记录,那么生产记录如何填写? 有哪些注意事项?

一、生产记录认知

生产记录是记载过程状态和过程结果的文件,是质量管理体系文件的一个重要组成部分。过程状态指的是产品质量的形成过程和体系的运行过程,而过程结果则是指体系运行效果和产品满足质量要求的程度。生产记录目的是保证生产过程的可追溯性,生产记录在产品生产过程和生产质量管理体系中有着重要的作用,需要用心做好生产记录。

二、生产记录特点分析

1. 充分性和必要性

生产记录作为基础性和依据性文件,应尽可能全面地反映产品质量形成的过程和结果,既要力求使原始记录完整,又要进行评审和取舍,选择必要的原始数据作为记录内容。

2. 真实性和准确性

真实准确的生产记录,能为生产和管理体系有效地运行提供可靠的依据。因此,填写记录应实事求是,严肃认真,保证记录的真实性和准确性。

3. 规范化和标准化

记录应采用国际、国内或行业标准,废除多余的记录,修改不适用的记录,使用适当的图表格式，按要求统一编号。各项活动的记录应协调统一，实现记录的标准化管理。每一单位的记录格式应当是固定的，不能随意变更。

三、生产记录的填写方法

① 生产记录要用规定的记录表格，可以用黑色或蓝色油笔、钢笔、圆珠笔或签字笔书写，不能用红笔书写，这些笔要能够确保记录永不褪色，用笔要注意字迹的可靠性和持久性。

② 每一步完成一个操作，根据工作表格的要求及时、准确地填写生产记录，不可当成回忆录来写。记录必须是原始的、第一手的。原始就是指当天的运作当天记，当周的活动当周记。做到及时和真实，不允许添加任何水分。记录保持其原始性，不可以重新抄写和复印，更不能过后修饰和涂改。

③ 记录必须清晰准确，记录是生产过程和质量管理体系的证据依据，首先要真实准确，要将工作过程做到位并将运作事实记得正确和清晰，语言文字要规范实用，不能含糊不清产生歧义。

④ 在填写记录过程中，如果出现笔误，不要在笔误处乱写乱画，也不要涂成黑色或用修正液加以掩盖，正确处理笔误的方法是在笔误的文字或数据上，用原使用的笔画一横线，再在笔误处的上行间或下行间填上正确的文字和数值。划去原有字迹后在旁边重新填写完整，同时应能看清原字迹并盖上更改人的手章。

⑤ 有些记录在运作的情况下，有些栏目无内容可填。怎么处理呢？空白栏目不能空着不填，其填写的方法是在空白的适中位置画一横线，表示此栏无内容可填，如果纵向有几行均无内容填写，亦可用一斜线代之，即用"＼"表示。内容与上项相同时应重复抄写，不得用"……""同上"表示。

⑥ 生产记录中会包含各种类型的签署，有作业后的签署，有认可、审定、批准等签署，例如各岗位的记录表由岗位操作人员填写，班长或主任进行审核并签字。这些签署是记录运作中不可缺少的组成部分，任何签署都应签署全名，同时签署要清晰易辨，不允许有姓无名或有名无姓等签署不全的情况存在。

⑦ 记录的保管。每班的生产记录表在生产结束后应及时上交相关部门或人员，以免遗失。记录应当按照档案要求立卷贮存和保管。

四、生产记录例文

例文 1

高效包衣生产记录

品 名	规 格	批 号	温 度	相对湿度	日 期	班 次

清场标志	□ 符合 □ 不符合	执行包衣液配制及高效包衣标准操作程序	
片芯片重	片芯质量情况	包衣材料质量情况	领料人

	包衣材料名称	批 号	用 量	包衣材料名称	批 号	用 量
包衣液处方配制						
	配制数量	配制人	复核人	配制日期		

	锅次	片芯重量	包衣时间	干燥温度	干燥时间	包衣片总重	操作人
包衣操作							
	包衣后平均片重			总合格片数			
包衣片外观质量检查情况			检 查 人				

合格品收率 = $\dfrac{总合格片数}{领用片芯数量} \times 100\% =$ ———— $\times 100\% =$

收得率范围：98%～100%	结论：	检 查 人	

备注	

例文 2

焙烧炉生产原始记录　　　　20　年　月　日　星期

班别	投料								产量		煤耗/kg	记事
	时间	铸型渣	焙砂	氧化锌	焦炭	石灰石	石英	其他	小计	时间	数量		
早班													操作人：
中班													操作人：
晚班													操作人：

写作训练

在化工厂参加化工生产实习和生产过程中要填写符合安全生产要求规范的生产记录，请规范填写一份生产记录。

项目二
产品说明书

情景描述

在化工厂实习的过程中，要用到机器操作的说明书、原料使用的说明书，销售本厂生产的化工产品也要附上一份产品说明书。那么说明书是如何写的？有哪些注意事项？

一、产品说明书认知

产品说明书是一种概括介绍产品的用途、性能、特征、使用方法及保养方法、注意事项的说明性文书。产品说明书在商业活动中使用相当广泛，是产品用户了解产品的性能、特点，掌握产品使用方法和操作维护知识、保障使用安全的基本依据，是企业用户服务体系的组成部分。

一份好的产品说明书不仅体现出企业对产品质量的信心、对用户负责的态度，而且也是企业形象最好的展示。根据产品自身的特点，产品说明书的内容各有侧重，篇幅有长有短。如小商品的说明书只有一二百字，而科技产品的说明书有的长达几千字、上万字，而大型设备、生产流水线的使用说明书则有的如同专业书籍般厚重。但它们的写作方法基本相同。

二、产品说明书的写法

产品说明书由标题、正文和结尾三部分组成。

1. 标题

说明书标题一般是由产品名称加上"说明书"构成，如《××牌电热器说明书》。有些说明书侧重介绍使用方法，称为使用说明书。

2. 正文

说明书正文应写明产品基本情况,常详细介绍产品的有关产地、原料、功能、特点、原理、规格、使用方法、注意事项、维修保养等知识。一般包括:

① 产品概况:包括产品名称、规格、成分、产地;

② 产品用途、性能、特点;

③ 产品使用方法,可配插图说明各部件名称、操作方法及注意事项;

④ 产品的保养和维修;

⑤ 附"用户意见书"及其他事项。

3. 结尾

结尾也叫附文。包括生产、销售企业名称、地址、联系电话、电传、联系人和生产日期等。如果外包装上有厂家信息,说明书上可以省略。出口产品在外包装上写明生产日期、中外文对照。便于消费者与厂家、商家取得联系。

社会经济繁荣,物质极大丰富。不同的用户心理、商家目的、产品特点,都可以构成产品说明书的不同内容和写作方法。说明书是为了说明产品,为用户提供方便,因此,说明书的写作要突出产品特点,实事求是,不能夸大其词。注意和广告区别开,尽可能图文并重,语言要通俗易懂。

三、说明书写作的注意事项

1. 要实事求是

说明书用来指导客户使用,撰写产品说明书要有强烈的社会责任感,尤其对技术含量高或事关人身、财产安全的产品说明书,更要做到客观实际、字斟句酌、细致周到。要实事求是地介绍产品,不能盲目夸大。

2. 要清晰准确

产品说明书的读者对象多为普通消费者,撰写产品说明书,必须充分考虑读者对象的特点,树立为广大消费者服务的观念,语言通俗准确,介绍清楚,从内容的取舍到表达方式,都要适应消费者的特点和需要。

3. 注意药品说明书的格式

药品说明书一般分项介绍名称、成分、性状、规格、用量等,每项不标序号,分项名称用方括号,每项一段顶格写,后面紧跟详细介绍。

四、说明书例文

例文 1

碘伏消毒液说明书

名称:××牌碘伏消毒液

包装规格:500mL/瓶   60mL/瓶   100mL/瓶(喷雾)

使用范围：适用于手术部位及注射部位的皮肤消毒。

有效期：24个月

生产企业卫生许可证号：鲁卫消证字〔2003〕第0020号

执行标准：Q/371402AAJ001

【有效成分及含量】

本品是以碘和表面活性剂的配合物为主要有效成分的消毒液，有效碘含量为0.45%～0.55%（质量）。

【性　状】深棕色澄明液体。

【杀灭微生物类别】可杀灭肠道致病菌、化脓性球菌、致病性酵母菌和医院感染常见细菌。

【适用范围】适用于手术部位及注射部位的皮肤消毒。

【使用方法】手术部位皮肤及注射部位皮肤消毒，用本品原液涂抹两次，作用1～2分钟。

【注意事项】

1. 本品为外用消毒剂，不得口服。置于儿童不易触及处。
2. 碘过敏者慎用。
3. 避免与拮抗物质同用。
4. 避光，置于阴凉处保存。

例文2

ZK-RS-104　5吨单阀单罐软化水设备说明书

一、设备概述

全自动软化水设备是北京××公司针对我国的水质特点，引进美国Pentsair-Fleck公司的微电脑多路控制器，开发的新一代全自动软化水设备。软化水设备罐体采用国产优质罐、碳钢防腐罐或不锈钢罐体，设计有处理水量"0.5～500m^3/h"不同规格的设备供用户选择，能满足各行业软化水设备的需要，软化水设备具有节能环保、经济实用、适用范围广、使用效果好等优点。

二、性能参数

当进入交换器的水压、水温、水质应符合如下要求：

水压：0.2～0.5MPa。

水温：5～45℃。

悬浮物：顺流再生≤5mg/L；逆流再生≤2mg/L。

总硬度：一级钠≤6.5mmol/L；二级钠≤10mmol/L。

游离氯：≤0.3mg/L。

含铁量：≤0.3mg/L。

耗氧量：$\leqslant 2$mg/L（O_2）。

工作环境温度与湿度。

环境温度：5～50℃。

相对湿度：$\leqslant 95\%$（25℃）。

供电电源：交流（220V±22V）/50Hz 或（380V±38V）/Hz。

三、工艺流程

水的硬度指的是水中的阳离子：钙（Ca^{2+}）、镁（Mg^{2+}）等离子。当含有硬度离子的原水通过交换器内树脂层时，水中的钙、镁离子被树脂吸附，同时交换释放出钠离子。这样从软化水设备交换器内流出的水就是去掉了硬度离子的软化水，当软化水设备吸附钙、镁离子的树脂达到一定程度后，全自动软化水设备会自动对树脂再生，再生液为8%～24%的氯化钠溶液，使失效的树脂重新恢复至正常工作状态。

北京××公司全自动软化水设备的再生程序：正冲洗、吸盐（慢洗）、反冲洗、注水四个程序，整个再生无须人工操作，由微电脑自动控制进行。

四、主要设备材料清单

序号	设备名称	型号规格	产地	数量
1	软化器	出水：5吨/时	中国	1套
	树脂罐	$\phi 600 \times 1900$ 材质：玻璃钢	中国	1台
	树脂	001×7	英国	12包
	全自动控制器	2850	美国	1套
	盐箱	760mm×1300mm	中国	1台
2	设备安装			
	PVC管路	1.5寸	中国	1批
	PVC弯头管件等	1.5寸	中国	1批
3	调试			
			合计：	元
	价格：			

注：1寸=33.3mm。

北京××公司是集开发、生产、服务为一体的水处理设备专业制造商。

地址：北京市回龙观××上北中心办公楼1205

全国服务电话：400-038-33×× 　　售后服务电话：010-607891××

写作训练

在化工厂的实习过程中，化工厂由于疫情需要，新上了84消毒液生产线，销售本厂生产的化工产品要附上一份说明书。请写一份84消毒液的说明书。

项目三
安全生产责任书

> **情景描述**
>
> 走上化工厂的生产岗位,要遵守各种规定,保证安全生产。厂方要和毕业生签订安全生产责任书,这个安全生产责任书是如何写的?有哪些注意事项?

一、责任书认知

责任书是单位与本单位特定岗位的员工签订的一种文书,内容规定了员工在岗位上应该完成的工作任务,如果没有完成相应的工作目标,就应承担相应的责任。责任书实际上就是落实具体工作责任,万一出现问题,谁负主要责任,包括工作目标目的、组织人员、时间地点等。签订责任书可算是一种行政方式;责任书包括安全责任书、目标责任书、岗位责任书、食品安全责任书、学校安全责任书和交通安全责任书等。责任书是内部管理的一种方法,不是合同,不是协议,是一种责任的再明确。

"安全生产"是指在生产经营活动中,为了保证从业人员的人身安全,避免造成人员伤害和财产损失,而采取的预防和控制事故发生的措施,以保证生产经营活动得以顺利进行的相关活动。安全生产责任书也是责任书的一种,是企业为了能够引起各层领导与员工对安全生产的足够重视,让员工能够认真做好安全防范,本着安全第一、预防为主的安全生产原则,把安全责任放在最重要地位,与员工签订安全生产责任书。旨在强化安全生产意识,安全地完成自己所负责的工作任务,最大限度地保护劳动者的人身安全。

二、安全生产责任书的写法

1. 标题

一般是写"安全生产责任书",也有时候写成单位安全生产责任书。

2. 正文

① 写清本岗位应该履行的责任、完成的工作目标,一般是该岗位具体的任务目标。

② 写清没有完成责任目标会受到的相应处罚。促使签订责任书的人增强责任意识,强化自己的观念。

3. 落款

一般在正文右下方,上级部门和签订责任书的人员共同签名,签名下一行写签署日期。

三、撰写安全生产责任书的注意事项

1. 要明确各部门各岗位的工作职责

安全生产责任书一般是层层签订的,一般是单位或公司领导和各部门主管签订一份责任书;各部门主管代表本部门与每位员工签订责任书。所以撰写时,一定要分清各自的岗位职责。

2. 必须具有全面性

安全生产责任书必须具有全面性,做到安全工作层层有人负责。单位负责人必须亲自带头,自觉执行责任制的规定,并奖优惩劣,提高本单位全体员工执行安全生产责任制的自觉性,以实现安全生产的目标。

四、安全生产责任书例文

例文 1:

安全生产责任书

为了认真贯彻落实《安全生产法》和"安全第一,预防为主,综合治理"的方针,全面加强生产管理,进一步落实安全生产责任制,建立健全安全标准化管理体系,强化重大风险的监控措施,建立和完善应急救援和应急保障体系,确保公司生产经营目标的全面实现,按照"谁主管谁负责""分级管理、分级负责"的原则,有限公司(以下简称公司)与所属各部门签订《安全生产责任书》,其具体内容如下:

一、安全生产目标

1. 杜绝重伤以上伤亡事故。

2. 杜绝重大火灾、燃烧爆炸事故。

3. 杜绝急性中毒、职业病、食物中毒等安全事故。

4. 降低一般事故频率，一般人身伤害，轻伤事故频率季度不超过千分之四人次，本公司生产管理区内不发生交通事故。

5. 不发生重大环境污染和有毒有害气体泄漏事故，努力减少污染物的排放。

二、安全生产工作要求

1. 遵守安全生产法律、法规的规定，保证安全生产、依法承担安全生产责任。组织制定并实施本部门的安全生产事故救援预案，及时如实报告生产安全事故。

2. 应和相关管理人员共同自觉学习，提高安全生产管理工作能力，达到相关规定要求。

3. 把安全生产实绩作为本部门与各管理人员工作和重要考核内容，实施安全工作考核并且奖惩分明。

4. 在工作中把安全生产工作放在重要议事日程，审议安全生产工作规划并进行安全生产规划的具体实施。

5. 及时了解和掌握本部门的安全生产工作运行情况，及时监督落实重大问题和事故隐患解决措施，保证安全生产。

6. 做好生产设备、安全装备、消防设施、防护器材和急救器具的检查维护工作，发现问题及时与设备维修人员联系进行维修处理，使其经常保持完好和正常运行；督促教育员工合理使用劳保用品、用具，正确使用灭火器材及更新工作。

7. 向公司安全主管部门（公司办公室）定期进行安全生产管理、检查督促、事故隐患整改情况等方面的汇报，对存在的重大安全问题应进行专题汇报并提出具体解决措施。

8. 组织所属员工进行安全生产教育和培训，保证员工具备必要的安全生产知识，熟悉有关的安全规章制度和安全操作规程，掌握本岗位的安全操作技能。安全生产教育和培训不合格，未获得相应执业资格的从业人员，不得上岗作业。

9. 对特种作业人员必须按照国家有关规定经专门的安全作业培训，取得特种作业操作资格证书后，方可上岗作业。

10. 及时进行建设项目的安全方案审查与实施，保证建设项目与安全设施同步进行。

11. 进行本部门重大危险源应急预案编制，组织预案救灾演练，落实应急救援人员。

12. 推广安全生产工作先进经验，积极探索新形势下安全生产工作思路，使本部门安全生产工作更加科学有效。

三、安全事故控制

1. 必须组织本部门员工认真学习《安全生产法》和有关安全生产规定，强化管理，避免安全事故的发生。

2. 发生重大生产安全事故时，部门的主要负责人应当立即组织抢救，并不得在事故调查处理期间撤离职守。

3. 及时上报有关部门并报公司安保科，保护好事故现场，按"四不放过"原则（事故原因没有查清不放过、事故责任者没有严肃处理不放过、员工没有受到教育不放过、防范措施没有落实不放过）严肃查处事故责任。

4. 协助有关部门进行事故调查处理，支持配合事故抢救，提供便利条件并保持正常生产。

四、安全工作报告与考核

1. 每月公司组织的经理会，各部门要把安全工作作为一项汇报内容；每季度最后一个月底前上报本部门季度安全生产工作情况；年底12月30日前上报部门领导签名的安全生产履职报告书。

内容为：

① 领导职责履行情况。

② 本部门安全生产和安全管理体系运行情况。

③ 对事故隐患或事故的处理情况。

④ 存在的问题和下一步采取的措施。

⑤ 经验介绍和建议。

2. 公司安全主管部门将根据本部门日常安全管理工作状况和安全生产履职报告汇报内容进行实绩考评，作为年终对部门负责人的考核依据。

3. 对于部门负责人失职造成的安全事故，公司安全主管部门将根据公司安全生产管理办法采取行政处罚及经济处罚，对于达到刑事诉讼条件的交有关部门处理。

五、附则

1. 本责任书自双方签订之日起生效，执行期为2011年1月1日至2011年12月31日。

2. 本责任书一式两份，双方各执一份。

部门：

总经理：

安全生产第一责任人：
20××年××月××日

例文2：

安全生产目标责任书

一、职责

（一）通用安全生产职责

1. 认真保管好各类文件、资料、档案及票据，杜绝失密、泄密、丢失事故的发生。

2. 销毁文件、材料等要明确时间、地点并指定专人负责处理。

3. 全体人员要熟知"三知、三会、三能"及火灾应急处置程序。三知：知岗位火灾危险、知本部门防火职责、知火灾应急预案；三会：会使用保养灭火器、会报火警、会疏散救人；三能：能检查发现问题、能宣传消防知识、能扑灭初级小火。

4. 掌握相关安全生产应急预案，一旦发生问题，负责保护本部门重要档案资料不受损失。发生重大安全事故时要冷静指挥，按事故处理程序积极组织抢救，及时向安全管理部门和分管安全负责人汇报。

5. 要做好"五防"（防火、防盗、防破坏、防爆炸、防治安灾害事故）工作。

6. 办公室内严禁乱拉电线，禁止使用电炉、电加热器类设备，禁止动用明火，严禁存放易燃易爆等危险品。

7. 有责任注意办公室内冷热供气、电话通信、办公桌椅等设施设备的使用情况，发现故障报告有关部门予以维修。

8. 健全室内卫生管理办法，经常打扫除尘，保持良好的、整洁清新的室内工作环境。

9. 每日下班前，本部门人员必须按规定的操作程序关机断电，并进行安全巡视检查，确保无事故隐患后方可锁门离去。

（二）作业现场人员职责

1. 作业人员在劳动过程中，应严格执行安全生产规章制度和安全技术操作规程，严禁违章作业。

2. 作业人员应当接受安全生产教育和培训，了解岗位中存在的危险因素及其可能造成的严重后果，掌握与岗位相适应的安全知识，掌握事故隐患排查能力，具备应急自救和逃生技能。

3. 作业人员发现事故隐患或其他不安全因素，应当立即向领导汇报；作业人员有权对安全生产工作提出建议，有权拒绝违章作业或冒险蛮干，发现直接危及人身安全的紧急情况，有权停止作业或采取可能的应急措施后撤离作业场所。

4. 精心维护设备设施，保持设备设施良好的安全运行状态，保持作业环境整洁，做到文明生产。

5. 作业人员在劳动过程中，要做到"三不伤害"，即不伤害自己，不伤害他人，不被他人伤害。

6. 作业人员要遵守劳动纪律，坚守岗位，精力集中，遵守相关操作规程。严禁穿拖鞋、赤脚、赤膊和酒后上岗；搞好文明生产，保持作业现场整洁、通道无阻。

7. 保护好各种安全防护装置，操作控制盘、标志、消防器材等，不得随意挪动、拆除。

8. 工作完毕必须断电，熄灭火种，不留安全隐患，做到工完场清。

二、目标

1. 满意率90%以上；

2. 安全管理制度和操作规程掌握率100%；

3. 本岗位设备设施、安全消防器材的维护保养合格率100%；

4. 拒绝违章指挥100%；

5. 各项记录100%完善；

6. 消防器材熟练使用率100%；

7. 受教育培训率100%；

三、奖惩考核办法

依据《安全生产责任制的制定、评审、修订及考核管理制度》，每年12月30号对责任制落实情况和安全生产目标完成情况进行考核，考核采取打分制，考核结果经过部门负责人认可。

四、说明

1. 部门负责人和部门员工签订安全生产责任书，部门员工逐条完成履职和目标，由部门负责人年终进行考核。

2. 库房管理员、电工、电焊工等岗位职责详见《安全管理制度汇编》。

部门员工签字：

部门负责人签字：

年　月　日

写作训练

化工厂的工作人员，要遵守各种规定，保证安全生产。厂方要和工作人员签订安全生产责任书，请你以厂方管理人员的身份，按照学过的知识，拟写一份安全生产责任书。

项目四
生产管理规章制度

> **情景描述**
>
> 在化工生产岗位上,要遵守各种规定,包括生产管理规章制度。那么,生产管理规章制度是如何拟制的? 包括哪些方面?

一、规章制度认知

化工企业生产管理中用到的各种规章制度,也属于应用文中的规章制度大类、规章制度是国家机关、人民团体、企事业单位为了建立正常的工作、学习、生产、生活秩序而制定的具有法规性与约束力的文书。

规章制度的种类很多,应用范围也很广。国家机关、社会团体、企事业单位均可根据工作和生产的需要,制订各自的法规、章程等,要求所属人员或社会成员共同遵守,切实执行。

规章制度是规定、守则、制度、规程、章程、办法、条例、须知、公约等的总称,是在一定范围内制定的具有法规性和约束性的文件,要求有关人员按规章制度办事,共同遵守规章制度要求。

二、规章制度的结构和写法

规章制度大体上由三部分组成,即标题、正文、落款。

(一) 标题

1. 条例、规定、办法、细则、规则、公约

① 发文机关+事由+文种;

② 事由＋文种（适用范围也可作为事由的一种）。

2. 章程

① 组织名称＋文种；

② 事由＋文种。

3. 制度、守则

事由＋文种。

(二) 正文

1. 总则

总则具有序言的性质，说明制定该规章制度的缘由、背景，或者是目的、范围等，一般在正文的第一条或前几条。如制度例文《化学危险品安全管理制度》开始的前三段介绍了制定本制度的目的、适用范围、职责分工，这些相当于总则部分。

2. 分则

分则写具体的规章制度内容，是全文的重点部分，规定该规章制度的条规、办法、要求、措施等。分条列项的方式有以下几种。

① 办法、细则、规则常用章段条连式、条目贯穿式、前言条目式；

② 条例、规定、制度常用章段条连式、条目贯穿式；

③ 章程常用总纲分章式、前言条目式、条目贯穿式、章段条连式；

④ 守则一般直接用汉字序数分条陈述，或用条目贯穿式；

⑤ 公约一般用条目贯穿式、前言条目式。

3. 附则

规章制度的结束部分。说明该法规的实施日期、解释权限以及同其他有关法规的关系等。

(三) 落款

1. 条例、规定、办法、细则、章程

① 落款一般在标题下一行居中；

② 体现在发布它的命令或通知中；

③ 也可写在正文部分最后一条。

2. 制度、规则

① 正文右下方；

② 在标题下一行居中；

③ 体现在发布它的通知中。

3. 守则

① 正文右下方；

② 在标题下一行居中。

4. 公约

一般在正文右下方。

三、制定规章制度的注意事项

① 规章制度在一定范围内具有法定效力,牵涉多人利益,所以制定规章制度一定要考虑全面,使规章制度的内容科学,合理合法,切实可行。

② 规章制度的制定一定要按照规范的格式,规章制度的制定与颁布都有严格的程序,因此编制时也要严肃规范。

③ 规章制度的结构要条理分明,层次清晰。注意规章制度的层次性,最多的有七级:篇、章、节、目、条、款、项。常用的有三级:章、条、款。

④ 规章制度表达要科学严谨、逻辑严密,它是规范人们行为的依据,也是处理问题做出评判及处理的依据,所以规章制度的语言表述,不能有漏洞,不能有歧义,科学严谨、逻辑严密。

四、制度例文

危险化学品安全管理制度

1 目的

为了加强对危险化学品的安全管理,保障员工生命、财产安全,保护环境,按照《化学危险品安全管理条例》和《常用化学危险品贮存通则》(GB 15603—95),制定本制度。

2 适用范围

本制度适用于危险物品在本公司的运输、装卸、贮存、使用过程中的安全管理。

3 职责与分工

主管部门:安全部。组织编制和完善危险化学品生产和使用的安全管理制度,并组织编制相应的事故应急预案。

相关部门:采购部负责危险物品在运输中的安全管理。

仓储部门:负责危险物品在装卸、贮存中的安全管理。

各车间负责危险物品在使用过程中的安全管理。

4 危险化学品的范围

本规定所称危险化学品,包括压缩气体和液化气体、易燃液体、氧化剂和有机过氧化物、有毒品和腐蚀品等能引起人身伤亡、财产损失的物品。

5 内容与要求

5.1 危险物品的运输

5.1.1 危险物品要用专用车辆运输,严禁危险物品和其他物品混装运输。

5.1.2 在炎热的季节易燃危险物品应在上午 10 点前和下午 3 点后运输。

5.2 危险物品的装卸

5.2.1 危险物品搬运时轻拿轻放，严禁野蛮装卸。

5.2.2 采用泵装卸危险物品时，管道要有良好的静电连接和接地，管道内流体的流速不准超过 3 米/秒，伸入贮罐的进料管道应加伸长管，从底部进料，以防静电放电发生事故。

5.2.3 装卸不同物品的管道应有明显的标识，以免混装。

5.2.4 危险物品的装卸必须采用符合安全要求的装卸工具。

5.3 危险品的贮存和保管

5.3.1 危险品的入库、出库执行《仓库、罐区安全管理制度》。

5.3.2 贮存危险品的仓库，应根据专库分贮的原则，做到定品种、定数量、定库房、定人员保管和分间、分类、分堆贮存，各种物品之间应留有足够的消防通道，并且明确物品标识。严禁同库贮存两种性质相抵触的危险物品。

5.3.3 危险品库应有良好的通风和必要的避雷设施，易燃易爆物品贮罐应设有防晒降温设施，并且设备和管道有良好的静电连接和接地，以及防止泄漏的防护围堤等安全设施。

5.3.4 危险化学品露天堆放，应符合防火、防爆的安全要求。

5.3.5 危险化学品仓库必须配备专人管理，管理人员应熟悉各存储物品的危害性和泄漏紧急处理办法，必须配备可靠的个人安全防护用品。

5.4 危险物品的使用

5.4.1 危险物品使用单位，一次领用量一般不超过三天生产所需用量，超过此用量，须经生产部批准。生产多余物料应及时退库处理。

5.4.2 使用危险物品的单位，配备必要的消防、通风、降温、防潮、防雷击、防静电等安全设施，以及防止环境污染的设施。

5.4.3 易燃易爆、有毒有害危险化学品的生产、贮存、使用过程中必须编制相应的应急救援预案，执行《危险化学品事故应急救援预案》管理。

 写作训练

化工厂生产要求严格，要制定各种规章制度。你作为油品车间的车间主任，领导让你拟写油品安全生产管理规章制度，请按照学过的知识写一份油品安全生产管理规章制度。

项目五
工作简报

情景描述

山东化工厂分厂领导要求每周出一期工作简报,把厂里的生产情况、取得的成绩、存在的问题总结出来。那工作简报如何编写呢?下面来学习工作简报的编写要求。

一、工作简报认知

工作简报,是各级机关团体企事业单位内部沟通情况,指导工作,交流经验,传递信息,报告工作时使用的一种简短书面报告,是一种简短、灵活、快捷的书面形式。化工企业生产管理工作中也经常用到。工作简报具有一定的新闻性质,具有简、新、快的特点,但一般不公开发表,是一种内部文件。机关单位内部常用的"摘报""动态""简讯""情况交流""内部参考""工作通讯"等,都属简报的范畴。

工作简报是简要的调查报告,简要的情况报告,简要的工作报告,简要的消息报道等。工作简报既不是一种文章体裁,也不是一种刊物,而是一种专业性强的内部小报,里面可以是一篇文章,也可以是多篇文章。

二、工作简报的特点

1. 时效性强

工作简报有时效性强的特点,要及时汇报给领导,传阅到相关人员,便于领导及时做出相关决策,工作人员及时了解情况,吸收经验、改进工作。

2. 内部交流

工作简报在主办单位部门或相关单位之间交流,不能随意公开传播,否则会泄露商业机密或国家机密。

3. 专业性强

工作简报是单位内部使用，一般由有关单位、部门主办，专业性非常强。如《安全生产简报》《产品质量简报》等，分别由主办单位组织专人撰写，汇报交流该项工作的情况、经验、问题和对策等。

4. 篇幅简短

工作简报文章都较简短，提纲挈领、语言精练，便于领导和相关工作人员在工作中及时参考。

三、工作简报的格式

工作简报格式一般由报头、报核、报尾三部分组成。报头一般占首页三分之一的上方版面，用间隔红线与正文部分隔开。

1. 报头

报头一般用红色字体印刷。包括工作简报名称、期数、编印单位、印发日期、编印序号等。报头的位置在首页上方约 1/3 处，名称要以醒目的大字标出，一般的名称有"工作简报""情况反映""内部参考"等；名称的下行注明期数；期数下行左侧为编印单位，右侧为印发日期。报头下面画一横线，与标题、正文分隔开。

2. 报核

报核，即工作简报所选用的文章，可以是一篇或多篇文章。大多数文章是消息或报告。工作简报多篇文章的编排原则是：各篇文章要围绕一个中心工作，把最重要的文章排在前面。

每篇文章严格按照写作要求完成，标题符合要求，正文叙述清晰，由前言、主体和结尾组成。前言，用简洁的语言概括全文内容，点明主题。主体，这是正文的中心部分，是工作简报核心文章的主干，需要用有说服力的典型材料将前言展开，用数据材料使其具体化。写法有：时间式，即按事情的发展顺序写；并列式，即将材料逐条排列；逻辑式，即根据事情的内在联系写；数据式，即用准确的数据来说明问题。结尾一般较短，可以总结简要概括全文内容，也可以指出工作的发展趋势及努力方向，或发出号召，鼓舞士气等；也可以没有结尾。

3. 报尾

在正文后面，简报最末页的下方。有两条平行线，在平行线内左侧写报、送、发单位的名称或个人姓名、职务，右侧写本期印发份数。

四、简报编排注意事项

① 所用文章要抓住工作重点，用典型的案例和数据说话，用全局性、核心性的数据材料为领导决策提供参考依据。

② 文章字数最好是 1000 到 2000 字，短信消息可以字数更少。

③ 文章要开门见山，凝聚主题，切记啰唆，避免空话、套话。一份简报抓住一个问题，切忌面面俱到。

五、工作简报例文

安全生产工作简报

第 1 期

××院安委会办公室　　　　　　　　　　　　　2020 年 2 月 1 日

健全机构　　配强力量　　创新制度

江苏省积极破解安全生产体制机制难题

江苏省深刻吸取响水"3·21"事故教训，围绕落实党委政府和部门责任工作主线，以全面实施"安委办实体化"为契机，在监管体制、工作机制上探索创新，划清责任线、织密责任网、筑牢责任墙。

一、增编扩员，提升安办履职能力

江苏省委、省政府主要领导与分管领导亲自督促、亲自推动，推动编制、人员配备到位，解决安委办"活多人少、力不从心"的局面。省委编办出台《关于加强设区市、县（市、区）和省级以上开发区安全生产委员会办公室工作力量配备的通知》，作出明确规定。一是设区市安委办设在同级应急管理部门，设立 2 个内设机构，承担市安委办的具体工作；统筹核定不少于 6 名行政编制，核增专职副主任 1 名。二是县（市、区）安委办设在同级应急管理部门，设立 1 个内设机构，承担县（市、区）安委办的具体工作；统筹核定不少于 3 名行政编制，核增专职副主任 1 名。三是省级以上开发区可参照县（市、区）做法执行，安委办设立在应急管理部门或其他承担安全生产监督管理工作的部门，应配备不少于 3 名专职工作人员；化工企业较多、安全生产监管任务较重的，应配备不少于 6 名专职工作人员。此外，江苏省安委办（应急管理厅）增设综合协调处、巡查督察处 2 个处室，核定行政编制 12 个、正副处长 6 名，加上原来的综合监管处，共设置 3 个处室、20 名编制。

江苏省各地落实迅速，调整机构设置，通过本地应急管理部门、基层遴选、抽调选调生等方式选拔优秀干部充实到安委办。截至目前，江苏省市、县两级安委办共计增设处（科）室 192 个，增加专职副主任 108 名、工作人员 518 人。

二、增设机构，增强部门监管合力

压实行业部门监管责任、解决部门间推诿扯皮、凝聚齐抓共管合力是推动健全安全生产责任体系的主要内容。

无锡江阴市率先破冰，出台了《关于进一步落实安全生产职责加强机构编制保障的通知》，明确在负有安全生产监管或管理的 20 个重点部门统一增设"安全生产监督管理科"，增核科长职数 1 名，配备不少于 3 名工作人员，其中住建、文体广旅、交通运输、公用事业、自然资源、规划、市场监管等部门按不少于5名配备。其他33个部门及直属事业单位在相关科室增挂"安全管理科"牌子，明确本部门、本单位及所属事业单位的安全管理职责。通过"一设一挂"，进一步强化行业领域部门安全责任意识和监管履职能力。

江苏省各地区迅速学习借鉴，连云港市积极跟进，在123个县级重点部门独立设置安全监管科，173个县级部门增挂安全管理科。盐城市在市县两级全面铺开，对83家市级部门单位分类设置，22个增设科室，54个增挂牌子，县级部门参照执行。泰州、无锡、扬州、苏州、镇江等地区纷纷推动落实。初步统计，至2019年底，全省13个市已在市、县两级310个重点部门增设安全监管科室、在683个部门加挂安全管理科室牌子，新增人员编制1014名。

三、创新制度，强化责任监督落实

以省委省政府名义开展安全生产巡查。全面巡查地市党委政府和省级部门，明确八个方面巡查重点，对巡查发现的安全生产问题和违法违规生产行为，移交当地党委、政府进行处理，涉及重大事故隐患的，由省安委会挂牌督办。同时，巡查结果将及时通报省委组织部，作为被巡查地区或单位领导班子和领导干部综合考核评价、奖惩任免的重要依据。

省纪委监委为安全生产专项整治提供纪律保障。制定工作方案，明确专项整治期间，全省纪检监察机关同步开展监督推进安全生产专项整治工作，聚焦化工和危化品、交通运输、建筑施工等重点行业领域和重点区域、重点场所，重点推动解决树立新发展理念不牢固、安全隐患排查走过场、监管执法宽松软等方面突出问题，监督推动在化解重大风险隐患、提升本质安全水平上取得实效。

提高安全生产考核分值比重、独立考核方式。省委、省政府把安全生产纳入各设区市高质量发展监测评价指标体系，分值翻倍，并明确将安全生产和消防工作考核作为专项考核单列进行。健全设区市党委政府及省安委会成员单位履行安全生产工作责任考核评价制度，修订完善设区市安全生产工作考核细则，严格考核程序和内容，严肃工作纪律和要求，发挥好考核"指挥棒"作用。

借助信息化技术打造问题全程监管平台。省安委会办与省纪委监委共同建设全省安全生产问题处置监管平台，包括问题线索收集、党委政府履责、职能部门处置、社会公众监督、纪委监委监督、综合数据分析六大模块，实现问题处置全包括、交办处置全流程、责任压实全覆盖，强化对安全生产监管工作的再监督。

××安全生产委员会　　　　　　　　　　　　　　　　　　共印 270 份

写作训练

在化工厂的生产工作过程中，安全生产尤为重要，为督促安全生产工作，化工厂每周出一期简报，请你拟写一份合格的安全生产工作简报。

 ## 本章小结

本章主要学习的是化工行业的常见应用文，行业性应用文有自己特殊的格式要求，一定要注意与其他应用文区别开来。本章包括生产记录、说明书、安全生产责任书、规章制度等行业性应用文，这些应用文，是走上工作岗位必然要接触到的，所以要掌握这些行业性应用文的写法，为将来的工作打下坚实的基础。

 ## 课后练习

1. 生产记录的特点是什么？
2. 生产记录的填写方法是怎样的？
3. 说明书的写法和注意事项是怎样的？
4. 安全生产责任书的写法是怎样的？
5. 生产管理规章制度的结构是怎样的？
6. 工作简报的写法是怎样的？
7. 下面是一份说明书，它少了哪些内容？
（1）请列出缺少的内容；
（2）补充完整此说明书。

××牌复合维生素片

【营养成分表】

营养素每片含热量 4.73kJ、碳水化合物 0.0985g、脂肪 0.0674g、蛋白质 0.033g。

【配料】（略）

【食用方法】每日 1 片，随饭食用。

【贮存方法】保持瓶盖封闭，贮存于 30℃以下阴凉干燥处。

【生产日期】见瓶标识。

【生产国】英国（×××厂）

【中国总代理】厦门市××保健品有限公司

【地址】厦门市××鸿运府邸 3 楼

参考文献

[1] 朱文樵. 民航乘务人员应用文写作[M]. 北京：清华大学出版社，2020.
[2] 高玲，段轩如. 应用文写作教程[M]. 3版. 北京：中国人民大学出版社，2017.
[3] 沙聪颖，张兰. 应用文写作[M]. 北京：清华大学出版社，2015.
[4] 王智慧. 新编应用文写作教程[M]. 北京：中国人民公安大学出版社，2017.
[5] 李德胜，欧增益. 应用文写作教程[M]. 天津：天津教育出版社，2013.
[6] 白延庆. 公文写作教程[M]. 北京：对外经济贸易大学出版社，2016.
[7] 邓筱玲，许宝利. 应用文写作[M]. 2版. 北京：人民邮电出版社，2013.
[8] 伍毅敏. 实用日语应用文写作教程[M]. 北京：对外经济贸易大学出版社，2013.
[9] 王宝岩，孙锐，李青长，等. 应用文写作[M]. 北京：清华大学出版社，2017.

打造好产品

产品经理实践指南

陪学网　Andy／等编著

PM
PRACTICE GUIDE

本书是一本面向产品经理的、具备启发性和实践性的读物，全书分为五章：产品观、有效的产品设计过程、产品市场分析、产品的宏观设计、产品详细设计，围绕如何打造好产品这一核心主题，介绍了设计面向企业和个人的互联网产品需要掌握的一整套知识体系。本书内容源自资深产品经理的实践总结，包含大量关于产品设计的真知灼见，以及众多企业实践案例的剖析，对从事产品设计和产品运营的产品经理来说极具借鉴意义，特别适合作为产品经理的入门培训教程或自学读物。

图书在版编目（CIP）数据

打造好产品：产品经理实践指南 / 陪学网 Andy 等编著. —北京：机械工业出版社，2021.4

ISBN 978-7-111-67730-7

Ⅰ. ①打⋯ Ⅱ. ①陪⋯ Ⅲ. ①企业管理-产品管理-指南 Ⅳ. ①F273.2-62

中国版本图书馆 CIP 数据核字（2021）第 042189 号

机械工业出版社（北京市百万庄大街22号　邮政编码100037）
策划编辑：王　斌　　责任编辑：王　斌
责任校对：张艳霞　　责任印制：郜　敏

北京圣夫亚美印刷有限公司印刷

2021年4月第1版·第1次印刷
184mm×240mm · 12.5 印张 · 309 千字
0001—1900 册
标准书号：ISBN 978-7-111-67730-7
定价：99.00 元

电话服务	网络服务
客服电话：010-88361066	机 工 官 网：www.cmpbook.com
010-88379833	机 工 官 博：weibo.com/cmp1952
010-68326294	金 书 网：www.golden-book.com
封底无防伪标均为盗版	机工教育服务网：www.cmpedu.com

前言
PREFACE

很庆幸成为产品经理。

成为产品经理最初的一两年，最迷茫的事莫过于手忙脚乱地提出方案、设计原型，然后在评审会上讨论不出个所以然。并且在产品设计工作中总是会不可避免地碰到以下一些令人困扰的局面。

- 按照公司领导不切实际的想法做产品设计。
- 提出的方案或功能一旦有用户说不行，产品就要跟着不停地修改。

但还是很庆幸，自己坚持了下来，并且有机会不断地在产品设计、开发和运营工作中努力实践，与众多的同行沟通，逐渐成长。在这个过程中，初做产品经理时的困惑都得以化解。与此同时，也掌握了越来越多的产品设计方法，并卓有成效地应用到产品设计中。编写此书的目的是和大家分享我在工作中的心得体会，希望能让更多从事产品设计的朋友们从中获益。

本书的内容如下。

第 1 章：产品观。介绍了产品与市场的关系。好产品一定是适应市场需求的。而需求是产品设计的主要内容，对的需求才有对的产品。当然，产品经理还要有让产品方案保质保量落地的能力。

第 2 章：有效的产品设计过程。介绍两个常见的产品设计过程：以业务为中心的产品设计过程和以用户为中心的产品设计过程。

第 3 章：产品市场分析。介绍产品设计过程的第一个设计阶段：市场分析。详解如何为产品寻找细分市场，如何做竞品分析与用户分析。

第 4 章：产品的宏观设计。介绍产品设计过程的第二个设计阶段：产品定位设计、产品目标设计、产品目标分解，以及产品信息系统框架设计，并通过分析具体实例加以说明。

第 5 章：产品详细设计。介绍产品设计过程的第三个设计阶段。以互联网产品设计为例，说明了产品详细设计的三项内容：信息设计、任务设计、体验设计。介绍了具体需求在产品界面中的设计内容与实现过程，以及如何完成产品体验设计。

本书的内容，尤其是对两类产品设计过程的介绍，希望能够在以下几方面为读者带来帮助。

- 在产品设计工作中，这两类产品设计过程能够作为产品设计方法论使用。

打造好产品——产品经理实践指南

- 在产品管理工作中，能够从全局上对产品设计过程给予指导，帮助管理者分阶段设定设计工作的目标，促进分工协作的顺利进行。
- 为企业产品部门的工作流程提供模板工具。

相信本书会给下列读者带来启发。

- 准备入行做产品经理的产品新人。
- 需要提升自身竞争力、完善自己产品设计方法论的产品经理。
- 需要精准、逻辑清晰地完成需求分析工作的需求分析师。
- 把控项目，引导需求开发的项目经理。
- 在项目中需要接触需求的交互设计师、平面设计师及 UI 设计师。

书中描述的产品设计过程，全部以案例方式分享说明。理论结合实践，可以形象地说明思路及操作。本书在每章的最后还配有教学视频，扫描对应二维码即可观看。更有助于读者加深对产品设计理论知识的理解。

致谢

特别感谢家人、同事在本书编写过程中对我提供的支持与帮助，你们的支持和鼓励是支撑我完成本书的力量源泉。

特别感谢本书出版过程中对内容不厌其烦地提出审校建议的出版社编辑，你们的耐心和专业让我受益匪浅。

由于作者水平有限，书中难免出现错误和不足之处，恳请读者不吝赐教，作者将不胜感激。

Andy

目 录

前言

第1章 产品观 / 1

- 1.1 产品的本质 / 1
  - 1.1.1 产品是什么 / 1
  - 1.1.2 从产品到商业产品 / 2
  - 1.1.3 市场推动下的产品商业模式 / 3
  - 1.1.4 盈利模式：产品价值在商业模式中 / 4
  - 1.1.5 做出来的产品商业模式 / 5
- 1.2 关于产品需求 / 7
  - 1.2.1 真正的需求 / 7
  - 1.2.2 产品需求框架 / 11
  - 1.2.3 需求平衡=产品平衡 / 12
- 1.3 做产品 / 13
  - 1.3.1 产品沟通 / 13
  - 1.3.2 产品和运营 / 14
- 1.4 本章小结 / 16
- 1.5 扫码看视频：了解产品经理 / 17

第2章 有效的产品设计过程 / 18

- 2.1 产品设计与产品设计过程 / 18
  - 2.1.1 产品设计的两个阶段 / 19
  - 2.1.2 产品设计过程的两种类型 / 20
- 2.2 以业务为中心的产品设计过程 / 21

2.2.1　业务型产品的特征 / 21
　　　2.2.2　详解以业务为中心的产品设计过程 / 23
　2.3　以用户为中心的产品设计过程 / 26
　　　2.3.1　用户型产品的特征 / 26
　　　2.3.2　详解以用户为中心的产品设计过程 / 27
　2.4　本章小结 / 29
　2.5　扫码看视频：产品的用户体验设计 / 30

第3章　产品市场分析 / 31

　3.1　为什么要做市场分析 / 31
　3.2　行业市场分析 / 33
　　　3.2.1　行业市场分析前要思考的三个问题 / 33
　　　3.2.2　使用市场分析框架确定产品细分市场 / 36
　　　3.2.3　通过市场分析发现风口 / 40
　3.3　竞品分析 / 45
　　　3.3.1　竞品分析思路 / 45
　　　3.3.2　竞品数据的收集 / 47
　　　3.3.3　竞品数据分析 / 54
　3.4　用户分析 / 57
　　　3.4.1　产品成败的关键：用户 / 57
　　　3.4.2　用户分析方法：用户角色模型 / 60
　3.5　市场分析方法：定性分析与定量分析 / 67
　　　3.5.1　定性分析 / 68
　　　3.5.2　定量分析 / 69
　3.6　案例：第三方支付产品行业市场分析 / 74
　　　3.6.1　行业资料汇总分析表 / 74
　　　3.6.2　直接竞品场景分析 / 76
　　　3.6.3　行业分析报告 / 77
　3.7　案例：建立产品用户角色模型 / 77
　　　3.7.1　用户访谈名单 / 78
　　　3.7.2　角色名单与访谈提纲 / 78

目录

      3.7.3 用户访谈信息分析 / 79
      3.7.4 调研问卷设计 / 80
      3.7.5 调研数据分析 / 81
      3.7.6 用户群特征分析 / 81
      3.7.7 用户角色卡片 / 81
3.8 本章小结 / 83
3.9 扫码看视频：产品数据分析 / 83

第 4 章　产品的宏观设计 / 85

4.1 产品定位设计 / 85
      4.1.1 产品定位的特点 / 86
      4.1.2 产品定位设计的主要内容 / 87
4.2 产品目标设计 / 89
      4.2.1 产品目标内容 / 89
      4.2.2 不同产品利益方的产品目标 / 90
      4.2.3 避免形式化的目标设计 / 92
4.3 产品目标分解：两种产品设计过程的实现思路 / 93
      4.3.1 从产品目标到产品任务 / 94
      4.3.2 从产品目标到业务流程 / 104
      4.3.3 业务流程制作 / 109
      4.3.4 目标到任务与目标到事件的差异 / 119
4.4 产品信息系统框架设计 / 119
      4.4.1 信息系统框架 / 119
      4.4.2 组织系统设计 / 120
4.5 案例：点餐管理产品的产品宏观设计 / 125
      4.5.1 产品目标 / 125
      4.5.2 产品框架 / 126
      4.5.3 产品功能列表 / 126
      4.5.4 业务流程 / 127
4.6 本章小结 / 127
4.7 扫码看视频：产品设计中的场景法 / 128

第 5 章 产品详细设计 / 130

5.1 产品详细设计的主要内容 / 130
    5.1.1 信息设计与任务设计 / 131
    5.1.2 体验设计 / 132
5.2 信息设计：像搭积木一样做信息界面 / 133
    5.2.1 产品只有两个界面 / 133
    5.2.2 导航系统 / 135
    5.2.3 标签系统 / 146
    5.2.4 搜索系统 / 151
5.3 任务设计：让产品任务落地为界面功能 / 161
    5.3.1 产品流程到流程界面的转化 / 161
    5.3.2 产品流程中的信息数据 / 164
    5.3.3 为任务而生的交互设计 / 167
5.4 体验设计：让用户舒心的非功能设计 / 170
    5.4.1 体验设计的三个层次 / 170
    5.4.2 六类体验需求 / 177
    5.4.3 可量化的体验设计 / 183
5.5 案例：社区服务产品的详细设计 / 186
    5.5.1 信息及任务分析 / 187
    5.5.2 实体及实体属性分析 / 188
    5.5.3 界面框架 / 188
    5.5.4 前台原型界面 / 189
    5.5.5 后台原型界面 / 189
5.6 本章小结 / 191
5.7 扫码看视频：产品经理必会的原型设计 / 191

第 1 章
产品观

使用人类已有的经验、知识进行产品设计是一件了不起的事情。

常保饥渴求知，常存虚怀若愚。

本章将介绍产品设计中基础而又重要的产品观，即如何认识产品的本质、如何认识产品需求、如何做产品。在具体的产品设计过程中，这些产品观既是基本原则，又是对产品设计做出取舍的依据。

本章主要内容：
- 产品的本质：产品是什么、怎么产生的，市场与产品的关系。
- 关于产品需求：真正的需求是什么、产品需求框架以及需求处理的基本原则。
- 做产品：做产品时如何进行产品沟通，产品和运营的关系。

1.1 产品的本质

1.1.1 产品是什么

产品是什么？为什么会有产品？这里给出一个简单、好记的概念：

产品是解决某种需求的解决方案。

如果说产品是为了解决需求，那么，需求是什么？需求从哪里来？

对于产品需求的基本概念，这里直接给出定义：

需求是人们更好地工作或生活的期望。

需求的产生源于问题。

可是，为什么会出现问题？想一想工作、生活中能感受到的问题：

中午下楼吃饭，结果发现在下大雨。这时有问题吗？当然有，走出楼门就会被淋湿，这是完成"去吃饭"这件事时遇到的问题。这个问题是怎么出现的？答案很简单：

因为只能在中午午休时间出去吃饭，即便是外边在下雨。

不难发现：问题的出现是由于"天气恶劣"和"必须在这个时间外出吃饭"这一对矛盾产生的。

问题出现的根本原因在于矛盾。

产品、需求、问题、矛盾这四个名词的相互关系勾勒出了产品产生的基本路径：矛盾产生问题——问题引发需求——产品解决需求，如图1-1所示。

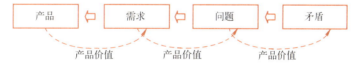

图1-1 产品、需求、问题、矛盾间的相互关系

在产生一个产品的过程中，好的产品能够满足需求、解决问题、消除矛盾，同时产品价值也能够得以体现。

1.1.2 从产品到商业产品

一个产品要成为商业产品，并不简单。

商业产品不仅需要备具使用价值，还要有交换价值。也就是说，商业产品要能够进入市场被用户接受，而且用户愿意为之买单。

关于用户愿意为产品买单这件事，有不少产品经理吐槽公司：只知道赚钱，除了赚钱就是赚钱。对于这种吐槽，大部分产品经理想表达的意思是：公司要想赚钱，先应该把产品做到尽善尽美，用户才愿意买单，不要着急把产品推向市场（让产品成为商业产品）；而站在公司的立场，所谓只知道赚钱（追求盈利）是指：产品做到这个阶段，用户该愿意买单了（不用尽善尽美），该推向市场了。

这两种立场给产品经理们带来了无尽的烦恼。

第 1 章 产品观

排除其他影响因素,一个产品要能够成为商业产品起码要具备以下两个基本特征。

足够的用户群。
足够的用户买单的理由。

保证产品需求来自足够多数量的用户群体,才能保证产品所在的细分市场有足够大的体量。拥有足够大市场的产品,才有持续发展的可能。

当然,除了市场需求体量,产品竞争风险也会影响产品进入市场后的发展。太多的竞品会"稀释"掉原本数量足够多的用户群体。

所以,产品经理需要对市场环境中的需求量进行评估,考虑产品是否具备足够数量的用户群。

给消费者一个充分的、为产品付费的理由,是任何商业产品设计必须要考虑的首要问题。

在办公室里,人们一般很少为瓶装矿泉水买单,每天补充 8 杯水确实是生理需求,但在办公场景下,为这个需求付费的理由偏弱。但人们会付费购买外卖咖啡,喝咖啡不仅满足了补充水分的需求,更因为其提神且情调优雅,满足了补充水分、提神和情调的多重期望给了人们足够的付费理由。

1.1.3 市场推动下的产品商业模式

产品成为商业产品后,就不再是独立的个体,产品将融入市场环境,成为市场的一部分,并不断调整、适应市场,最终形成市场推动下的产品商业模式。

产品商业模式是什么?所谓产品商业模式指的是:

产品买、卖双方间的交易、连接关系。

产品商业模式和市场的关系十分密切,如图 1-2 所示,当产品进入市场后,随着买卖双方达成交易并形成买卖关系时,以产品为中心的市场关系就开始在市场中建立,产品商业模式也就产生了。

图 1-2 产品买、卖双方间的交易、连接关系

关于产品商业模式,有一个非常经典的案例:

> 在四川航空公司购买五折价格以上机票的乘客,四川航空提供免费接送机服务。
> 航空公司提供的接送服务由指定旅行社负责。旅行社在车行买入营运车辆,再把营运车辆卖给司机,让购车司机成为独立经营者进行接送服务。

在这个机票产品的促销商业模式中，有5个参与者：四川航空公司、旅行社、车行、司机、乘客。接送服务、营运车辆、五折价格以上机票、接送服务经营权这些都是产品，这几类产品与不同买、卖双方产生关联。每个参与者都将自己拥有的产品作为资源，通过买或卖与其他参与者产生连接关系，促成交易，最终获得新的产品，形成了产品商业模式。

产品商业模式并不是一成不变的，恰恰相反，市场变化总是在影响和改变着产品商业模式。运用商业模式的概念来解释，就是市场变化改变了产品买、卖双方间的交易、连接关系。

每个时期都会涌现出一些优秀、精妙的产品商业模式，如下所示。接受新的产品商业模式是适应市场需求、直面市场变化的不二选择。

- 20世纪50年代：麦当劳的专营店模式。
- 20世纪60年代：沃尔玛超市的大卖场模式。
- 20世纪70年代：FedEx联邦快递的第三方物流模式。
- 20世纪80年代：DELL个人计算机的客户直销模式。
- 20世纪90年代：Amazon的网络电子商务B2C模式。

为什么要关注市场中产品商业模式的变化？

满足用户需求，激发用户购买欲望是产品的存在价值，产品的根本目标在于立足市场，占据必要的市场份额。如果一个产品能够在商业模式上有所创新，就有可能更大程度地激发买家的产品购买需求。

例如20世纪80年代出现的DELL个人计算机的直销模式。DELL个人计算机直销模式改变了以往个人计算机的渠道销售模式，跳过渠道环节，厂家直接从个人客户手中接收产品订单，降低了成本，直接满足了客户购买欲望。对个人计算机普及带来了直接贡献，也极大地满足了个人拥有计算机的需求。

从产品市场关系入手设计产品商业模式，发现市场规律，顺应市场变化，是产品经理在进行产品设计时必须考虑的问题。

1.1.4　盈利模式：产品价值在商业模式中

产品商业模式和盈利模式是紧密相关的。产品盈利模式指：

产品的收入和支出来源；
产品的收入和支出方式。

在四川航空公司机票促销的商业模式案例中，5个参与者之间，参与者与产品之间的交易关系存在着如下相互依附的盈利模式。

第1章 产品观

> 1）乘客免费坐车，节省 10~200 元的出租车费。
> 2）四川航空公司从飞机票款中拿出 30 元/人的车费给旅行社，并在接送车辆上做广告，同时免费接送服务为四川航空树立了服务周到的品牌形象。
> 3）旅行社以 9 万元从车行买入的营运车辆又以 17.8 万元卖给司机，另外收取航空公司 30 元/人的车费，从中拿出 25 元支付给司机。旅行社从每位乘客身上赚 5 元钱。同时，还通过车身广告获得广告费用。
> 4）司机以 17.8 万元购买营运车，从每位乘客身上赚 25 元，收获稳定的客源和线路运营权。
> 5）车行将原本 14.8 万元的车以 9 万元卖给旅行社，差价 5.8 万元用于让旅行社为车行做宣传、做车身广告。同时乘客乘车后，会对车行的商务车品牌认知加深，带来促进车行汽车销量的机会。

通过以上分析可知，产品价值在商业模式中得到了体现，产生了盈利模式。而且盈利模式在商业模式中并不是单一的供求关系，而是在 5 个参与者间形成的价值链。

设计产品盈利模式时常出现的问题是认为：产品盈利模式是产品的收入来源和收入方式。

对于任何一个产品，不应该只考虑收入而忽略支出，市场运营中的产品更是如此，尤其是互联网产品，要考虑清楚产品的盈利模式。互联网产品拥有了忠实的粉丝就有了活下去的希望，不计成本地吸引粉丝成为各种互联网产品拼命做的事情。同时，越来越多的细分行业出现同样的产品发展规律。

> 某种产品风行时，市场中常突现一个高调产品，之后接二连三出现一批跟风之作。这些跟风产品在运营时使出浑身解数吸引用户，甚至不惜赔本赚吆喝争夺用户。但是半年到 1 年后，市场中只剩下排名前几位的头部产品还能运转正常，其他的跟风产品难以为继，要么合并，抱团取暖；要么被互联网巨头收购；能够继续独立运营并发展壮大的不多。

为什么互联网产品一再出现相似的情形？那是因为太多的互联网产品没有考虑清楚产品的盈利模式，只是一味地烧钱圈粉，违背了互联网产品的"用户积累、产品盈利"的两段式商业运作模式。

拥有用户数量（粉丝）是产品进入市场、存活下去的基础。但想要持续运营下去，产品除了拥有足够的用户，必须在市场中具备独特的市场竞争力，形成可持续发展的产品盈利能力才行。

1.1.5 做出来的产品商业模式

从另一方面来说，软件产品或者互联网产品在进入市场时，产品商业模式不清晰并不可

打造好产品——产品经理实践指南

怕,因为产品的商业模式不是想出来的,而是做出来的。

产品只有在投入运营后,产品经理才能尝到市场的味道。在市场中,产品会面对种种商业机遇和陷阱。当在产品运营中要考虑怎样把产品做下去才能生存时,这时才真正开始了产品设计。就像电影《阿甘正传》中,阿甘突发奇想开始了一次长跑,没有什么理由,只是想跑而已,但是等脚步停下时,意义和结果却自然而然地出现了。

多年来,看到不少"死"于设计和开发阶段中的产品。还常看到不少产品经理在感叹,为什么产品需求总是在变?今天要这样做,明天又要那样做?

以下描述的情况估计很多产品经理都遇到过。

> 我们做的系统要有社区,就像论坛那种形式。还要有群和朋友圈,就是微信那种。要做数据分析、大数据可视化。另外再加上好友和在线直播吧,还有资讯,可以按喜好推荐的那种。最好还有短视频,现在这个不是很吸流量吗,一定要设计用户提供内容的激励机制,让内容源源不断。对了,现在不是有个看新闻赚钱的活动推广设计吗,这个一定要有,激发用户帮我们宣传,后面运营就省劲了……

这样"论坛+群+朋友圈+数据统计+好友+直播+资讯+短视频+用户机制+运营机制"叠层架屋的产品设计并非虚构,事实上相信广大产品经理朋友们还遇到过更加大而全的、不靠谱的产品构思。

> 这里的按钮不好,还有那个流程,怎么没有提示信息?我们做产品设计就要做到最好,这样才能避免开发后推翻重来。
>
> 这一版还要调整,我昨天和几个部门碰了一下,方向有微调。咱们再讨论讨论,下周再设计一版出来。

需求方总是对设计稿中的产品不满意,总觉得还缺点什么。不断讨论,设计出一稿推翻一稿,无休无止。

产品从设计到成熟阶段,总不缺少完美主义者的参与,也常碰到气吞山河的产品规划。如果产品出师未捷就这样被耗死在半路上,那是非常遗憾的。

属于产品规划范畴的商业模式设计不是凭空想出来或者造出来的,而是在产品的市场运营中一次次对产品做什么、如何做的思考或选择中形成的。商业模式的建立是产品在"运营–找机会–选择"中逐渐成形的。

所以,先动手让产品运作起来,远比花费大量时间和精力在产品设计、开发阶段做规划重要得多。用运营去验证机会,边做边形成产品独特、难以取代的商业设计,这就是做出来的商业模式。

"我们的产品上线后,总是在不断调整策略方向。"有的产品经理还经常会这样抱怨。

上线后的产品不断调整策略方向正常吗？当然正常，市场环境随时在变化，产品要及时应变，不可能一条直线走到底而不用调整方向。产品经理应该成为掌舵人，帮助产品不偏离航道。

如何知道产品方向的调整没有偏离正确方向？这与产品价值观和运营成果密切相关。产品也有价值观，产品价值观是产品坚守的原则。另外，产品运营成果如何，是更具体的、判断产品方向是否正确的数据指标。

1.2 关于产品需求

1.2.1 真正的需求

幼儿园老师给小朋友布置了一个任务：带一条鱼来班里观察。小朋友告知了家长后，第二天上课，让人啼笑皆非的场景出现了（如图1-3所示）。面对老师的一个看似直白但其实需求非常模糊的任务需求，每个家长给出的反馈有时差别就是这么大。

图1-3 家长对幼儿园老师布置的任务的反馈

产品经理收到的需求很多，既然人们对于"带一条鱼来班里观察"的理解都能千差万别，更不用说产品经理在产品设计过程中要面对的各种纷繁复杂的需求了。在面对各种需求时，产品经理需要先解决一个问题：辨别需求的真伪。

先来看看伪需求是什么样子的？

> 我要美丽的衣裳。

打造好产品——产品经理实践指南

这不是歌词,而是提需求的人常说的话。

另外,用户提出的需求常常是这样的:

> 现在的照片无法附加贴纸!一定要现拍才有用。
>
> 新版美颜相机的图片精修功能中,少了合照中的个人精修功能,精修时想单独将某个人五官精修下都不行,要全部人一起精修。

以上 3 个需求都是伪需求,也就是说,不是真正的需求,但它们又常在产品经理的需求登记表里出现。这些伪需求实际上是需求提出者想得到的解决方案,或者是用户遇到的操作问题,如表 1-1 所示。

表 1-1 两类伪需求:解决方案与用户操作问题

是什么	内容
解决方案	我要美丽的衣裳
用户操作问题	现在的照片无法附加贴纸!一定要现拍才有用
用户操作问题	新版美颜相机的图片精修功能中,少了合照中个人精修功能,精修时想单独将某个人五官精修下都不行,要全部人一起精修

常见的伪需求有两种:

解决方案和用户操作问题。

关于解决方案,就是需求提出人希望产品应该怎么做。

> 我要美丽的衣裳。

这个需求提出者不但提出了产品的解决方案——衣裳,还提出了对产品的体验需求:美丽。

类似的例子还有很多。

> 加入购物车太麻烦,我要可以直接购买商品。
>
> 我希望以后修照片的时候有美妆。

用户直接表达产品要怎么做难道不好吗?用户参与设计不正是产品经理想要的吗?问题是,用户既然都开始设计产品了,还要产品经理做什么?

当然关键并不在这里。提出需求的人提供的产品解决方案本身并没有问题,这是大部分需求提出者的表达方式,而且提出解决方案时的参与感会让他们更热衷于表达想法,应该鼓励。

但产品经理不能把用户提出的解决方案当需求来接受。如图 1-4 所示,实现需求的办法有很多,解决方案也不止一个,提出需求的人的解决方案只是其中一种。接受了这个解决方

案就是接受了某个选择，同时舍弃了其他更多的可能性。

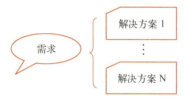

图1-4　多种实现需求的解决方案

产品经理把解决方案作为需求，就会停止挖掘需求，失去获得更准确需求的机会，对产品设计的影响更大。

用户操作问题是用户使用产品时出现的问题，这些问题和解决方案有关，是解决方案的漏洞导致的。

如果产品经理要跟踪产品bug，协助开发或者修复产品功能，那么用户提出的操作问题是极好的用户使用反馈和功能修改依据，但不是用户需求。

也就是说，如果产品经理要对用户提出的功能进行升级优化，设计新的、更优秀的产品，用户提出的操作问题无法作为需求帮助产品经理设计更优化的方案。

用户说修照片时没有美妆功能，在产品优化方案中增加这项功能，这难道不是优化方案吗？

用户提出的操作问题，从另一面看就是用户提出产品解决方案。

> 操作问题：现在的照片无法附加贴纸！一定要现拍才可用。
> 解决方案：不是现拍的时候照片也应该可以附加贴纸。
> 操作问题：新版美颜相机的图片精修功能中，少了合照中个人精修功能，精修时想单独将某个人五官精修下都不行，要全部人一起精修。
> 解决方案：增加合照中个人精修功能。

所以，用户提出操作问题与提出解决方案是相同的情况，不论是操作问题还是解决方案，如果把它们作为需求来对待将会限制产品设计。

所谓真正的需求，是指：

需求的需求，即：需求产生的理由。
真正的需求才是产品经理要花时间、精力洞察的用户期望。

参与过用户调研、用户访谈的产品经理通常会发现，用户说的经常并不是他们真正想的，用户再三强调重要的东西，在他们实际的行为中常常显得似乎并不重要。

作者曾经组织过一次用户活动——免费发放产品经理培训课程的学习资料。我们打包了一套产品经理培训课程的学习资料包，并通过各种渠道进行发放。申请资料包的同学只要回答几

打造好产品——产品经理实践指南

个简单的问题,如:申请学习资料是为了什么?打算多长时间看完资料包内容?回答完就可以免费领取学习资料包。其中申请资料为了"学习,提升自我"的回答占大多数。资料包发放一段时间后,我们对曾经申请了资料包的同学做了回访,回访内容也很简单:再次填写申请资料的目的和学习情况说明。

回访的反馈结果是,超过半数以上的同学没有看过学习资料。

所以即便是用户说出的需求,他们也未必会为之付诸行动,而是仅限于一个想法。根本无法激起用户行为的需求而形成的产品,最终很大可能会失败。

怎样洞察真正的需求?可以通过 **"5why 分析法"** ——对用户的表面需求连问 5 个为什么,直到发现用户真正的需求。

当然 5why 分析法也不能生搬硬套,否则容易让需求提出者落入无限的死循环,与产品经理的交流过程恶化。

在询问用户的表面需求产生原因时,通常回答会形成因果链,如下所示。

> 问:申请资料为了什么?
> 答:学习,提升自己。
> 问:学习提升自己是想自我补充、帮助职业发展还是其他?
> 答:听说产品经理岗还可以,提前做个准备吧。
> 问:有想法做产品经理啊,现在的岗位遇到问题了吗?
> 答:觉得没发展,做到头了。
> 问:产品经理岗哪里吸引你?
> 答:听说发展空间比较广,待遇比较高。

注意

一旦没有新的回复内容产生,就不要再纠结需求理由的探究。

根据上述沟通内容可以形成如图 1-5 所示的因果链。

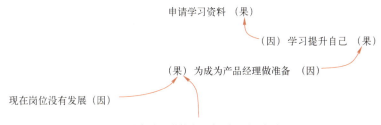

图 1-5 5why 分析法得出的因果链

第1章 产品观

通过因果链不难发现,申请产品资料的同学真正的需求如下。

> 学习的需求:学习提升准备做产品经理,获得更大的职业发展空间,在工作和待遇上有提升。
> 遇到的问题:现在的岗位发展空间小。

1.2.2 产品需求框架

几乎每一份产品经理的工作文档中都充斥着关于产品需求的内容。不但如此,在一些相对大型的企业,需求管理更是重要的产品工作。所谓产品工作,是指产品设计过程中需要完成的工作,但产品工作并不是全部由产品经理完成,如技术层的产品工作通常不是产品经理完成的。

产品设计时有三类需求:<u>业务层需求、产品层需求、技术层需求</u>,它们构成了产品需求框架,如图 1-6 所示。三类需求在设计过程里递进出现,即:业务推出产品,产品推出技术需求。

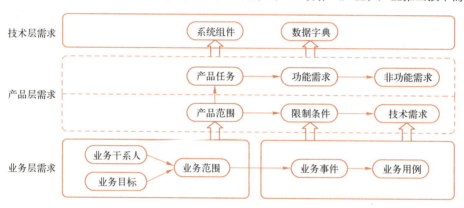

图 1-6　产品工作中的需求框架图

(1)业务层需求

业务层需求是对产品涉及的用户、市场、运营等的需求确定业务范围,也就是确定产品要进入的行业、业务边界、干系人及业务目标。

由业务范围能够产生业务事件和业务流程。业务事件和用例将业务范围划分成业务小块,形成实现业务目标的业务流程。

(2)产品层需求

产品层需求是对产品解决方案的需求分析。是在业务层需求的基础之上形成的产品需求。

产品层需求中,第一类是针对整体产品解决方案提出的需求,包括产品范围、限制条件、

技术需求；另外一类是产品实现业务事件时产生的产品需求，包括产品任务、功能需求、非功能需求。

实际工作中，后一种需求更加常见，也是产品经理完成需求文档、原型设计时必会遇到的需求。

（3）技术层需求

技术层需求的数据字典和系统组件，对大型、复杂的产品设计来说十分重要。产品经理应具备基本的开发技术。不过，并不是所有产品都需要产品经理完成技术层需求，更多的状况是产品经理主要专注于完成产品层需求的工作。

产品经理能够通过产品需求框架快速了解产品工作中的需求类型有哪些，同时在设计过程中也需要对需求框架产出相应的工作文档或需求内容。

并不是产品需求框架中的所有内容都必须在产品设计过程中有所体现，产品经理需要根据实际情况决定应完成的需求。

1.2.3 需求平衡=产品平衡

产品需求的来源很多，用户只是其中之一。产品部门、用户、技术部门都会向产品经理提出各种各样的需求。然而，每个人的角度不同，提出的需求就容易出现矛盾。产品经理不可避免地要对以上3个需求的主要来源产生的矛盾做出平衡。

在就业市场上，招聘人才的企业和应聘的学生有以下的需求。

> 用人单位需求：要招聘有工作经验的技能型人才。
> 学生的需求：想通过学习找好的企业，待遇高的岗位。

这两类需求催生了对接二者需求的、巨大的职业教育产品市场。但是用人企业往往对通过参加职业教育补足工作经验的学生心存疑虑。

一款职业教育产品如果无法充分证明学生的各方面素质足够过硬，无法被用人单位充分信任，那么对于这款产品来说就是死路一条。不会有参加职业培训的学生愿意接受无法达到个人目标的教育产品。但作为一款职教产品的产品经理，面对"友商"在就业辅导中帮助同学过度美化简历的手段，在宣传时打出的高薪就业的虚假宣传，你该怎么办？

通过建立技术壁垒支撑产品高度，可以使产品更具竞争力。但对于中、小企业来说，充足的技术储备几乎不可能，除非有类似情况：

企业核心人物有技术专长；企业背后有金主，可以不考虑生存问题。

但产品的技术需求往往意味着产品企业的高风险投入。

第1章 产品观

> 一个做车库管理的软件产品，市场占有率良好，一直处于稳定发展的阶段。这时，产品经理发现：在不少高档消费场所出现了一种能够对汽车出入库智能识别的产品。

这是不是行业产品的新发展？自己的车库管理产品，是否要向这个方向发展？

作为产品经理一定会思考上述问题。自身不变也许就意味着产品逐渐被取代走向终结；做出改变也并不轻松，因为面临着技术投入带来的风险，以及方向趋势判断失误带来的转型风险。

无论是职教产品的产品经理，还是车库管理产品的产品经理，都需要在用户、产品、技术中的一方面或者几方面做出平衡。

1.3 做产品

1.3.1 产品沟通

1. 问题或许并非出在产品沟通上

做产品是一项凝聚集体智慧，多方进行配合的工作。产品经理必须要让所有人理解产品方案，所以产品经理必须要具备很好的沟通能力。但在做产品的过程中，出现的很多问题并不是因为沟通上出了问题。

> 一个金融行业的产品经理在跟进产品开发进度时遇到一个问题，他根据市场部门的需求设计的外汇账单统计报表在开发部门那里被拒收了。需求中的外汇账单统计表对国内商业客户在产品中完成的外汇产品交易账单进行统计，开发要实现前台页面的统计数据展示。
>
> 开发拒收需求的理由是：前端页面无法实现。
>
> 产品经理觉得自己和开发部门的技术人员在沟通上出现了问题。但与产品开发部门深入沟通之后，发现实际问题是统计数据的获取方式无法满足产品需求。外汇账单统计报表需求中，有一条规则是"应实时统计最新的外汇交易账单数量"。虽然产品经理仔细查对了统计表中需要的所有数据项，并确认都存在于数据库中，但忽略了这些客户端数据的获取并不是实时的，而是在每天固定时段抓取。

提出需求的市场部门对于数据的获取方式这一技术问题并不清楚。而这个技术问题产品经理是必须要懂的，只有这样才能在产品沟通中向业务部门解释清楚开发工作的现实困难，让市场、产品、技术共同寻找一个更好的解决办法。这体现了产品经理的沟通价值。

由此可知，在做产品的过程中，产品经理必须对产品本身具备深刻认识，在此基础上才能够进行有效的产品沟通，避免此类各方因为对产品不了解而导致的需求无法实现的问题。

2. 做好市场和开发之间的桥梁

产品沟通的目的就是要减少各方对产品的认知差别，而产品经理就是搭在市场与开发中间的桥梁。

由于不同的工作特点，市场人员和开发人员的思维存在很大的差别，对产品的认识也存在巨大差别。

> 购物车里的商品，购买后还要保存在购物车里。市场 MM 给开发提出需求。
> 开发小哥听到后，嘴有两秒没合上——这个逻辑不太对啊！
> "客户说，他们把喜欢的商品都放在购物车里，结果买了单就不见了。"市场 MM 说。
> "那跟客户说用收藏功能啊！"开发小哥说。
> "用收藏功能的话要把选好准备下单的所有商品再重新放进购物车，很麻烦。"市场 MM 说。
> "你的意思是客户要一次下好几单？那就用订单里的再来一单功能啊……"开发小哥说。
> "再来一单加不了新的商品啊……"市场 MM 说。

开发人员和市场人员一方在想功能，一方在想客户：开发人员专注于功能实现，想问题时首先考虑的是这个功能怎么实现，现在有没有功能可以实现产品需求；市场人员考虑的是客户，案例里的市场 MM 是一个做外贸的业务员，她精心维护的大客户是一个俄罗斯批发商，提出购物车商品不删除有以下两个原因。

> - 批发商的线上购物与个人购物有区别，他们通常一次下多单，每单是不同的商品。每个时间段购买的商品类似，比如儿童节每年买类似商品过节。因为购买数量大，需要把经常买的大批商品收藏起来。
> - 俄罗斯的使用习惯是购物车里有商品收藏夹，收藏页放在个人中心里，客户选货时要两个页面不停切换。

当产品开发过程中出现上述的情形时，产品经理就应该出现了，通过产品沟通，和市场人员了解客户需求，和开发人员沟通技术实现，消除分歧。

沟通让产品更好。

1.3.2 产品和运营

有很多产品经理反映，公司居然让他们做运营工作，他们认为，产品经理不该从事产品运

第 1 章 产品观

营工作。其实产品经理大可不必抵触运营工作,产品经理通过运营工作可以多接触市场,直接了解市场,有助于做好产品。

产品最终是要推向市场的,不了解市场怎么做产品?良好到位的产品运营可以让产品更好地适应市场环境,在整个产品生命周期中保持生命力,延长产品的生命周期。想要让自家产品成为市场上领先的产品,产品设计时就要遵守产品生命周期中每个阶段的运营特点,只有这样,自家产品才有可能成为行业的第一。而只有成为第一才能真正生存得好。

如图 1-7 所示,产品在一个完整的生命周期中有 4 个阶段:导入期、成长期、成熟期、衰退期,通过产品生命周期曲线可以了解产品各阶段的走势。

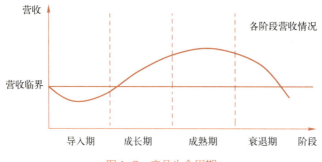

图 1-7 产品生命周期

(1)导入期

处于市场导入期的产品在这一阶段并不是没有产品运营工作。恰恰相反,很多产品的运营基本原则在产品导入期就已经确定了。

- 产品提供的价值是什么:包括产品的卖点是什么、产品定价策略和产品预测收益。
- 产品要占领什么细分市场:确定产品要进入的细分市场、细分市场的竞争情况如何、竞品特点和最具潜力的市场切入点在哪里。
- 产品用户是谁:谁是产品未来的用户,他们有哪些特点。
- 以什么渠道进入市场:市场销售方式,用户在哪里,通过什么渠道让产品到达用户。

产品设计之初就要考虑上述这些重要的运营指标。

(2)成长期

成长期的产品,要通过产品运营获得用户增长率、下载量(对于移动端产品)、用户数量,并且随着用户量的增加,产品的稳定性日趋重要。因此,成长期的产品运营工作非常重要,要通过良好的运营工作保证产品质量稳定、可靠,值得用户信赖。

在这一阶段,产品价格也要尽量保持稳定,从而建立良好的产品形象和良好的市场口碑。

(3)成熟期

成熟期的产品市场占有率日趋稳定,运营指标也逐渐稳定,上升趋势变缓。这时候应通

过良好的产品运营留住用户，延长产品生命周期。最好的办法就是：设计差异化产品，鼓励创新。

处于成熟期的产品运营相对稳定，但通常会缺乏活力，面对市场机会有可能反应迟钝，行动迟缓。因此，对处于成熟期的产品进行差异化的创新设计，虽然增加了产品业务的运营风险，但同时也给走入成熟期的产品带来了机会和活力。

（4）衰退期

衰退期的产品进入了产品即将退出市场的阶段。但是，这个时期的产品不能像败军从战场撤退一样，一走了之。这个时期产品运营，仍然要对坚持使用产品的忠实用户提供周到的服务。在这一阶段，产品应该积极寻找产品新特性、新用途，重新定位产品，不要丢失掉这些宝贵的忠实用户。

1.4　本章小结

产品是解决某种需求的解决方案。

需求是人们更好的工作或生活的期望。

需求的产生源于问题，问题的出现是因为矛盾。

商业产品不仅需要备具使用价值，还要有交换价值。也就是说，能够进入市场被用户接受，而且用户愿意为此买单。

保证产品需求来自足够数量的用户群体，才能保障是对产品所在的细分行业市场有足够大的体量。

产品商业模式是产品买卖间的交易、连接关系。

产品盈利模式是产品的收入和支出来源，产品的收入和支出方式。

商业模式设计不是造出来的。是一次次对产品做什么、如何做的选择。

常见的伪需求有两种：解决方案、用户操作问题。

真正的需求是需求产生的理由，也叫需求的需求。

产品设计时有三类需求：业务层需求、产品层需求、技术层需求。三类需求在设计过程里递进出现，即：业务推出产品，产品推出技术层需求。

产品需求有3个主要的需求来源：产品、用户、技术。

产品经理脑子里有产品才能进行有效的产品沟通。

产品设计时要尊重产品生命周期中每个阶段的运营特点。

1.5 扫码看视频：了解产品经理

产品经理（Product Manager，PM），是在企业中负责产品或产品线规划、管理的人员，负责范围很广，包括产品的调研、规划、设计、开发、营销等工作。产品经理是对产品整个生命周期负责的人。

本视频"了解产品经理"的主要内容包括：
- 产品经理的岗位能力模型。
- 产品经理在企业的工作内容。
- 产品经理岗位的发展趋势与特点。
- 成为产品经理的三条有效路径。

扫码看视频1：
了解产品经理

第 2 章
有效的产品设计过程

用有效的设计过程减少产品浪费。
用有效的设计方法确保产品成功。

产品设计过程是一套产品设计方法,能够有效地推动产品从概念到方案的落地,助力产品成功上市。

本章将介绍两类产品设计过程:以业务为中心的产品设计过程和以用户为中心的产品设计过程。完整介绍两类产品设计过程中的主要阶段,各阶段间的关联及组成活动,两类产品设计过程的应用场景和特点。

本章主要内容:
➤ 产品设计与产品设计过程。
➤ 以业务为中心的产品设计过程。
➤ 以用户为中心的产品设计过程。

2.1　产品设计与产品设计过程

就像自然界中的食物链环环相扣一样,在产品世界中,产品和所处市场环境中的生产技术、市场需求、产品设计过程、产品制造方式也互相关联,相互影响,不断演变,它们之间的关系如图 2-1 所示。

产品的制造方式经历了手工制造、机器制造和智能制造三个阶段的巨大变化。产品制造方式

第 2 章 有效的产品设计过程

的变革依赖于生产制造技术的进步与演变,而生产技术的演变则引发了产品设计过程的演变。在产品设计过程的演变进程中,出现了两个重要的设计阶段:经验设计阶段、数字化设计阶段。

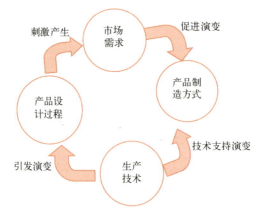

图 2-1 市场需求、产品制造方式、生产技术、产品设计过程的相互关系

2.1.1 产品设计的两个阶段

广义上讲,产品设计经历了以下两个主要阶段。

1. 经验设计阶段

在批量化、大规模产品制造生产之初,产品设计的核心在于经验验证。

产品设计通过多次试制、试验的循环往复,形成经验总结并落实到产品中,直到产品逐步成形、量产,这一过程如图 2-2 所示。

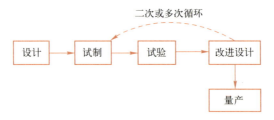

图 2-2 经验设计阶段的产品设计过程

2. 数字化设计阶段

信息化催生了数字化产品,如计算机、手机等数字设备,也催生了数字化设计。数字化的设计过程中,方案规划、概念设计、工程设计都迁移到计算机甚至手机中模拟完成,从而

节约了大量时间、精力，同时让产品设计更加便利。图 2-3 所示为数字化设计阶段的产品设计过程。

图 2-3　数字化设计阶段的产品设计过程

在产品设计过程中，产品从想法到实物的转变伴随着信息形式的演变，如图 2-4 所示。

图 2-4　产品实现过程中的信息形式的演变

需求的产生最早以脑信息的形式存在于和产品相关的需求提出人的脑海之中。在需求收集、分析过程中，产品经理将脑信息转变为数字信息。在产品解决方案形成阶段，产品经理再把数字信息以可视化信息的形式表现出来。

由于三种信息形式的演变容易出现信息遗漏或理解错误，所以需要完善的产品设计过程确保准确把握需求，保证需求真实、有效、完整和可实现。否则，设计方案无法满足需求的无效设计将时有发生。

产品设计是一个长期持续完善的复杂过程，在每一个产品的设计阶段，产品的形态和产品相关方对产品的期望都不相同。

通常，用户对产品的期望十分简单，能帮助自己解决问题，提高工作、生活质量。然而，用户的期望常常个性化且不明确。不但如此，用户期望也是水涨船高、不断提升的，在功能和使用体验上要求越来越高。

这时，如果产品经理无法准确抓住用户需求，就无法在设计过程中做出正确的产品选择和设计。

大部分产品都需要承担企业的商业目标，其中包括实现产品收入。产品收入与产品价值息息相关，因此，产品价值能否匹配商业价值，而且让消费者认可，是企业首要考虑的因素之一，价值设计落实在产品中，也贯穿于整个产品的设计过程。

产品经理应具有分析、提炼、实现商业需求的能力，能够将产品成功落地到商业运作中并实现商业结果。

2.1.2　产品设计过程的两种类型

有效的产品设计有以下两种设计过程。

第 2 章　有效的产品设计过程

以业务为中心的产品设计过程
以用户为中心的产品设计过程

接下来的内容将会详细讲解这两种产品设计过程。需要首先说明的是：
- 两种不同的设计过程并不是对立、排斥的。必要时，同一产品的设计过程中可以同时含有这两个产品设计过程的特点。
- 产品设计过程可以作为企业工作流程使用。作为企业工作流程使用时，需要根据实际产品情况，对产品设计过程做必要的增减。也就是说，一个产品的实际设计过程，并不需要执行设计过程中的所有活动，应按需选择。

除此之外，当产品经理面对产品毫无设计头绪、不知如何开展工作时，可以将产品设计过程作为设计思路，以获得产品创意，推进产品工作。

2.2　以业务为中心的产品设计过程

2.2.1　业务型产品的特征

1. 什么是业务？

业务是各行业中需要处理的事务，但通常特指销售业务。简单来说，业务就是公司为销售产品必须完成的事情。

例如，做电商平台的企业，企业的产品看似是电商平台，但就企业而言，销售的产品却并不是电商平台，企业的主要产品利润来自电商平台上商品销售后的平台服务费，以及平台信息展示费用，俗称广告费。

因此，对于电商企业来说，要销售的产品是电商平台上的商品和平台中商品的曝光量。

对于这两个能带来主要利润的产品，电商企业中的品牌、市场、内容、技术等部门团结合作，共同完成营销目标的同时，就形成了企业的业务。

企业业务仅仅是业务的一部分，尝试把视野再放宽些，将企业业务放于产品市场中。看到的会是一个包含了无数企业业务的网络——产业链。

例如：电商产业链中，商品制造企业、代理商、物流公司等都与电商平台合作共同完成产品销售。产业链中，企业业务突破了企业边界，形成产业链中的上下游企业的业务连接。

2. 业务型产品及其特点

产品的类型有很多，接下来以苏宁易购为例说明电商平台产品的分类。

打造好产品——产品经理实践指南

苏宁易购的前身是苏宁电器，拥有全国连锁的线下门店。苏宁易购是连锁型电器企业苏宁电器转型互联网的产品。我们用苏宁易购为标准，把电商平台产品划分为有线下连锁型企业背景的和没有线下连锁型企业背景的两类，如表 2-1 所示。

表 2-1　电商平台产品分类

产　　品	是否有线下连锁型企业背景
淘宝	否
天猫	否
京东	否
苏宁	是
国美	是
一号店	否
亚马逊	否
当当	否

这里的例子只是为了说明产品分类的多样性，像案例中这样划分的并不常见。常见的产品分类标准包括：行业、用户、产品模式等。那么什么是业务型产品？

业务型产品是以用户为标准划分的产品。
基本上，业务型产品就是面向商业用户的产品。

这类产品很好辨认，产品的客户或用户是企业或机构及其工作人员。由于业务类产品为企业或者机构服务，就注定产品为业务而服务，产品设计的核心是对业务的理解与分析并形成业务解决方案。

面向商业用户的产品有很多，如钉钉就是业务型产品的典型代表。

业务型产品设计的特点之一：业务是产品设计的核心内容。

在机构中，业务的主要表现形式是工作流程。业务类产品要实现业务需求，同样也离不开工作流程。在产品设计时，业务类产品需要考量所有业务参与人，还需要还原业务在工作环境中的操作过程，同时应考虑工作流程的优化。

另外，业务型产品的产品目标、利益相关人、需求分析方法、产品框架设计、产品交互设计、界面设计、有其自身的特点。

> 产品目标：产品目标除了应规划产品所有者的利益，还需要考虑企业客户的需求与利益。
> 产品利益人：因为客户是企业，所以用户在表现上有组织机构的特点，需要从：企业-部门-员工分析产品需求。
> 需求分析方法：企业通过工作流程完成业务目标，因此，在产品需求分析时，也采用流

第 2 章 有效的产品设计过程

程分析的方法梳理和分析需求。
- 产品框架：业务类产品框架相对比较复杂，大部分的平台类产品至少包括三层产品框架：平台-企业-用户层，甚至有些产品还将部门分层设计。
- 交互设计：由于业务是多角色参与的，在产品交互中也存在多角色任务，应以流程贯穿角色任务，完成产品目标。
- 界面设计：业务型产品的界面和面向个人用户产品设计相比要简单一些。

2.2.2 详解以业务为中心的产品设计过程

业务型产品更适合以业务为中心的产品设计过程（如图 2-5 所示），以业务为中心的产品设计过程中有专门针对企业业务的分析与设计活动，能够更深入地洞察、解决企业业务的需求与问题。

	市场分析			产品目标				解决方案设计		
	能不能做 / 能做什么			现在怎么做			做什么	将来怎么做		
	1商业持续	2行业分析	3技术可行	4业务范围	5业务事件	6业务优化	7产品目标	8产品需求分析	9框架设计	10交互设计
启动	商业持续性 • 有价值的细分市场 • 细分市场规模 • 市场竞争策略	行业分析 • 需求规模 • 产量规模 • 发展趋势		业务分析 • 业务范围定义 • 业务事件 • 业务流程设计	业务优化 • 业务流程拆解 • 优化流程设计		产品目标 • 产品定义 • 目标分解	需求分析 • 确定产品问题 • 产品需求分析 • 产品架构	框架设计 • 信息 • 功能 • 产品流程	交互设计 • 交互规范 • 任务设计 • 信息设计

图 2-5 以业务为中心的产品设计过程

在完整的以业务为中心的设计过程中，有以下三个主要阶段。
- 市场分析。
- 产品目标。
- 解决方案设计。

每个产品都要经过这三个阶段的设计吗？

设计过程中的三个阶段不是固定不变的，不是必须经过每个阶段才可能完成一款产品的设计。需要产品经理根据实际工作的情况，在设计产品时有选择地使用。

接下来具体介绍设计过程中这三个阶段各自有哪些主要的设计活动。

打造好产品——产品经理实践指南

1. 市场分析

为什么产品设计从市场分析开始？

产品从市场中来终将返回市场中去，能不能被市场接受是考量产品生命力的唯一标准。对市场进行分析和研究，确定产品能不能做、做成什么样子，都是为了设计出的产品可以被市场接受。

由于市场中有两个主要的构成——人和产品，因此市场分析都是围绕这两个主要构成在探究。

- 产品所在的行业环境分析。
- 行业环境中的主要产品分析。
- 行业环境中的用户分析。

行业环境分析除了进行行业发展特征、需求和产量等基础内容分析，还包括产品是否具有商业持续性或做什么产品才具有商业持续性的市场预测。同时，评估产品的技术需求是否具备实施条件。

在以业务为中心的产品设计过程中，需要对行业中的主要产品进行分析，也就是常常说的竞品分析。竞品分析不但能够知道别人在做什么、怎么做，更重要的意义在于认清市场竞争态势，定位自己的产品，找到产品在市场中的生存空间。

然而，在企业产品的开发过程中，市场分析并不是必经阶段。这也是为什么有不少产品经理说他们从来不做市场分析。因为在某些开发状态下，市场分析确实可以被压缩到几乎可以忽略，例如：主要业务为软件开发的企业，接触的产品通常将产品规划和产品开发分割开来。软件开发企业承担产品生产任务，而产品规划工作由产品所属企业负责。对于负责开发产品的企业来说就不需要做市场分析、产品规划的工作。

另外，如果企业在某个行业已经深耕多年，当该企业准备继续开发针对该行业的产品时，市场分析阶段也同样有可能略过。

2. 产品目标

产品目标设计确定产品用来做什么。

找到了能够放手一搏的市场机会，理清了业务需求的现状及问题解决策略，就是产品经理动手进行产品目标设计的时候了。产品目标设计包括定义产品目标及产品目标分解两部分内容。是明确产品解决方案方向及将目标落地为产品可执行任务的过程。

产品目标设计是正式进入产品解决方案设计的活动。目标设计的内容由商业产品经理完成能够降低风险，形成可执行的产品任务后交由功能产品经理就可以着手具体设计工作。

在产品目标设计过程中，既有功能产品经理的工作内容也有商业产品经理的宏观产品规划。

功能产品经理在企业中负责执行具体产品设计事务，是执行岗。

第 2 章 有效的产品设计过程

商业产品经理在企业中负责规划产品的方向，从企业经营角度设计适合商业需要的企业产品，是管理岗。

在以业务为中心的产品设计过程中，产品目标设计阶段共有以下 3 项主要工作。

- ➢ 业务分析。
- ➢ 业务流程优化。
- ➢ 产品目标设计。

业务分析与业务流程优化是对产品涉及的业务需求的洞察和升级。

业务分析是在对业务边界划分之后，对业务事件的抽取同时还原事件流程的过程。在这个过程中包括了业务边界划分、业务事件提取和业务流程分析三个部分，也是将业务需求从整体到细节的分解和放大。通过业务分析，产品经理能够清楚地了解业务现状如何、业务需求痛点在哪里。

业务流程优化则是针对业务问题的设计。通过尝试寻找业务流程的重构可能，最终解决业务问题。业务流程优化中的优化方法是完成业务需求升级的重要工具。

3. 解决方案设计

解决方案设计的目的是找到合适、可行的解决问题的方法，并形成可用于开发的产品设计方案。

解决方案设计阶段有以下 3 项工作要做。

- ➢ 产品需求分析。
- ➢ 框架设计。
- ➢ 交互设计。

产品需求分析本质是进行产品任务分析。在以业务为中心的产品设计过程中，产品用户多是企业用户，企业用户使用产品就会改变原有的业务流程。

融入产品的企业业务如何完成并获得业务成果？产品进入企业业务后的效果是否比原来更好？

这些都是产品需求分析时要考虑的问题，并且在进行产品任务设计时应给出相应的解决办法。

产品任务设计中包含的大量产品信息与任务既是产品框架逻辑元素也是产品界面元素。框架设计和交互设计是对产品信息与任务的表现层设计。

框架设计解决产品中的信息如何被快速查找的问题，为产品信息设计最佳浏览路径。交互设计解决产品信息、任务转化为界面后如何操作的问题，是用户和产品在产品界面环境中的沟通模式设计。

2.3 以用户为中心的产品设计过程

2.3.1 用户型产品的特征

这里所说的用户型产品是面向个人用户设计的产品。产品要解决个人需求，因此个人用户是产品核心内容。

在互联网产品中，用户型产品有很多。例如，淘宝、微信等产品的主要用户都是个人用户，它们都是拥有庞大用户量的优秀用户型产品。

1. 用户型产品的典型特征

用户型产品有以下三个典型的产品特征。

（1）用户是中心，解决个人需求

用户型产品的核心是用户，产品只有满足用户需求才有可能存活。

个人需求的满足，在于个人需求模式的分析和发现。也就是说，一个人的需求并不是用户型产品的需求，达到一定基数的群体用户需求才能作为用户型产品的需求。所以，这里说的用户不是单个用户，而是具有共同价值观或共同行为特征的用户群。

（2）独立完成产品任务

虽然用户型产品是为一群用户设计的产品，但产品中的任务多是由单个用户独立完成的，这个特点与业务型产品正好相反。业务是多人合作的形式，但对个人用户来说，自己的事情往往只需要自己独立操作完成。

在产品设计时，用户型产品要考虑个人用户的任务完成场景，分析用户与产品交互过程中的环境影响与个人完成产品任务的能力，让产品具备辅助用户独立完成产品任务的能力，因为用户独立完成产品任务也代表着个人目标的实现。

（3）重视用户体验

用户型产品的设计应更重视用户体验。相较于面向商业用户的产品来说，由于用户型产品的用户是个人，所以产品多数情况下完成的并不是强需求任务，对产品的需求也有差异。例如：

- ToC 的电商产品：用户型产品，主要的产品任务是线上商品的购买。
- OA 产品：业务型产品，主要的产品任务是工作计划管理、文档资料管理等。

对于面向商业用户的 OA 产品来说，企业使用某个 OA 产品，员工就要用它完成工作计划、文档上传及发送等工作，企业用户不会太多考虑更换产品，而更专注学习产品来完成工作中的任务。产品能够保证企业用户顺利完成任务就达到了基本目标。

第 2 章 有效的产品设计过程

然而，在面向个人用户的电商产品中，用户的主要产品任务"线上商品的购买"是用户购买商品行为的可选途径之一。也就是说用户并不一定要通过某个电商平台购买商品，也可以在其他购物平台或线下店完成购买。

作为选择之一的电商产品，吸引用户仅靠提供购买流程的功能远远不够。比别的购买途径体验更好，是面向个人用户产品的目标。因为用户更换同类产品服务的成本太低，所以产品只有提供更好的用户体验，才能保持用户对产品的使用黏性。

2. 用户&业务型产品

业务型产品和用户型产品并不互相排斥，不是某个产品是业务型产品就肯定不是用户型产品。正好相反，很多产品既是用户型产品也是业务型产品。

例如：在生活服务类产品中，有一种使用频率很高的外卖产品。这类产品就是用户型与业务型相结合的产品。

外卖产品的用户主要有两类，分别是买家和卖家。买家主要为个人用户，而卖家大部分是外卖商家。这两个用户端的设计体现了用户型和业务型的不同需求。除此之外，有些外卖产品的配送也接入了独立的配送公司，外卖配送端也会体现业务型产品的特征。

一个产品中汇集多个不同类型用户端口的设计在现在的互联网产品设计中十分常见，所以，在一个产品中同时使用不同的设计过程完成不同类型的设计需求，也是一种常见、灵活的产品设计过程的应用。

2.3.2 详解以用户为中心的产品设计过程

用户贯穿产品设计的过程是以用户为中心的产品设计过程的主要特点，以用户为中心的产品设计过程如图 2-6 所示。

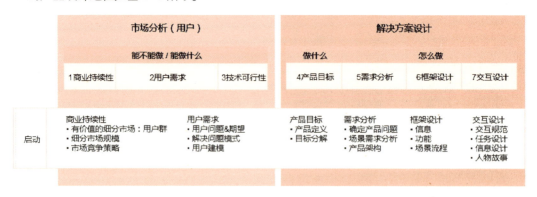

图 2-6 以用户为中心的产品设计过程

打造好产品——产品经理实践指南

在以用户为中心的整个产品设计过程中，市场分析和解决方案设计是两个主要阶段。

> 我做的是互联网产品，设计时十分强调用户，不知算不算以用户为中心的产品设计过程。

以用户为中心的产品设计过程在互联网产品设计中的应用非常广泛。甚至不少面向商业用户的产品也开始逐步接触和应用。因为以用户为中心的设计过程对于特定群体的需求把握更加深入、细致。

在产品设计过程中：

产品需求的主要来源是不是用户？

产品定位中是不是为用户解决问题？

解决方案设计中的主要角色是不是个人用户？

这些问题能够帮助产品经理对正在设计中的产品使用的是什么设计过程，或应该使用什么设计过程做出基本判断。

为什么要对产品应采用的设计过程做基本判断？因为这是理解、吸收产品设计过程内涵的唯一办法。只有应用合适的产品设计过程，才可以更好地解决产品设计中出现的各种问题，如：

> ➢ 没有竞品就做不出产品。
> ➢ 开发上线的产品无法吸引用户使用。
> ➢ 在开发阶段中，产品逻辑被无限吐槽。

> 为什么以业务为中心的设计过程有产品目标设计阶段，这里却不见了？

以用户为中心的设计过程中也有产品目标设计，不过目标设计中的内容相对较少，没有作为设计阶段单独列出来，而是放在了解决方案阶段中。

下面来看看市场分析和解决方案设计两个设计阶段的主要内容。

1. 市场分析

以用户为中心的产品设计过程的第一阶段也是从市场分析开始的。市场分析工作同样也集中在以下三个主要方面。

➢ 产品所在的行业环境分析。

➢ 行业环境中的主要产品分析。

➢ 行业环境中的用户分析。

行业环境中的用户分析是市场分析的主要分析内容。

用户分析要发现用户群，并发现用户群的特征属性。市场分析阶段如果没有特征群体的洞察，产品解决方案设计就缺乏根本的用户需求支撑。

2．解决方案设计

以用户为中心的产品设计过程，在解决方案设计阶段解决产品做什么、将来产品怎么做的问题。

从表面看来，这似乎与业务型产品的设计并无区别。然而，以用户为中心的产品，产品目标首先要为用户的目标服务，从产生问题的用户场景到产品融入场景后的任务需求分析，都运用了适用于用户的需求分析和产品框架设计方法。

相反，对于业务型产品，企业经营目标高于用户目标，由商业客户的业务分解获得的产品任务，不但分析、设计方法不同，最终成型的产品方案也有结构上的区别。

解决方案设计阶段有以下 4 项主要工作。

- 确定产品目标。
- 进行需求分析。
- 进行框架设计。
- 进行交互设计。

产品目标是产品的宏观设计，定义产品解决什么用户问题、以什么样的解决方案解决，并能够通过产品获得什么样的产品价值。在以用户为中心的产品设计过程中，形成产品目标依赖于市场分析阶段的用户分析成果。

需求分析更多考量的是用户问题，用户对被用来解决问题的产品的期望。使用场景分析方法挖掘、提炼需求，找到用户面对问题时的多种需求场景，从需求场景出发设计最佳关键路径场景以解决用户问题。

框架设计和交互设计是产品结构和界面交互的设计活动。围绕用户场景建立用户信息架构及任务场景交互。在这两个设计活动中，既要强调产品功能的完善，能够为用户提供产品任务操作流程，顺利实现用户目标，还需要优化用户体验需求，让良好的用户体验设计融入产品设计中，增加用户满意度，提升用户黏性。

2.4　本章小结

本章介绍了两个产品设计过程：以业务为导向的产品设计过程、以用户为导向的产品设计过程。

业务就是公司为销售产品必须完成的事情。

业务型产品也是面向商业用户的产品。

业务型产品为企业、机构服务，注定产品为业务而服务，产品内容的核心为对业务理解以及形成的业务解决方案。

业务类产品更加适用以业务为中心的产品设计过程。

功能产品经理是企业中负责执行具体产品设计事务的岗位，是执行岗。

商业产品经理在企业中负责规划产品的方向，从企业经营角度设计适合商业需要的企业产品。是管理岗。

用户型产品是面向个人用户设计的产品。产品要解决个人需求，因此个人用户是产品核心内容。

业务型产品和用户型产品并不互相排斥，不是说某个产品是业务型产品就肯定不是用户型产品。正好相反，很多产品既是用户型产品也是业务型产品。

2.5 扫码看视频：产品的用户体验设计

用户体验设计（User Experience Design），是以用户为中心的一种产品设计思路。随着互联网在各行业的渗透，产品不再是仅以功能设计为王，越来越多的企业开始在研发和运营产品过程中强调、追求更好的用户体验。

本视频"产品的用户体验设计"的主要内容包括：
- 用户体验设计在产品的应用案例。
- 用户体验的三个层次。
- 用户体验设计原理的基本模式。
- 模式设计案例讲解。

第 3 章
产品市场分析

商业是一个探求真实、建立互信的过程。

市场分析作为产品设计的首个阶段,非常重要。因为一旦市场分析结果出现偏差,产品设计也会出问题。产品经理如何通过市场分析工作认识市场,识别市场机会与用户,是本章要讲述的主要内容。

本章主要内容:
- 市场分析方法。
- 竞品分析过程。
- 如何进行用户分析。
- 两类常见分析工具:定性分析、定量分析。

3.1 为什么要做市场分析

想象一下,你是公司的产品经理,负责设计一款旅游产品,这个旅游产品是公司的新产品,需要你推进产品的设计开发,并顺利上线。BOSS 交代产品任务时语重心长地看着你说:

帮助公司拿下新的市场份额。

打造好产品——产品经理实践指南

面对工期紧、任务重的局面，如图3-1所示的这两个产品推进过程你会选择哪一个？

图3-1　产品设计时的两种过程选择

因为工期的问题，你可能选择了B，放弃了市场分析。但是因为不了解新市场，所以设计的产品进入市场后用户很可能并不买账，产品八成会面临惨淡出局的局面。

为保险起见，产品经理通常会选择A，但要面临产品设计周期延长的压力。付出更多的时间成本，承受更大压力，就一定要明确到底为什么做市场分析，如何通过市场分析工作促成有生命力的产品设计。

那么，不妨来看看市场分析的工作内容，看看是否能帮助产品经理形成更好的产品方案？市场分析包括以下三方面的工作内容。

➢ 市场有多大？
➢ 市场中存在哪些产品？
➢ 市场对产品的需求量有多少？

通过这三项市场分析工作，可以得到以下三个产品市场的重要指标。

市场有多大=市场规模
市场中存在哪些产品=竞品
市场对产品的需求量有多少=用户（客户）需求量

不止如此，市场分析除了可以得到上述三个重要指标外，还应成为产品设计工作的指导性建议；同时，具备可操作性的市场分析结论应该包括两点内容：应确定产品要进入并有望成为第一的细分市场，提出能够保持产品核心竞争力的产品竞争策略。

市场分析工作如此重要，那么应该如何分配市场分析投入的时间和精力呢？下面来做一道选择题，如图3-2所示。

追求完美是产品经理的理想，但更重要的是先要化繁就简，把当前的事情做好，不断迭代，日趋完美。

第 3 章 产品市场分析

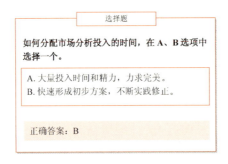

图 3-2 分配市场分析投入的时间选择题

在产品的成长过程中,不是产品在偏离市场就是市场在偏离产品。通过市场分析工作,持续对产品进行修正,让产品贴近市场,具备核心竞争力。

市场分析工作最终可以形成细分市场的产品目标和竞争策略,这是不是太虚了呢?

正好相反,市场分析产出的最终结果是具体的、可操作的。如果最终分析结果无法指导后续的产品设计,那么应该对前一阶段的市场分析工作打上"无意义工作"的标签。

3.2 行业市场分析

3.2.1 行业市场分析前要思考的三个问题

我们常常认为,一个产品之所以能够在行业市场中拔尖是因为产品本身足够优秀。

这是当然嘛,产品做得好,酒香不怕巷子深!

然而,在过去几十年的互联网产品中,大部分占据了行业市场第一的产品,并不全是因为过硬的品质而独占鳌头。在这些产品进入市场时,往往所处的市场环境正处于调整、洗牌期,而这些产品反应灵敏抓住变革,顺势而为,从而占据了领先地位。

行业市场分析就是要洞察行业市场趋势,发现市场环境变化,把握市场机会。具体来说,要思考以下三个问题:

➢ 产品处于什么市场(行业)?
➢ 这个市场(行业)中已经存在哪些产品?它们分别占有多少市场份额?

打造好产品——产品经理实践指南

> 这个市场（行业）有哪些特点？

尝试思考并回答这些问题，就是市场分析工作的开始。不要小看这三个问题，它们答案的精准程度决定着产品的成功率。

不能像做白日梦似地空想来回答上面的问题，需要收集大量的市场资料并通过一定的市场分析方法对其进行分析，发现规律，并形成最终答案。如图3-3所示。

图3-3 通过收集市场资料分析洞察市场规律

1. 产品处于什么市场

收集到大量资料后，要谨慎分析并思考第一个问题：产品处于什么市场（行业）？

这似乎并不是一件困难的事，然而由于现在的行业边界比较模糊，行业间的跨界容易扰乱我们对市场的判断。

另一个要面对的情况是，对于一个产品的市场定义并无标准可言。例如：

> 对于一款在设计的旅游产品，可以定义该产品是面向旅行社线路旅游市场的，也可以定义为是面向个性化精品旅游线路细分市场的，还可以定义为是面向旅游平台市场的。

这些同为旅游市场的细分市场有着差别迥异的竞争格局，对于要形成的市场策略也是完全不同的。

2. 产品所处市场中的竞品及其市场份额

接下来要思考第二个问题：产品所处的市场（行业）中有哪些竞品？它们分别占有多少市场份额？

市场中的产品是三足鼎立的局面还是群雄逐鹿的局面？这是需要通过搜集市场资料进行谨慎分析的。如图3-4所示。

之所以做这项分析，是因为市场中存在的既定产品需要找到并加以确认，不但要确认它们

的存在，还要确认它们已经占据了多少市场份额。这些市场份额也许就是产品未来要冲上去、抢过来的。

图3-4 两种行业的市场竞争态势

不过，分析时要注意的是，不要一头扎入这些产品中进行各种体验。而是要有目的性地了解以下三点。

> 哪些产品处于行业上游？
> 哪些产品在提供资源给别人，它们是怎样的合作关系？
> 哪些产品依赖于其他产品而存在？

行业中的产品关系在这些问题得到解答时会逐渐清晰，并形成一个产品关系图，也叫产业图谱或产业链图。

产业链的本质是用于描述一个具有某种内在联系的企业群结构，它是一个相对宏观的概念，具有两个属性：结构属性和价值属性。产业链中大量存在着上下游关系和相互价值的交换，上游环节向下游环节输送产品或服务，下游环节向上游环节反馈信息。

——摘自百度百科

3. 市场有哪些行业特征

接下来思考第三个问题：这个市场（行业）有哪些特点（行业特征）？要进行市场（行业）的特点分析，必须明确的定义它的范围，即有明确的指向。

在确定市场（行业）特征时，应该要明确的内容如下。

> 这是个大众化的市场（行业），还是个具备高附加价值的市场（行业）？高附加值市场（行业）是指"投入产出"比较高的市场（行业），多分布在高科技市场领域。
> 市场（行业）发展周期如何，现在处于什么时期？
> 市场（行业）利润来源在哪里，利润获取有哪些影响因素？

了解市场发展和利润来源是把握市场规律的重要内容。思考市场发展就像看股票K线图，看准大盘走势才有可能碰到风口。掌握产品处于市场发展周期的相应阶段，才可能抓住市场机会。

资料里找不到市场发展周期和利润来源，怎么办？

把时间作为维度，将收集到的资料数据串联起来就能发现线索，获得市场特征的结论。

3.2.2 使用市场分析框架确定产品细分市场

在细分市场研究中，产品经理可以利用成型的市场分析框架，这些框架通常提供某个方向的研究思路，有助于市场分析工作的有效推进。

如何开始做细分市场分析？

首先要明确的一个事实是：做市场分析是为了给产品找到一个细分市场，并确认产品在这个细分市场中很有可能成为第一。

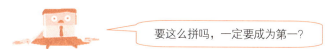

仔细观察各细分市场中的产品发展就会发现，在互联网产品的市场中，第一名才能活得好，第二名只能苟延残喘，而排名第三及其之后的产品则随时面临着无法支撑而无奈放弃的局面。

进入市场分析框架的详细内容前，首先要明确细分市场的定义。细分市场是由美国市场学家温德尔·史密斯提出，其概念为：

根据不同消费者的需求偏好、购买习惯等不同特征，把市场分割为若干消费群体的过程，其中每一个消费群体就是一个子市场或细分市场。

上述定义表明了细分市场的核心是消费者。当对消费者以不同地域、不同消费习惯、不同购买动机来区分时，市场可以被无限细分。

下面不妨来尝试为一个旅游产品找一个细分市场，该如何去行动？

不错，现在需要找到产品的顾客。这并不是一件容易的事，因为旅游产品的顾客太多了。毫不夸张地说，任何一个人都有可能是旅游产品的顾客。所以需要按下面的方法来进行市场分析工作。

1. 定义细分市场研究主题

不妨从另一个思路来推进分析工作，从研究主题开始分析。通常，产品的研究主题是为企业经营服务的，所以要先尝试进行企业经营分析，这一过程如图 3-5 所示。

> 研究主题：为旅游产品确定一个可行的细分市场。

通常企业要开拓新的市场，都是由于原来业务的市场份额有所下降，造成企业经营问题，因此企业要有针对性地制定经营策略，以寻找新的市场可能性。这时企业确定了开发旅游产品的企业产品策略，必定是用来实现企业经营策略，以试图在新的市场中重新获得市场份额。

在确定细分市场研究主题时，虽然可以把企业的产品策略当作研究问题，但对市场研究工

作来说，范围还是太过宽泛。主题定义得过于宽泛会让分析工作执行时像大海捞针，无从下手，而且研究结果无法帮助企业制定经营及产品策略。

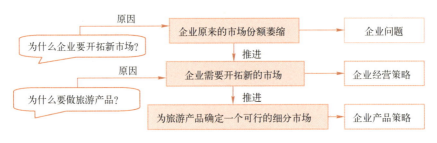

图 3-5　企业经营分析

应该如何正确定义研究主题？

可以从企业产品策略入手，找出实施市场研究的真正需求，这一过程如图 3-6 所示。尝试将研究主题"为旅游产品确定一个可行的细分市场"继续推进。

图 3-6　企业产品策略研究主题的推进

这样一来研究主题的范围就缩小了，如表 3-1 所示。分析思路具体落在了消费者特征和以消费者特征为基础的细分市场分析上。

表 3-1　基于企业产品策略的细分市场研究主题

产 品 策 略	研 究 主 题
为旅游产品确定一个可行的细分市场	1. 消费者特性 2. 以消费者特征为基础的细分市场分析

要注意的是，对于互联网产品，消费者通常由产品的最终使用者"用户"来代表，而且以用户来定义细分市场也十分常见。

2．分析细分市场用户群

让我们尝试从研究主题开始：通过用户特征对用户进行分群。分析用户群的特征，首先要

知道用户有什么特征。

常见的用户特征有三种：人口特征、行为特征、价值观/喜好特征。同时，每一类特征都有具体的维度内容，也就是具体的用户特点。

用户特征太多往往是分析用户群最先遇到的问题。哪些特征留下，哪些排除在外，这时市场分析框架就可以派上用场了。

很多产品经理认为理论分析框架枯燥而且无法落地，总是希望通过理论框架直接生成分析结果。然而实际情况却是，理论框架是市场研究的基础，使用框架能够确保市场分析思路的正确性，让研究结果更加可靠，但并不能帮助我们直接得出结论。

以下介绍第一个市场分析的理论框架：手段-目的理论，其图解如图 3-7 所示。手段-目的理论认为：

顾客在购买产品和服务时，首先是为了实现个人价值，而个人价值的实现依赖产品提供的价值，产品价值则由产品属性提供。

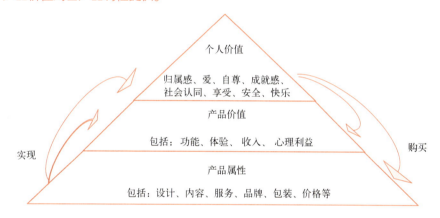

图 3-7 手段-目的理论图解

使用"手段-目的理论"设计的旅游产品细分市场用户模型研究框架如图 3-8 所示。在该研究框架中，四类主要用户特征维度及其二级维度如下。

> 产品价值：品牌、产品体验、提供的旅游产品。
> 产品属性：产品内容、价格、促销、服务、推广。
> 生活方式：时间、频率、购买影响因素、费用。
> 购买行为：爱好、生活态度、消费观、审美。

四类用户特征维度及其二级维度都是通过理论框架解构获得的，这样筛选出的用户特征维度，不但有具体指向性，而且具备理论依据。

第 3 章 产品市场分析

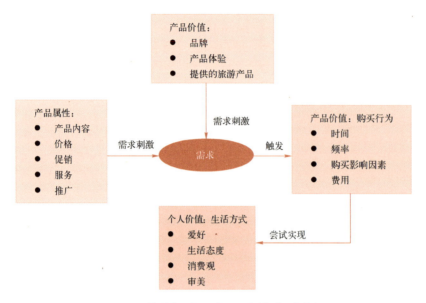

图 3-8 旅游产品细分市场用户模型研究框架

3．收集细分市场用户数据

虽然有了用户特征的分析方向，但还缺少相关资料。所以，在形成分析结果前，还需要收集用户维度数据。

要找到用户维度数据，涉及数据收集渠道。但不论怎样，开始收集前需要确认以下几个数据收集现况。

- 市场部门有部分或全部的用户数据吗？
- 哪些数据可以通过公开的数据渠道直接收集到？
- 哪些数据很难收集，但很重要？
- 是不是要组织市场调研收集数据？

明确数据收集来源与获得的难易度之后，再开始查找适合的收集渠道和收集方法。

"正式"的市场研究，收集数据大多通过访谈或问卷。然而，对于大部分的企业来说，并不期望经历太过繁复的研究过程。

访谈、问卷太兴师动众了，领导总是让我尽量简化。

更简捷的数据渠道是利用二手数据，获得市场部门业务数据或在第三方数据平台上搜索并获取需要的数据。

但特别需要注意的是，这个渠道对于某些特定数据，尤其是产品重要数据，收集工作不但费时而且很有可能一无所获，达不到节约时间和精力的效果。另外，如果研究的用户群体清晰，则通过线上发放、回收问卷收集数据反而可以更快、更直接地得到数据。

但无论怎样，如果要为数据收集渠道优先级排序，必定是二手数据优先，再通过调研等方法获取原始数据。

常用的二手数据来源有三个，如表 3-2 所示。

表 3-2 常用二手数据来源

二手数据来源分类	来　　源
企业内部数据	企业运营数据、客户关系数据、市场研究数据
商业数据	媒体监测数据、用户搜索数据、用户行为数据、销售研究数据
公共数据	官方统计年鉴、公报、期刊、年报、第三方数据

4. 分析细分市场特点

获得了用户数据，就要对其进行分析。对用户人群特征及细分市场特点的分析，可以使用以下的分析思路，如图 3-9 所示。

图 3-9 细分市场特点分析思路

按照这个分析过程，可以形成对市场用户群以及细分市场的正确认识。注意，分析思路不止一种，最好根据收集的用户数据使用合适的统计方法。

3.2.3　通过市场分析发现风口

对细分市场分析，是为了加深对市场的理解，识别各种市场的"假大空"，发现市场空

第 3 章 产品市场分析

白,发现风口。

1. 假风口:我们稳稳地站在地上却没有被风吹起来

互联网有句流传极广的话:当遇到风口,连猪都可以飞起来。真切、形象地表达了新的细分市场具有无穷的潜力。但当我们追逐风口时却常常只是盲目跟风——什么产品火做什么。跟风是赶不上市场真正的风口的,所以当大批产品跟风投入时已经抓不住市场机会了。

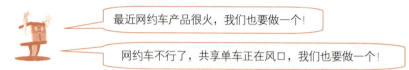

后知后觉追逐风口的根本原因在于无法在早期辨别细分市场机会,而这恰恰是大多数产品经理面对细分市场时的常态。

验证市场潜力在产品进入细分市场时就变得尤为重要。验证细分市场的潜力是对产品生命周期的发展状况和面临的市场风险的预估。可通过**市场规模、细分市场的吸引力和企业战略**三个维度对细分市场进行初步筛选。

(1)市场规模

先来做一道选择题,如图 3-10 所示。

实际上,这个细分市场选择题没有正确答案。因为筛选细分市场时,并不是市场规模越大越好,还应考虑产品背后企业的情况。

大企业不会关注规模太小的市场,只有当细分市场的销量和用户量达到一定的规模时,才会考虑将其作为产品的目标市场。

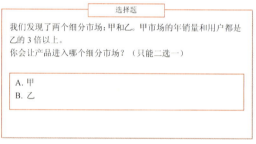

图 3-10 细分市场选择题(1)

然而,小规模的市场不代表没有市场机会。在互联网市场中,同时存在着大量小而美的产品,多数都是规模不太大的企业的匠心之作。这类产品面向的细分市场用户规模有限,但对于中小规模的企业团队来说,却是不错的选择。

(2)细分市场的吸引力

市场规模最大的特点就是处于不断的变化之中。

选择的细分市场具有长期向好的潜力吗?

思考并解决这个问题,就要对细分市场的吸引力进行分析。可以根据著名的波特五力分析进行分析。通过波特五力分析能够完成对行业利润变化规律的揭示,波特五力分析模型如图 3-11 所示。

在波特五力分析模型中分别对产品的以下五种能力进行分析。

41

- 供应商议价能力。
- 购买者议价能力。
- 潜在竞争者进入能力。
- 替代品的替代能力。
- 行业内竞争者现在的竞争能力。

通过这五项分析能够认清细分行业的基本竞争环境，从而确定细分市场是否具备长期的潜力，是否值得产品进入。

波特五力分析模型的分析思路是对产品议价能力和替代概率的分析。具体来说，是对产品进入、退出市场的难易程度的分析，如图3-12所示。

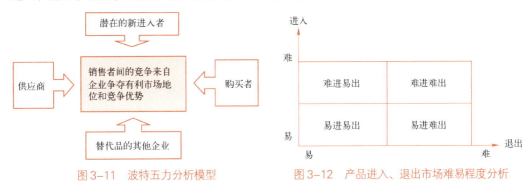

图3-11 波特五力分析模型　　　　图3-12 产品进入、退出市场难易程度分析

用进入和退出市场的难易程度划界，形成四类细分市场：难进易出型细分市场、难进难出型细分市场、易进易出型细分市场、易进难出型细分市场。

这四类细分市场，从利润、风险角度来看有以下不同的特点。
- 难进易出的细分市场：风险低，利润可观。
- 难进难出的细分市场：利润比较高，但风险也高。
- 易进易出的细分市场：风险低，利润薄。
- 易进难出的细分市场：利润低，风险高。

（3）企业战略

我们当然都想占有风险低、利润高的细分市场。然而，这样的市场企业有能力进入吗？一个有潜力的细分市场适合自己的企业吗？

市场、企业、产品三者之间是否匹配，是细分市场验证的另一个重要内容三者之间关系，如图3-13所示。

图3-13 企业目标、产品目标、市场目标的匹配关系

第 3 章 产品市场分析

产品为企业目标服务。在评估细分市场时，需要考虑产品即将进入的细分市场和企业的目标是否一致，同时，也应考虑产品目标与市场需求的目标是否匹配。

另外，每个企业都有独特的资源：人才、技术、资金。在市场与企业目标一致时，还需要考虑企业的资源是否具备足够的能力占据优势地位，或者说，企业是否具备足够的能力抢占市场。同时，如果企业资源不充足，是否具备快速的补充能力以占据市场优势位置。

2. 太粗犷：细分市场的覆盖面太大

一旦验证了细分市场的潜力，当面对有发展潜力的细分市场时，决策者常常是这样的态度。

我们必须抓住这些机会！所有有潜力的细分市场都是我的！

面对不同群体的用户需求产生的各类细分市场，产品总是在试图 360 度全方位覆盖。使得细分市场大而全。

大而全的细分市场选择本没有错，但对于大部分企业来说，要思考市场战略的实现难度，合理布局市场方案。产品经理要对有潜力的产品切入细分市场做出自己的选择，选择适合企业的目标市场。那么，当面对多个细分市场时，应如何选择目标市场？

产品目标市场的选择有三个切入点：市场、产品、用户群。

以市场为选择依据时，产品确定目标市场有三种策略：单一市场策略、多样化独立市场策略、全市场策略。

（1）单一市场策略

产品只选择一个细分市场进入，把企业所有的资金、资源都投入到这个目标市场中以求达到最大限度满足这一细分市场用户的需求。

选择单一市场进入，大多是因为企业对某个细分市场有获胜的信心，也有获胜的条件，但可投入资金有限，只能集中全部资源在一个细分市场运营。

单一市场策略的风险在于一旦产品失利，企业经营也必定失利。

（2）多样化独立市场策略

产品选择多个细分市场进入，这些细分市场间没有业务关联。产品在每个细分市场中都有成为领先产品的可能。

多样化而又相互独立的细分市场选择，企业把产品成功的概率和风险分散放置到不同的细分市场中，同时也是把企业的盈利和风险分散，有效降低了经营风险。

（3）全市场策略

产品覆盖所有细分市场，大小通吃，满足各种用户群体的需求。

大型企业更适合选择全市场策略，企业配备的人才、技术和经验足以支撑足够大的市场覆盖面。

以产品为基础的目标市场策略，是企业集中优势设计、开发一种产品，在产品深度上做文章，让单一产品能够适应多种类型的用户群的策略方式。

以用户为基础的目标市场策略，则选择一类目标用户，产品集中满足这类目标用户的所有需求，做一类用户需求的一站式产品解决方案。

3. 空白点：有需求无价值的市场陷阱

 如果找到一个空白、未经开发的市场，是不是最理想的目标市场？

有潜力的空白市场，是每个企业、产品的向往。可是，当这样的机会出现时，请警惕是否是有需求无价值的市场陷阱。

有一个词：均衡。均衡几乎无处不在，涉及小到日常生活，大到产品市场的方方面面。

在火车站入口处，我们总是习惯找人少的入口进入站台。在均衡原理的作用下，每个火车站入口排队等待的人都差不多。

假设，有 100 个企业准备选择各自的目标市场，在这些追逐利益的企业面前，高利润的目标市场只有五个，会出现什么情况呢？

像站台排队一样，高利润的市场会被这 100 个企业迅速抢占，形成市场均衡的格局。

同样，市场陷阱也被均衡原理操控、调节。看似诱人的高利润空白市场，进入后有去无回的产品也不在少数。

再来做一道选择题吧，如图 3-14 所示。

答案不能用正确或错误来说明，因为这里包括了可能存在的空白市场陷阱。

一个看似很有潜力的空白市场，除了可能的确是市场机会以外，还有可能是细分市场太小，也就是说，对用户（客户）做细分时，群体特点提取太深，需求适用用户范围太窄，这些需求无法形成规模化的产品价值。

> **选择题**
> 用户（客户）群是划分细分市场的主要方式。所以，要找到最有特点的细分用户（客户）群作为目标市场。
> A. 正确
> B. 错误

图 3-14　细分市场选择题（2）

例如：在旅游用户分群中，有一个群体特征是喜欢在胡同里游玩。以这个群体划分的细分市场虽然特点明显，也有明确的用户需求并且无直接的竞争对手，基本可以看作一个空白的市场，但市场太小，作为目标市场时需要谨慎进入。

目标市场的选择，既不是以用户或客户群体为标准，也不是以用户是否有需求为标准，而是从产品价值出发，考虑产品是否能够创造出具备足够市场需求量的产品价值。

第 3 章 产品市场分析

对于产品来说，用户需求应该是一定数量的用户共性特征的反映。以用户为中心的产品思路，容易让目标市场陷入狭窄的用户群体中，掉入小众用户特点无法自拔。这一点对规模较小的产品尤其重要。规模较小的产品，在产品规划思路上多是采用面向增量市场的策略。

存量市场策略：在已进入的市场中，产品通过竞争手段获取更多市场份额。

增量市场策略：产品计划进入一个新的市场，通过创新的产品策略争取更多的市场份额。

增量市场的产品设计非常适合中小型的产品团队，这类团队反应迅速，能够适应新市场的变化并灵活创新。但是，正因为专注新市场就必须专注用户，所以创新产品也更容易掉入空白市场的陷阱。

3.3 竞品分析

3.3.1 竞品分析思路

在每一个细分市场中，竞争产品（竞品）的存在是不可避免的。竞品分析是市场分析中的重要内容。竞品的发展动态，能够预示市场的波动与起浮，通过竞品分析可以帮助产品经理制定更为准确的产品方向。

竞品分析很简单，"看别人是怎么做的"也是在做竞品分析。但事实是，很多产品经理刚接触竞品分析工作时，不知从哪里入手，毫无思路。

做竞品分析的步骤通常如下。

1）首先应确定本次竞品分析的目的。

2）在明确分析目的的情况下，收集细分市场中存在的各种产品，在产品清单中确定要深入分析的竞品。

3）产品经理根据确定的竞品收集相关的产品资料。

4）在产品资料的基础上，对竞品特征进行数据分析。

1. 竞品分析的目的

竞品分析到底分析的什么？

看他怎么做，我也怎么做；
看他怎么做，我要做得更好。

竞品分析的目标当然是自己的产品要比竞品做得更好，所以在做竞品分析时不但要看到竞品的优点和缺点，还要持续关注竞品的最新动态，通过了解竞品的发展动态形成对市场的认知。

因此，竞品分析工作通常有以下三个目标。
> 发现竞品的优缺点，形成自己的产品竞争策略。
> 了解市场，通过对两个以上竞品的横向对比，推演细分市场的全局趋势。
> 监控重点竞品的运营情况，预测主要竞争对手的产品走向并及时形成自己产品的优化策略。

在做竞品分析时，一定要明确竞品分析的目标，目标不清晰就像前进路上没有方向，走了一路十分辛苦，却始终无法得到有效的结果。

2. 确定竞品

市场中的产品太多，面对海量的产品信息，需要不断缩小竞品范围，找到最主要的竞品。

在没有正式做竞品分析时，总是觉得许多产品都是竞品。但开始做竞品分析时，面对大量的同类产品，必须选出有代表性的产品做竞品。

竞品的选择有两个重要标尺：用户与业务。

竞品的主要用户、业务应该与在设计的产品类似，通常竞品与正在设计的产品处于同一市场或者有极高的市场重合。

用户、业务都与自己产品类似的竞争产品，是产品进入市场抢夺市场份额时的直接竞争对手，属于具备直接竞争关系的直接竞品。

在做市场分析时，对直接竞品的分析十分重要；但还有另一类间接竞品，业务、用户与在设计产品不完全重合，例如：
> 从事的业务相同，但用户群不同。
> 面对相同的用户群，但从事着不同的业务。

在进行竞品分析时，这两类间接竞品也不应该轻易忽略。间接竞品虽然业务或用户与在设计产品有偏差，但它们在市场中与在设计产品有类似的资源积累，一旦间接竞品的市场策略出现调整，极有可能成为我们产品的直接竞争者。

如果找不到用户、业务都重合的直接竞品，间接竞品也可以作为竞品清单中的备选。

竞品分析是了解市场，通过分析竞品洞察细分市场的全局趋势。选择竞品时应注意选择具备不同特点的、多样化的竞品。通过对不同类型竞品的分析，相对全面地从多个角度透视市场特征，形成综合性的趋势分析结果。

3. 收集竞品信息

在开始竞品数据分析工作前，要先收集竞品信息数据。

在竞品资料收集时如果方法不当，很可能劳而无功，找不到有用的资料。有时企业对其产品的很多数据并不开放，部分产品的核心数据更是被严加保护，导致竞品的核心数据收集更是难上加难。

由于种种限止，竞品数据收集需要从各类渠道中查找和搜寻。善用竞品收集渠道，才能够

快速查找有用的竞品资料。

在竞品资料收集时，常见的竞品资料有以下两类。

第一类："二手"数据，指已经经过其他机构、个人分析整理的竞品资料。

第二类：原始数据，是根据竞品分析需要，通过各种数据收集方法获取的第一手竞品数据。

原始数据是不是比二手数据好？

实际上，无论二手数据还是原始数据，不存在哪一种更好或者更可信。不过二手数据获取相对容易，能够为竞品分析工作节约时间和成本。所以，可以优先考虑搜集竞品的二手数据。

获得竞品数据后要运用各种数据分析方法对竞品数据进行分析并获得结论。

4．竞品数据分析

对竞品数据进行分析时，竞品数据分析的维度有以下三类。

- 综合维度：产品的综合特征，与市场、企业相关的宏观维度，如产品所属行业、实现价值等。
- 产品维度：产品本身具备的特征，如产品核心业务、版本及功能迭代等。
- 运营维度：产品运营时产生的特征，如产品下载量、活跃用户量等。

当分析目标不同时，运用的维度也有差别，应从综合维度、运营维度、产品维度中选择合适的维度数据，这样做才能够保证获得有效的分析结果。

竞品数据分析工作中，有两个主要工作：一是数据收集，二是竞品数据分析方法。

3.3.2 竞品数据的收集

收集竞品数据时，主要面对的是以下两类竞品数据。

一种是竞品的公开数据，即能够被各种数据监测平台监测统计的数据，也就是竞品的二手数据。

另一种则是无法通过收集直接获取的数据，属于竞品原始数据。或者说竞品内部不对外开放的信息数据，通常包括产品的核心运营数据。

这两类数据各有收集方法和渠道。先看看如何收集竞品的公开数据。

1．竞品公开数据收集

竞品公开数据能够被各类数据监测平台（下面会具体列举）获取。不同的监测平台抓取的数据并不相同。

怎样才能快速在监测平台收集到想要的资料呢?

在收集竞品资料时都有这样的期望。要能快速、有效地获取竞品数据,就必须对数据收集渠道有深入的了解,清楚每类渠道能够提供的数据内容。

竞品的公开数据资料有六类数据收集渠道,分别是:网页端产品数据收集渠道、移动端产品监测平台、创投产品平台、舆情分析监测平台、咨询公司数据渠道、财报数据渠道。

1)网页端产品数据收集渠道如表3-3所示。

表3-3 网页端产品数据收集渠道

渠道名称	地址	能收集到数据
Alexa	http://alexa.chinaz.com/	竞品IP访问量:每日、每月、IP趋势 竞品PV访问量:每日、每月、PV趋势 竞品访问量全球排名 竞品子站IP访问量、PV访问量
百度关键词	http://index.baidu.com/	竞品相关关键词搜索数量,PC、移动端搜索趋势 竞品关键词图谱,用于了解用户搜索竞品关键词,同时还搜索其他哪些关键词 包括关键词的资讯数量和趋势,媒体数量及趋势 搜索竞品关键词的用户画像,包括地区分布、性别及年龄特征

2)移动端产品监测平台,如表3-4所示。

表3-4 移动端产品监测平台

渠道名称	地址	能收集到数据
talkingData	http://www.talkingdata.com/	竞品用户活跃指数 竞品用户活跃排行 产品终端指数
七麦数据	https://www.qimai.cn/	安卓、iOS排行榜 产品用户评论 产品各渠道下载量 产品关键字搜索热度
App Annie	https://www.appannie.com/account/login/?next=/apps/ios/matrix/	iOS排行榜 产品下载量 产品收入(收费版)

3)创投产品平台,如表3-5所示。

第 3 章 产品市场分析

表 3-5 创投产品平台

渠道名称	地址	能收集到数据
Next	http://next.36kr.com/posts	最新创业产品
today	http://today.itjuzi.com/	最新创投产品

4)舆情分析监测平台,如表 3-6 所示。

表 3-6 舆情分析监测平台

渠道名称	地址	能收集到数据
新浪舆情	http://wyq.sina.com/login.shtml	渠道正、负声音音量 用户特征 舆情关键词分布 地区舆情
腾讯舆情	http://fsight.qq.com/AllGames/g	舆情分布 用户特征

5)咨询公司网站渠道,如表 3-7 所示。

表 3-7 咨询公司网站渠道

渠道名称	地址	能收集到数据
艾瑞	http://www.iresearch.com.cn/	行业数据报告 产品运营统计数据
易观	http://www.ygshangjie.com/index.html	产品运营统计数据
赛迪	http://www.ccidconsulting.com/	行业数据报告

6)交易所信息收集渠道,如表 3-8 所示。

表 3-8 交易所信息收集渠道

渠道名称	地址	能收集到数据
上海证券交易所	http://www.sse.com.cn/	上市企业(A 股)经营年报
深圳证券交易所	http://www.szse.cn/	上市企业(A 股)经营年报

上述每一个信息收集渠道的数据来源和主要数据都不相同,通过这些渠道可以快速获取"二手"竞品数据。

动手开始竞品数据收集后就会发现,通过公开渠道获得的竞品数据有时无法完成竞品数据分析,有些关键竞品数据没办法直接获得,此时产品经理就要尝试收集竞品的原始数据了。

2. 竞品内部原始数据收集

前面说过,竞品大部分的数据都不会公布出来。相反,企业还会把产品运营数据作为重要

私有信息严加保护。因此，对于竞品内部数据的收集十分困难。

有很多专做数据收集的公司，可以花钱买竞品原始数据。

可以通过数据公司等收费渠道获取。但为了普遍适用，这里介绍的是用于非收费渠道的信息收集途径。

在竞品分析工作中，首先应明确需要收集的竞品内部原始数据的具体内容。这样才能做到收集工作的快速、有效。

例如，分析的竞品是 UGC（用户产生内容的内容平台）类产品，期望拿到这类网站的核心运营数据。对于 UGC 产品来说，核心运营数据包括：用户参与指标和内容评价指标。

再具体些，要收集的用户参与指标如下。

> 访客数量。
> 访客停留时长。

内容评价指标中要收集的指标数据如下。

> 点赞数。
> 评论数。
> 发表文章数。

对 UGC 竞品的 5 个核心数据：访客数量、访客停留时长、点赞数、评论数、发表文章数量，在竞品二手数据收集渠道，能够直接收集到访客数量、访客停留时长。

剩下的点赞数、评论数、发表文章数量三个数据就相对难以获取，要花费时间和精力收集。

可以尝试通过下面的方法收集点赞数、评论数、发表文章数量。

（1）"人肉"抓取竞品内部核心数据

"人肉"抓取竞品内部核心数据，这也许是一个很多人看来非常笨的办法，然而却是最直接、有效的数据收集方法。所谓"人肉"抓取，即以人工方式统计竞品的运营数据，如文章"访问数"等，获得与竞品相关的核心运营数据。

对于未掌握使用数据自动抓取工具的产品经理，也同样能够通过人肉抓取的方式统计到 UGC 产品的点赞数量、评论数量和文章发表数量。

每个产品中都有大量看似不起眼，但实际十分重要的产品数据。

例如，UGC 产品，产品内容点赞数、评论数和文章发表数这些重要运营数据都是在竞品中直接呈现的（如图 3-15 所示），很容易收集到。换句话说，抓取并统计出竞品每天的文章发表数量，同时计算出每篇文章的点赞数和评论数并不是难事。剩下的就需要耐心和细心了。

第 3 章 产品市场分析

图 3-15 UGC 产品核心运营数据

是的，人工统计确实比较花费时间。

不过随着技术的发展与进步，尤其是网络爬虫技术日渐成熟，为数据抓取工作提供了便捷的工具。对一些重要的产品数据，产品经理可以考虑利用爬虫技术自动抓取竞品的数据信息，提高效率，持续推进竞品分析工作。

有时，在做竞品分析时要收集的指标是例如"月活跃用户量"这种敏感的竞品运营数据。这个数据不止在运营数据监测平台无法直接获得，在竞品中也是无法获得的。这种类型的指标数据，可以尝试用数据推算的方法获取。

（2）推算竞品核心数据

运营数据的推算，是通过已知产品数据换算期望收集产品数据的方法，这种方法获得的数据不是特别准确，但能够了解竞品的大体趋势或体量。

例如，把马蜂窝自由行产品作为竞品的话，如何获得马蜂窝的活跃用户数量？

这里有一个关键认识是：活跃用户量指标可以用 TalkingData 提供的移动端产品的活跃率

来衡量。TalkingData 中的活跃率是指某个应用的活跃设备量与总活跃设备量的占比，如图 3-16 所示。

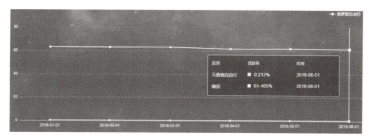

图 3-16　马蜂窝自由行产品在 TalkingData 中的产品活跃率

对于移动端产品来说，活跃设备量基本能够代表产品活跃用户数。但在数据监测平台上，并没有给出某产品的具体活跃量，而是以比率的方式给出。

比如，可以从第三方数据监测平台收集到马蜂窝自由行产品的活跃率为 0.213%，但怎么从活跃率推算出活跃用户数量？

假设在第三方数据监测平台中有另一个产品 A，我们同样可以很方便地查到这个产品的活跃率，假设查到的活跃率为 23%，同时很幸运地，通过某些渠道知道产品 A 的活跃用户数量为 10 万，那么，就获得了推算出马蜂窝自由行产品大体活跃用户数量的基本条件。具体推算思路如下，如图 3-17 所示。

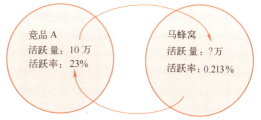

图 3-17　马蜂窝自由行产品活跃用户数量推算思路

TalkingData 对于产品活跃率的计算方法为：

产品活跃率=产品活跃设备量/总活跃设备量×100%

假设一台活跃设备为一个独立用户，那么马蜂窝自由行产品的活跃用户数量为：

产品 A 的产品活跃率：10 万/总活跃设备量×100%=23%

马蜂窝自由行的产品活跃率：产品活跃设备量(即产品活跃用户数量)/总活跃设备量×100%=0.213%

因为产品 A、马蜂窝自由行的产品活跃率计算等式中，总活跃设备量相同，因此可以推算出马蜂窝自由行的产品活跃用户数量为：

马蜂窝自由行的活跃设备量(即产品活跃用户数量)=10 万/0.23×0.00213

越是在市场中占据领先位置的产品，活跃用户数量越容易获得，因为在产品推广时，这些产品常常会拿出这类运营数据用于宣传，如图 3-18、图 3-19 所示。

第 3 章　产品市场分析

图 3-18　市场分析报告中的产品活跃用户数　　图 3-19　新闻资讯中的产品活跃用户数

在市场分析机构发出的报告中，常能找到某些产品的具体活跃用户数量。当然，还有更直接的数据来源——新闻。接下来通过已知产品的用户活跃数量、活跃率推算另外一个产品的活跃用户数量。

需要说明的是：推算数据并不准确，只是作为参考了解大概趋势。让推算数据相对准确的办法是用多个产品推算。

最后，看一看通过数据调研获取竞品数据的途径。

（3）通过数据调研主动获取竞品原始数据

在搜集竞品原始数据时，尽管通过很多途径收集数据，但仍有一部分数据没办法获得。这部分数据需要产品经理采取定向的数据收集方法主动获取。主动获取数据的方法通常有访谈法、问卷调查法、观察法等，其中比较常用的方法是问卷调查法。

问卷调查法在产品经理的工作中十分常见也很实用，同时也有很多电子问卷工具可以使用，如：问卷星、问卷网等线上调查服务平台。

在使用问卷调查法进行数据调研时，设置问题最为关键。

提出问题当然不是难事，但能否通过问卷中的问题得到有效信息却很难说。

好的问题关键在于是否能够为期望的结论提供有力的论据支持。把分析结论拆解，可以得到支撑结论的论据。论据是从不同角度对结论的阐述，在分析工作中也称作"维度"。维度是竞品数据分析工作的基础内容，使用不同的分析方法对维度资料进行分析，能够得出不同的分析结论。

因此，问卷中的题目问题应围绕指向结论的维度设计。接下来要考虑就是：做竞品数据分析时，一般有哪些维度？

3.3.3 竞品数据分析

竞品（互联网产品）的数据资料主要可以分为三个维度，如表 3-9 所示。

表 3-9 三个维度的竞品数据

维度分类	维度内容
综合维度	所属行业
	目标人群
	解决的问题、提供的价值
	公司背景：组织情况、技术、资金、情况
产品维度	产品定位、商业模式、盈利方式、产品成本
	产品需求场景
	服务客户方式
	产品核心业务、业务流程
	产品框架
	用户构成、核心用户、用户行为路径
	交互体验、UI
	版本更新、功能迭代
	产品性能
运营维度	运营数据：下载量、用户规模、活跃用户量、新增量、转化量、留存量
	网站排名、ASO、SEO
	推广模式：免费、付费、补贴
	推广合作：供应商与合作伙伴、推广渠道
	活动数据：运营活动、活动创意、文案分析、效果分析、成本估算
	内容运营模式：UGC、PGC、内容质量、内容更新频率
	用户运营：用户激励体系、种子用户运营
	公众号运营
	社群运营
	公关 PR 新闻
	用户评价、用户满意度

根据竞品分析的 3 种不同研究目的，选择分析的维度不同，使用的资料自然也不同。

目标一：学习竞品优点，发现缺点。竞品分析资料使用产品维度数据，多使用定标比超的方法形成竞争策略。

目标二：通过竞品分析，了解市场。选择综合维度以及产品维度中的宏观维度，如：产品定位、商业模式、盈利方式、产品成本、服务客户方式、供应商与合作伙伴、推广渠道等。

第 3 章 产品市场分析

目标三：监控重点竞品运营活动，预测竞争对手产品趋势。选择运营维度数据，常使用竞争对手跟踪方法对竞品动向形成预测。

 竞品维度是不是对竞品的分类？产品经理要花费时间对需要的分类收集资料吗？

可以把维度理解为竞品在不同视角下的特点。

竞品分析包含两种结论：一是对竞品信息资料的统计分析，是使用统计学方法对竞品数据形成相关结论或预测；二是尝试解释竞品资料结论的内涵及结果成因，常使用行业分析方法形成结论。

得出第二类竞品分析结论，是更高级的竞品分析工作，也是竞品分析专家与数据分析人员的工作差别。竞品分析更常见的是对竞品信息资料的统计分析。

在分析竞品数据时，有很多分析方法。除了第一节细分市场中介绍到的波特五力分析模型外，常见的还有：定标比超、竞争对手跟踪、客户满意度调查等。

1. 定标比超法

定标比超法是将本企业各项活动与从事该项活动最佳者进行比较，从而提出行动方法，以弥补自身的不足，三者关系如图 3-20 所示。

定标比超法是企业战略分析时的重要工具，其不仅能用于战略分析，在竞品分析时定标比超法也是主要的分析方法。

图 3-20　定标比超法

在竞品分析中如何使用定标比超法？

> 例如，做旅游产品时，希望学习相关产品的框架、流程到界面的设计，那么，框架、流程到界面的设计就是竞品方案的重要分析内容。

选择旅游行业中产品框架、流程、界面口碑最好的产品作为标准，这就是第一步：**定标**。

分析标准产品，从产品框架、流程、界面中分析优势因素，形成最优设计标准，然后把最优设计标准与在做的产品做对比，这是第二步：**比**。

从分析设计产品框架、流程到界面的优化方案，方案结论应以最优设计标准为基准，提出超越方法。这是第三步：**超**。

 这不是模仿吗？

定标比超方法应用时确实容易成为模仿。因为第一、二步相对容易，第三步超越比较困难。一旦放弃超越，定标比超方法就变成了模仿。

与最优设计标准对比时，差异比共性更重要。

打造好产品——产品经理实践指南

确定标准产品时,除了查找行业排名最优的产品,还能查找不同国家,发展超前市场中的优秀产品。

竞品分析除了定标比超法,还有一个常用分析方法:竞品跟踪。

2. 竞品跟踪法

重要竞品的一举一动都可能影响我们的产品。在细分市场中,竞品的一个市场活动都可能引发用户的行为变化以及市场中的需求调整。

对重要竞品做持续监测,作为企业行为并不新鲜。唯一的差别是这项工作是正式的还是非正式的。在进行竞品跟踪时,应该关注以下几点。

➢ 竞品未来要实现的目标。
➢ 竞品正在做什么,能做什么。
➢ 竞品的市场实力程度,强势和弱势资源。

但这几个关注点并没有抓住重点,因为范围还是太大。

缩小跟踪内容范围才能抓住竞争的核心。<u>竞品和我们的产品的竞争焦点是产品价值之争</u>。因此,使用波特价值链框架可以帮助我们找到具体的跟踪内容。

波特价值链:指企业在产品生产和营销过程中进行的一系列创造价值的活动。其中,基础价值链是创造价值的主要活动。

如图 3-21 所示的波特价值链框架,是<u>互联网企业的基础价值链条</u>,包括:产品设计、产品研发、推广运营、运营合作和售后服务五个活动。

图 3-21 波特价值链框架:互联网企业的基础价值链条

第 3 章 产品市场分析

波特价值链框架不仅可以针对企业分析其核心价值链,对于产品同样可以使用该框架来找到产品核心价值的主要内容。

波特价值链框架五个活动的详细信息,为跟踪竞争对手时提供了分析方向,也提供了更具体的跟踪内容。

在波特价值链框架提供的详细价值信息的支撑下,竞品的基本情况会越发清晰,跟踪竞品的基本情况如图 3-22 所示。

图 3-22 跟踪竞品的基本情况

不仅如此,竞品分析时,除了对竞品现状做客观描述外,还应对竞品发展进行基本的预测。如:

- 竞品对其现在的地位满意吗,可能用什么方法改变地位?
- 竞品存在哪些问题,也就是说可以在哪些地方形成对竞品的优势?

这两个问题是形成**竞争策略的重要内容:竞品对未来市场的发展策略预期,以及击败竞品的可能方法**。在对竞品现状分析的基础之上,形成完整的产品竞争策略,是竞品分析工作的根本目标。

3.4 用户分析

3.4.1 产品成败的关键:用户

在经济学中有一个定律,叫巴莱多定律,也就是常说的二八定律。它指出了生活和市场中的一个常见现象:

80%的成绩归功于20%的努力
占据80%市场份额的产品由20%的企业生产
20%的顾客给商家带来80%的利润

原因和结果、投入和产出、努力和报酬之间存在不平衡现象。

打造好产品——产品经理实践指南

占据市场份额80%的产品,由市场中20%的企业生产。这些企业究竟做了什么得以成功?这是众多竞争企业在探寻的答案,也是这些企业努力的方向。

答案同样在二八定律中:

20%的顾客给商家带来80%的利润。
换句话说,这些企业的产品抓住了20%的最具潜力的用户。

用户是产品成败的关键。

用户对于产品来说确实是成败的关键。无论是面向个人用户(toC)的产品,还是面向商业用户(toB)的产品。

1. 洞察真正的用户需求

抓住用户的关键在于洞察用户需求。可是,我们常常抓不住用户需求,更不要说获取用户。

> 旅游产品上线后,用户小A提出:只能看地图,但无法导航到目的地…
> 于是产品经理修改设计方案——在产品中加入地图导航系统。

但用户需求真的是这样吗?详细了解一下小A提出这个需求时的情形吧。

小A利用长假期准备去心念已久的法国,因为不喜欢跟团游,所以出发前做了很多功课打算自由行。

由于是第一次去,出发前预定了去法国第一晚的酒店。

小A顺利坐飞机到了巴黎戴高乐机场,按照之前做的攻略搭计程车去酒店。在陌生的环境中,小A打开旅游产品,希望能够搞清楚从机场到酒店的路程、路线。

小A通过这个产品找出预定的酒店订单,通过订单页进入酒店的介绍页面,找到酒店位置信息并点开地图查看。

小A想了解当前计程车位置离酒店还有多远的距离,但很遗憾地发现产品中的地图只是标记了酒店的位置,但没有导航功能。

整个场景可以说明,小A可不仅仅抱怨"只能看地图,无法导航到目的地",而是想:
- 了解机场到酒店的距离→源自陌生环境中的无助。
- 确定机场到酒店搭计程车的最佳路程→源自对陌生环境的无助和对计程车司机的不信任。
- 了解从机场到酒店的计程车费用是否合理→源自对计程车司机的不信任。

第3章 产品市场分析

所以，用户提出的需求未必是想要导航系统，而是需要旅游产品帮助他消除对陌生环境的无助感，消除用户对计程车司机的不信任感，这两者才是用户的真实需求。

真正的用户需求常隐含在环境、行为甚至人性中，80%的产品抓不住潜力用户也多是因为只看到表象未思考根本。

2. 用户大多数时候都在"撒谎"

一旦面对用户需求就会发现，大部分用户表达的需求都是口是心非。

> 用户说：我要苹果。
> 产品经理拿了一个苹果送给他。
> 但用户会说：不是这个，我要青苹果。
> 甚至，用户会告诉你：不是这个，我要的是苹果手机。
> 更有甚者，会告诉你：不是这个，我要的是长得像苹果的橙子。

说口是心非也许夸张了，因为用户并不是有意为之，但确实用户有时自己都不知道自己真正想要什么。

用户需求常常随着产品使用场景的变化而变化、用户并不清楚自己真正想要什么、用户在外界环境影响下带情绪的需求表达，都在扰乱产品经理对用户需求的解读，从而影响对用户需求的把握。

3. 切忌主观：我就是用户

很多时候，对于洞察用户真实需求的阻碍来自产品设计团队的内部。

产品设计团队的成员，尤其是产品经理经常会不自觉地担负着"用户"的身份，自认为自己是洞悉了用户的需求的人，其实是为自己做产品而不是为真实的用户们做产品。

这个状况的结果常常是产品设计团队努力打造着"私人定制"的产品，投入市场后却不被广大用户接受。

> 产品如何抓住并克服用户需求挖掘的困扰，避免越俎代庖？

要克服种种困扰，就必须进行用户分析，因为用户分析是获取用户真实需求的唯一途径。而在进行用户分析时，有一个被无数产品应用并证实有良好效果的方法：用户角色模型法，该方法对于分析、把握产品的目标用户十分有效。

同时，仅仅对用户进行分析还不够，还需要在用户分析的基础上，形成特定用户的体验设计。因为不同人群有不同的产品需求，所以用户分析结论形成后，需要针对不同的人群设计不同的产品，以满足其特定的需求。

3.4.2 用户分析方法：用户角色模型

1. 关于用户角色模型

用户角色模型是通过对产品的目标用户特征进行分析，最终确定目标用户群体的人群公共特征，并以用户角色卡片等建立的虚拟用户形象。

以用户为中心的设计过程，以角色模型推进的用户体验设计，首要的工作就是建立用户角色模型。

在互联网产品设计中十分流行的用户体验（UED）设计的思路，与以用户为中心的产品设计过程基本一致。不论是用户体验（UED）设计还是本书介绍的以用户为中心的产品设计过程，用户角色模型都是其设计的核心要素，只有确定了用户角色模型，后续的宏观设计、详细设计才能顺利地进行。

用户并没有进行表演，但却有不同的特点。拥有共同特点的用户自然分群，"人以群分"讲的就是这个现象。**拥有共同特点的用户群是用户角色模型的第一特征。**

拥有共同特点的用户容易产生类似需求。因此，对产品而言，他们对产品的期望也相差不远。

对产品具有相同的期望是用户角色模型的另一特征。

就是说，用户角色模型是具有相同特点、对产品有相似期望的用户群？

确实如此，所以进行用户角色建模时，首要获取的认识是：用户有哪些特点，然后在用户特点中获得对产品的期望"因子"。

在了解用户角色模型的具体实现之前，先来看一个用户角色模型的案例。用户角色模型卡片的示例如图 3-23 所示。

这个用户角色模型看似是一个用户的介绍，实际是将一群用户的显著特征通过单个具象的虚拟用户体现了出来。

接下来，就到了使用用户角色模型的时候。

第 3 章　产品市场分析

图 3-23　用户角色模型卡片

如果角色模型中的用户就是产品要找的那 20% 的潜力用户，那么准备和这个特点明显的家伙"聊"些什么？产品经理尝试与用户角色模型的"交流"，是产品经理尝试从用户角色模型中获得有效需求信息用于产品设计中的过程。

你希望产品帮你做什么？或者，你希望在产品中做什么？

在用户角色模型中找这两个问题的答案不容易，因为这两个问题都建立在"对产品的了解"之上。

在使用用户角色模型时，要清楚的事实是：**用户并不真正关心产品，他们只关心产品是否让自己变得更好。**

所有产品的使用，都是用户为了让自己变得更好，这是形成良好用户体验的基本原则。对应地，站在产品的角度，产品的本质也应该是为了帮助用户变得更好。

那么，要从用户角色模型获得什么信息呢？

如果用户只关心自己，那么就可以从用户模型中了解用户想成为的人。

确实需要从用户角色模型中捕获用户的个人期望。可是用户不会乖乖地回答我们想要的答

61

案，原因可能是用户也并不清楚怎样是更好，甚至"佛系"的用户会对产品经理说：知足常乐，我现在已经很好了。

因此，获得用户特征，即模型中的个人价值观、行为特征、人口特征，用特征勾画用户期望和实现途径是用户角色模型推动用户体验设计的核心作用。

2. 用户角色模型的实践

接下来说明如何建立用户角色模型卡片，如何对无以计数的用户分群。

> 用户分群的标准是什么？
> 用户分群的方法是什么？

以上两个问题是建立用户"角色模型"时首先要考虑的，这两个问题包括以下两层含义。

（1）用户分群标准

用户分群是具备共同特点的用户自然分群。**共同特征是用户分群的唯一标准**。

用户特征有以下三大类。

> 人口特征。
> 行为特征。
> 个人价值观。

用户分群时使用的维度特征，就是从三类用户特征中分解出来的，如图 3-24 所示。

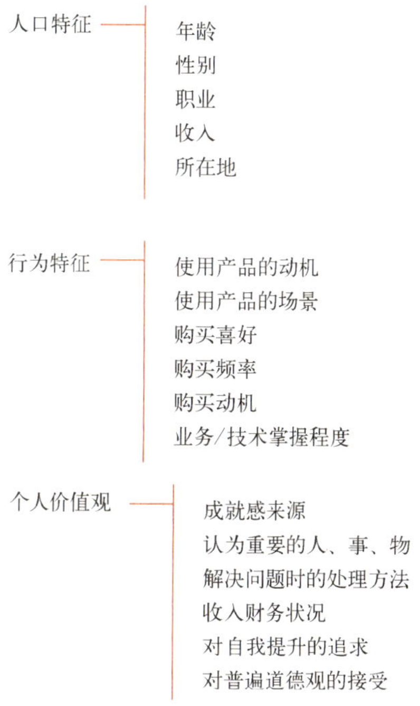

（2）用户分群方法

仅仅知道用户特征，并不能对用户进行有效分群。用户特征由两部分组成：特征和特征值。用户特征代表了所有用户共有的普遍特征，而最终形成用户分群是用户特征值分类的结果。

1）聚焦维度与维度值：选择最优分群维度。

用户分群时使用的维度就是每个用户具备的特征。

人口特征 —— 年龄 / 性别 / 职业 / 收入 / 所在地

行为特征 —— 使用产品的动机 / 使用产品的场景 / 购买喜好 / 购买频率 / 购买动机 / 业务/技术掌握程度

个人价值观 —— 成就感来源 / 认为重要的人、事、物 / 解决问题时的处理方法 / 收入财务状况 / 对自我提升的追求 / 对普遍道德观的接受

图 3-24　三类用户特征的二级维度特征

虽然对于用户来说，主要的三类用户特征都容易获得，但并不是所有的特征都需要作为用户分群的维度。

也就是说，对不同的产品做用户分群研究时，选择更优表达用户特点的维度是第一步。这里所说的维度即为特征，维度值即为特征值。

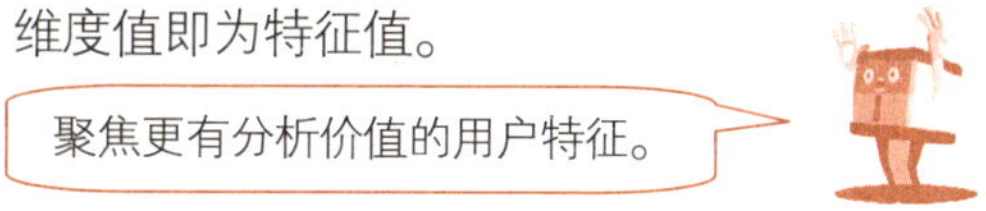

> 聚焦更有分析价值的用户特征。

用户分群方法就是不断聚焦特征，不断从特征中提取共性的过程。首先对维度聚焦，选择

第3章　产品市场分析

最优维度。然后对维度值聚焦，分离出具有共性值的用户群。

回到选择最优维度的问题上来，对不同的产品用户做分群研究时，选择与用户群特点相关度最高的维度，能够保证用户角色模型结论更加准确。

与选择合适的竞品类似，在选择最优维度时，首先要确定选择标准。比如最优维度选择的标准如下：

最优维度的选择标准是相关性，即维度与用户群特点相关性越高，就越应该被选为最优维度。

那么怎样从用户那里发现相关性高的最优维度？可以通过收集一定数量用户的行为数据，即他们关注的、说的、做的，并对用户行为数据进行定性分析找出用户群的公共特征作为最优维度。

也就是说，用户行为数据（关注的、说的、做的）是获取最优维度的主要途径。说到用户行为数据，这里又回到了数据收集的工作。常见的数据收集渠道前面已经谈到很多，这里不再详述。

就用户数据来说，公众数据收集渠道能获得的原始用户数据并不多，尤其是做初期的维度筛选，并不适宜花费大量时间和精力做资料收集、分析和筛选。

我们团队通过讨论得出用户角度模型的维度。

当然可以通过团队讨论确定用户角色模型的最优分析维度，但这样做应该有一个前提，即团队非常了解用户，或者说团队中的成员有长期与用户接触、清楚用户行为的基础。否则，团队讨论得出的维度无法接近真相，需要通过用户访谈做进一步的筛选和分群。这样，同样来到用户行为数据收集环节。

2）用户行为数据收集。

用户访谈是听用户说，用户表达的内容会自然呈现出用户特征，剩下就需要产品经理观察并整理出来。

用户访谈的形式是聊天，但访谈又不同于聊天，因为聊天没有内容界限，天南海北，所以一旦把访谈做成了聊天，就无法在内容中获得有效信息，也无法获取有效的访谈结果。因此事先对访谈人和内容的规划就显得尤为重要。

要确定哪些用户说什么？不如直接做个问卷调查。

访谈收集的是弹性内容，问卷收集的是固定内容。

弹性是指在收集过程中，访谈内容可以根据需要增加或者减少，甚至改变收集内容，而问卷发出后内容则不能调整。

打造好产品——产品经理实践指南

初期通过访谈收集用户行为数据时，因为要收集的用户行为数据并不是固定的，需要根据收集过程中的用户表现随时调整收集数据，所以用户行为数据的收集方法也应具备灵活性，访谈法更适合收集不确定的用户行为数据的信息收集，如：

> 哪些用户会使用我们的产品？
> 这些用户有没有不同类别？
> 用户有哪些需求并为之行动？
> 用户行为的个人需求是什么？

这些是访谈前对用户访谈内容的思考，同时也是对产品用户及用户特征进行的预估。将对用户角色和角色特征预估的结论记录在角色名单上。以下是为旅游产品勾画的角色名单，如图 3-25 所示。

| 哪些用户会使用在做的产品？
这些用户有没有不同类别？ | | 角色预估
-角色 A：旅行社策划人员
-角色 B：游客 |

| 用户有哪些需求并为之行动？
用户行为的个人需求是什么？ | | 角色特征预估
角色 A：
使用产品的动机
-是岗位职责需要
-公司要拓展旅游产品渠道
产品使用场景
-时间：工作时——晚上
-地点：办公室——家里
产品使用熟练程度
-用过很多
-对于新产品，自己需要很短的学习时间就可以上手
遇到的困难
-广大公司旅游产品渠道
-增加产品访问量
个人认为重要的人事物
-产品访问量影响个人工作考核
解决问题时的处理方法
-自己搜索资料，找到解决办法
-和同事、领导寻求帮助 |

图 3-25　角色名单

角色名单中的角色预估包括所有可能使用产品的角色和特征，为访谈做好"找对人，问对

第 3 章 产品市场分析

事"的准备。

不过，要做足访谈前的准备工作，仅有角色名单还不够，访谈前还要准备问题提纲。要把角色名单里的预估用户特征转化为问题，在访谈里与用户直接沟通。设计问题是为了最大限度让用户在引导下完整讲出自己的故事，同时，避免用户在访谈中喧宾夺主，占据主导地位。

对于访问者，也可以防止为了得到期望的结果，不自觉地主观诱导用户回答。

例如旅游产品中，对角色 A 的产品使用动机可以这样提问：

使用产品时，做得最多的是什么事？（功能）
用产品做的这些事，是为了完成上级交代的什么工作任务？（目标）

此外，应把准备参加访谈的人员记录下来，形成访谈名单。访谈名单与角色名单相比更加具体，记录不同角色对应的被访者姓名及个人基本信息。

在用户访谈中，问题提纲和访谈名单帮助访谈人在合适的访谈对象那里获得对产品的期望和想法。

经过用户访谈后，已经能够显露出用户分群趋势，不同类型用户的显著特征也会出现，所以，在获得访谈数据后就可以对用户进行分群分析，并建立用户角色模型。

那也就是说，访谈后就能生成用户角色模型了？

用户访谈后就建立用户角色模型，形成的用户分群结论主要源于用户访谈内容的分析、理解，主观成分较多。如果用户分析人员希望用户分析结论更加严谨，可以在用户角色模型研究过程中，加入定量验证的环节。

（3）定性研究，定量验证

用户访谈是定性分析的一种方法，是对用户表达内容的分析。由于表述以文字内容为主，所以对语意的理解是形成用户角色模型的主要途径。

当对角色模型的典型程度有怀疑时，用定量分析验证结果可以让模型更具体。

模型验证通常通过问卷收集用户数据，然后对问卷数据进行分析。模型验证使用问卷调查，是因为之前通过用户访谈已经获得了用户的主要特征。在清楚用户的主要特征情况下，可以通过问卷调查的方法批量收集用户数据。

那么，问卷中的内容应该是什么？当然是用户角色模型的最优分析维度。

把访谈中发现的主要用户特征做成问卷题目，发放、回收之后就可以批量地获取用户数据了。这些批量获取的用户数据是模型验证的基础内容。数据经过初步整理、清洗后，分析获得的结论就可以对访谈后获得的模型加以验证。

模型验证过程似乎并不复杂，问卷调查也好操作。在实践过程中，模型验证有两个难点：

打造好产品——产品经理实践指南

一是设计问卷的题目,另一个是对数据的分析。

出题怎么会难?

每一份问卷通常都只有一个唯一的主题,例如在进行产品用户角色模型分析时,所有题目都应围绕获取用户特点这一主题设计。如果一份问卷期望通过 15 道题获得用户人口、行为、个人价值三个层面的特点,那么每一题都应承担获取一个或多个用户特征的任务。

一份问卷回收时,要评估这份问卷是否很好地完成了主题设计时要获得的用户信息,假设总获得率为 100%,那么,问卷中的每个题目都应完成自己相应的获得率,整份问卷才会达到最好的效果。这就是问卷题目设计的难点。

最后,让我们完成问卷数据分析。

如何对用户数据做分群?

到问卷数据分析这一步之前,先通过访谈确认了主要用户分析维度,然后在问卷调查中收集了大量的用户维度的具体数值。所以,问卷数据分析是对用户维度值进行深入分析并划分不同用户群。在统计中,这类分析是对变量值的分类分析。

在统计分析中,变量就是用户维度,变量值就是用户维度值。在统计工具中用户维度进入后自动转化为变量,而用户维度值也自动转化为变量值表示,维度、维度值、变量值的关系如图 3-26 所示。

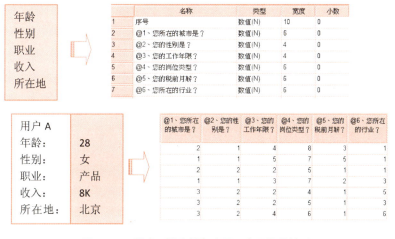

图 3-26 维度、维度值与变量、变量值的关系

66

聚类分析是根据研究对象（个案或指标）的特征，对其进行分类的方法。聚类分析是用户分群的主要方法。

 是不是可以一下分出用户群，并显示用户特征出来？

通过聚类分析会提示用户数据能够分成多少种用户类型，但对用户角色和特征的解释，仍需要分析人员在理解数据后加以描述。

3.5 市场分析方法：定性分析与定量分析

在市场分析工作中，不论是细分市场分析、竞品分析还是用户分析，都反复使用了两种数据统计方法：定性分析和定量分析。

从市场分析过程来看，两种数据分析方法的研究过程影响并决定了细分市场、竞品、用户等市场研究的工作过程，如图 3-27 所示。

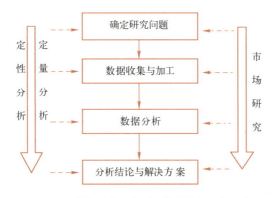

图 3-27 数据分析研究过程推进市场分析工作

在定性、定量分析过程中，确定研究问题、数据收集与加工、数据分析、分析结论与解决方案提出是分析工作的 4 个阶段。

在每个阶段，分析人员都需要从特定市场挖掘业务信息，同时使用定性、定量的方法对信息进行研究。

 分析工作里哪些是定性分析，哪些是定量分析呢？

初次接触分析工作时，都容易有这样的疑问。而且，在产品市场分析中，两种方法常常穿插进行，更让人难以分清区别。不过，要区分定性分析和定量分析也并不困难，可以从数据类型来加以区分。

定性数据：不能被计算（加、减、乘、除运算），代表事物性质、类别的数据，常见形式：文字、视频、音频等。

定量数据：能够被计算（加、减、乘、除运算），以数值表示事物的数据，常见形式：数字。

另外，定性和定量分析的研究成果也各不相同，而且可以互相补充。

定性分析：研究事物的性质，如事物由什么组成、具备什么特性。

定量分析：对事物性质程度的研究，如性质的优劣、主次、高低等可测量程度的分析。

也可以说，定性分析主要研究事物是什么，定量分析则研究事物怎么样。因此，在做市场分析时，常先运用定性的方法确定研究问题是什么，然后再采用定量的方法对问题加以验证。

当然，在分析方法上，定性分析和定量分析也各有特色。

3.5.1 定性分析

定性分析是产品经理做分析时最常用的方法。

下面来做一个小实验。

产品经理接到一个新任务，要求 5 天内完成一份竞品分析的工作。这时应该准备做什么？
　　　　　A．收集、分析竞品资料　　B．定性分析

多数人会选择 A，但其实选项 B 的内容就是选项 A 的内容。

定性分析也叫质性分析，分析资料以文本类为主。所以，定性分析中相当多的工作都是围绕资料进行分析。竞品分析中收集、分析竞品的文档资料，就运用了定性分析方法。

原来搜资料、看资料就是定性分析，这也太简单了。

看文章、划重点、形成观点，并不难。但在这个过程中，很少有人能清楚说出形成结论的步骤，对于得出的结论正确与否也没有把握。

这些恰恰反映了定性研究的困难。也就是说，定性研究的过程和结果不可控。

完整的定性分析过程如图 3-28 所示。

图 3-28　定性分析过程

在做定性分析时,收集资料、简化资料、展示资料及结论的导出和验证是 4 项主要内容。做这 4 项工作时,没有先后主次,甚至可以同时完成。

3.5.2 定量分析

对于定量分析,不少人认为这个工作需要具备专业的统计学知识才能做。很多企业都有数据分析部,由专业人员从事这项工作。

实际上,定量分析中的一些基本统计方法并不需要多么高深的统计学知识储备,普通人也能够应用到产品问题中,并解决问题。

下面这些问题,是产品经理经常面对的难题。

- 这个月产品的销售量下滑了。
- 产品最近一段时间的用户量突然减少。
- 找出产品中存在的种子用户。

这些产品问题在产品优化设计中都不可避免地会遇见。用基本的定量分析方法,如"求知,求平均数"等,就可以找出答案,帮助我们获得产品优化方案。

1. 定量分析案例

以下通过一个具体例子来看看产品问题是如何通过"计算求和"解决的。

> 产品经理 A 遇到的问题是:产品最近一个月的用户量突然减少。

面对这个问题,通过以下步骤找出答案。

(1) 确定研究主题

现在,产品遇到的问题是:最近一个月的用户量突然减少。在这里,产品问题不能被当作研究主题,需要通过对产品问题的推演确定,如图 3-29 所示。

通过对用户量减少原因的讨论分析,提出了以下三个问题假设。

1)产品推广渠道出了问题让新用户量减少,从而影响了整体的用户量。

2)产品运营的活动出了问题,未留住老用户,造成用户量降低。

图 3-29 产品问题推演

3)优化产品设计方案没有被一部分用户接受,出现批量流失情况导致用户量突然变少。

打造好产品——产品经理实践指南

假设产品经理与运营部门沟通后发现，产品推广渠道数量、频率与上月没有区别，产品本月活动也与前两月差别不大。于是在排除了假设1、2的情况下，了解到假设3的优化产品设计方案确实在当月有更新版本。

这时，基本确定研究主题为：因版本更新出现用户群流失，造成了产品用户的突然减少。

要注意的是，这里确定的研究主题是一种问题假设，接下来的三个步骤用于验证假设的可信度。

（2）数据收集与加工

在开始收集数据前，要先明确需要收集哪些数据。因此需要从研究主题分析需要收集的数据。

研究主题为：因产品版本导致的用户群流失，造成产品用户数量突然减少，研究主题中的几个关键信息为：产品版本、用户群、产品用户量。

接下来要找到关键信息对应的运营数据。

1）用户访问量：产品每天的用户访问数据，数据包括用户唯一标识、访问时间等，如图 3-30 所示。

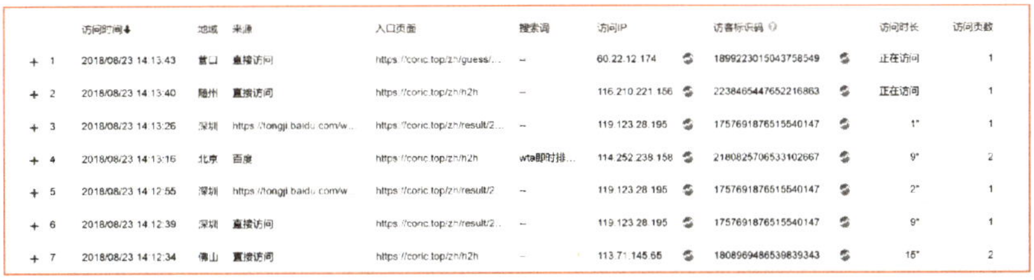

图 3-30　用户访问量

2）用户身份信息：访问用户的详细信息，包括用户唯一标识、所处地域、使用设备、操作系统等，如图 3-31 所示。

图 3-31　用户身份信息

第 3 章　产品市场分析

运营数据能够从第三方监控平台获取，如果还能够收集到产品日志、数据库、自埋点抓取数据等渠道的用户数据，那么用户信息会丰富很多，包括：年龄、性别、消费金额等数据都有可能收集到。

接下来，就可以开始从第三方监控平台、日志、数据库、内部产品统计数据中获得用户访问数据和用户数据了。

（3）数据整理

收集到的运营数据多数情况无法直接使用，需要进行初步的加工。例如在这个案例中，需要把用户访问数据和用户身份信息数据进行整理，整理完的信息如表 3-10、表 3-11 所示，之后需要将两张表再进行合并。

表 3-10　用户访问数据

访 客 标 识	访 问 时 间
18992356433334	2018/8/22 12:23:06
22385644377865	2018/8/06 18:56:01
45556897612662	2018/8/13 09:12:09
21223898856422	2018/7/09 14:35:21
…	…

表 3-11　用户身份信息

访 客 标 识	地　　域	使 用 设 备	操 作 系 统
18992356433334	广东	计算机	Win7
24564456433215	沈阳	移动设备	iOS 11
48995356436552	北京	计算机	Win8
28552333455849	杭州	移动设置	Android 6.0
…	…	…	…

合并后的表如表 3-12 所示，把两个表中访客标识相同的内容项合并为一项形成了总表。

表 3-12　用户访问数据与用户身份信息合并总表

访 客 标 识	访 问 时 间	地　　域	使 用 设 备	操 作 系 统
18992356433334	2018/8/22 12:23:06	广东	计算机	Win7
24564456433215	2018/08/23 15:21:54	沈阳	移动设备	iOS 11
48995356436552	2018/08/1323:59:35	北京	计算机	Win8
28552333455849	2018/07/11 23:59:18	杭州	移动设备	Android 6.0
22385644377865	2018/8/06 18:56:01	北京	计算机	Win10
45556897612662	2018/8/13 09:12:09	广东	移动设备	Android 6.0
21223898856422	2018/7/09 14:35:21	北京	移动设备	iOS 11
…	…	…	…	…

(4）数据分析

下面开始进行数据分析验证假设。

面对的事实是：产品最近一个月用户量突然减少。
对于事实做的假设是：因版本更新出现了用户群流失，从而造成了产品用户的突然减少。

由此，可以对最近几个月不同特征的用户数量进行比较，查看是否有某一特征的用户数量出现下滑的情况。

这里有两个分析维度：月份、用户特征，下面利用这两个维度进行分析。

先统计不同地区的用户数量情况，如表3-13所示。

表3-13 不同地区用户数量

时间 \ 地域	广东	沈阳	北京
2018年8月	55376	29567	92656
2018年7月	56988	30561	93269
2018年6月	54762	29654	90656

主要地区用户分月统计后可以看出，各地区用户月分布情况基本正常。但8月用户在各地区都有下降的现象出现，说明不是某一个地区用户群有批量流失的情况。

接下来再统计使用不同设备用户的数量情况，如表3-14所示。

表3-14 不同设备用户数据

时间 \ 设备	计算机	移动设备
2018年8月	94127	83472
2018年7月	94025	86793
2018年6月	92788	82284

对比6～8月的用户数量，8月使用移动设备的用户相比使用计算机的用户明显有大幅下降的趋势，说明使用计算机的用户最近3个月数量没有异常，但8月份的移动设备用户却出现大量流失。

根据发现的这一现象，继续深入对比使用不同操作系统的用户的数量情况，如表3-15所示。

表3-15 Windows、iOS、Android 用户数据

时间 \ 操作系统	Win	iOS	Android
2018年8月	94127	35058	48413
2018年7月	94025	36453	50340
2018年6月	92788	32914	49370

对比 6~8 月的用户数，8 月 iOS 的用户并没有减少，相反还略有上升，然而 Android 用户相比前两个月明显有大幅下降的趋势，这说明使用 Windows、iOS 为操作系统的设备的用户最近 3 个月数量没有异常，但 8 月份使用 Android 移动设备的用户却出现大量流失。

（5）分析结论与解决方案

事实上，针对 Android 不同版本的用户分析结果显示，Android 6.0 系统的用户在 8 月份出现了大量的下降。由此，业务问题范围缩小到 Android 6.0 版本的产品上。

对于某个特定系统出现产品问题，最常见的是兼容问题，也是产品开发中的常见 BUG。一旦确认确实是产品兼容问题导致用户量下滑，就需要在该结论基础上提出具体解决问题的方案。

2. 定量分析过程

下面就来看一看解决本案例问题的定量分析过程。

（1）确定研究主题

在定量分析方法中，研究主题来源于对业务问题的假设。也就是分析可能影响业务问题的因素，形成对问题出现原因的假设。

例如上述案例中"用户数量减少"是业务问题。对于"用户数量减少"的业务问题，有以下三个因素影响用户数量。

- 产品推广渠道。
- 产品运营活动。
- 产品设计迭代。

由此，自然引出三个问题假设。可以认为这三个问题假设就是三个定量研究问题，但未必所有问题都需要深入分析。

通常，排除一部分问题假设是必经的过程。有些因素对结果影响较小，还有些因素相对变化不大，层层排除后，最终找出最有可能影响问题结果的假设作为研究问题。

（2）收集原始数据

一个产品的数据有很多，包括用户属性数据、用户行为数据、用户风险数据等很多种。在对某个问题进行定量分析前，首先要确定这次定量分析需要哪些数据。

如案例中的研究主题：因产品版本导致的用户群流失，造成产品用户数量突然减少，其中产品版本、用户群、用户数量 3 个信息直接引导出 3 项数据收集项：用户详情、用户访问数据。

（3）数据分析

在定量分析方法中，既有基础方法，如：求和、求平均数，也有相对复杂的方法，如：主成分分析、因子分析、信度分析等，针对不同的分析目的可以用一种或多种分析方法进行分析。

3.6 案例：第三方支付产品行业市场分析

本案例介绍的产品，是某知名第三方支付产品上线后针对产品优化进行的行业市场分析，主要采用定性分析方法，针对收集的行业资料，进行行业图谱、市场规格、商业模式等多角度的分析，另外还就细分市场中的直接竞品进行了深入的产品分析。

3.6.1 行业资料汇总分析表

第三方支付产品受国家管控，第三方支付企业需获得支付业务许可证后才能够合法经营。对自牌照发放至 2017 年的支付业务许可证获证情况的部分统计数据，如图 3-32 所示。

NO.	生成日期	生成日期	业务范围	业务覆盖范围	产品/公司
13	深圳市快付通金融网络科技服务有限公司	2016年5月3日	互联网支付(全国)、预付卡发行与受理(广东省)	--	
14	广州银联网络支付有限公司	2017年5月15日	银行卡收单(仅限于广东省内)、互联网支付、预付卡受理	全国	银联
15	北京数字王府井科技有限公司	2016年5月3日	银行卡收单、预付卡受理	北京市	银联
16	北京银联商务有限公司	2016年5月3日	银行卡收单(北京市)、预付卡受理(北京市)、互联网支付(全国)	--	银联
17	裕福支付有限公司	2017年6月23日	预付卡发行与受理、互联网支付	全国	
18	易生支付有限公司	2017年5月15日	互联网支付、预付卡发行与受理	全国	
19	银盛支付服务股份有限公司	2016年5月3日	互联网支付、移动电话支付、固定电话支付、银行卡收单	全国	
20	迅付信息科技有限公司	2016年5月3日	互联网支付、移动电话支付、固定电话支付、银行卡收单	全国	石基信息
21	网银在线（北京）科技有限公司	2017年8月30日	互联网支付(全国)、移动电话支付(全国)、固定电话支付(全国)、银行卡收单(北京市)	--	京东
22	海南新生信息技术有限公司	2017年5月15日	互联网支付、预付卡发行与受理	全国	海航
23	平安付电子支付有限公司	2016年5月3日			
24	拉卡拉支付股份有限公司	2016年5月3日	银行卡收单、互联网支付、数字电视支付	全国	
25	上海付费通信息服务有限公司	2017年5月15日	互联网支付、移动电话支付、固定电话支付、银行卡收单	全国	银联
26	平安付科技服务有限公司	2016年5月3日			
27	上海银联电子支付服务有限公司	2016年8月29日	互联网支付、移动电话支付	全国	银联
28	连连银通电子支付有限公司	2016年8月29日	互联网支付、移动电话支付	全国	
29	联动优势电子商务有限公司	2017年5月15日	互联网支付、移动电话支付	全国	
30	成都摩宝网络科技有限公司	2016年8月29日	互联网支付、移动电话支付	全国	
31	捷付睿通股份有限公司	2016年8月29日	互联网支付、移动电话支付、银行卡收单	全国	
32	证联支付有限责任公司	2017年5月15日	互联网支付	全国	
33	得仕股份有限公司	2016年8月29日	预付卡发行与受理(上海市、北京市)、互联网支付(全国)	--	
34	易通金服支付有限公司	2017年5月15日			
35	中网支付服务股份有限公司	2016年8月29日			
36	四川商通实业有限公司	2016年8月29日	预付卡发行与受理	四川省	
37	南京市市民卡有限公司	2017年8月30日	预付卡发行与受理	江苏省	
38	天翼电子商务有限公司	2016年12月22日	移动电话支付、固定电话支付、银行卡收单	全国	中国电信
39	联通支付有限公司	2016年12月22日	移动电话支付、固定电话支付、银行卡收单	全国	中国联通
40	中移电子商务有限公司	2016年12月22日	移动电话支付、银行卡收单	全国	中国移动
41	上海点佰趣信息科技有限公司	2017年6月23日	银行卡收单	全国	

获许可机构　注销机构　支付年度统计　支付2017季度统计　金融创业（10亿+）　支付机构网络排名　许可机构预汇

图 3-32　获得支付业务许可证统计数据

第三方支付牌照包括不同的业务类型，对 2013 年～2016 年、2017 年 1～3 季度不同业务类型的第三方支付细分市场的交易笔数、交易金额的统计分析数据，如图 3-33、图 3-34 所示。

		2016年	2015年	2014年	2013年
电子支付总金额	笔数（亿笔）	1395.61	1052.34	333.33（29.28%）	257.83（27.40%）
	金额（万亿元）	2494.45	2506.23	1404.65（30.65%）	1075.16（29.46%）
网上支付	笔数（亿笔）	461.78(26.96%)	363.71（27.29%）	285.74（20.70%）	236.74（23.06%）
	金额（万亿元）	2084.95(3.31%)	2018.20（46.67%）	1 376.02（29.72%）	1060.78（28.89%）
电话支付	笔数	2.79(↓6.61%)	2.98（27.35%）	2.34（↓46.11%）	4.35（↓6.59%）
	金额	17.06(13.84%)	14.99（148.18%）	6.04（27.41%）	4.74（↓8.92%）
移动支付	笔数	257.10(85.82%)	138.37（205.86%）	45.24（170.25%）	16.74（212.86）
	金额	157.55(45.59%)	108.22（379.06%）	22.59（134.30%）	9.64（317.56%）
非银行支付机构网络支付	笔数	1639.02(99.53%)	821.45（119.51%）	374.22（93.43%）	153.38(56.06%)
	金额	99.27(100.65%)	49.48（100.16%）	24.72（137.6%）	9.22(48.57%)

1 电子支付是指客户通过网上银行、电话银行、手机银行、ATM、POS 和其他电子渠道，从结算类账户发起的账务变动类业务笔数和金额。包括网上支付、电话支付、移动支付、ATM 业务、POS 业务和其他电子支付等六种业务类型

2. 非银行支付机构处理网络支付业务量：不包含红包类等娱乐性产品的业务量

图 3-33　2013 年～2016 年不同业务类型第三方支付细分市场交易统计数据

		2017年一季度		2017年二季度		2017年三季度		小计
电子支付总金额	笔数（亿笔）	374.01		362.47		381.36		1117.83
	金额（万亿元）	756.84		545.58		523.47		1825.89
网上支付	笔数（亿笔）	112.97	0.0817	117.77	0.068	120.87	4.14%	351.61
	金额（万亿元）	658.78	0.0014	473.39	0.0014	439.89	1.37%	1572.06
电话支付	笔数（万笔）	4007.27	↓25.3%	3959.63	↓16.61%	4108.9	55.89%	12075.8
	金额（万亿元）	2.34	↓26.33%	2.2	↓25.02%	2.16	61.98%	6.7
移动支付	笔数（亿笔）	93.04	0.6571	86.22	40.51%	97.22	46.65%	276.48
	金额（万亿元）	60.65	0.1635	39.24	33.84%	49.26	39.42%	149.15
非银行支付机构网络支付	笔数（亿笔）	470.9	0.6013	632.9	67.85%	778.33	76.78%	1882.13
	金额（万亿元）	26.47	0.4247	31.49	34.87%	38.98	47.99%	96.94

图 3-34　2017 年 1～3 季度不同业务类型第三方支付细分市场交易统计数据

每个获得第三方支付牌照的企业，都在获得牌照后相继推出了各自的产品，部分产品已成为占据了大量市场份额的知名支付产品。对所有获证企业开发的产品、产品业务、产品种类的统计数据如图 3-35、图 3-36 所示。

NO.	产品名称	产品说明	主营业务
1	分期乐（乐信集团）	专注于大学生分期购物的金融服务提供商	乐信集团(此前叫分期乐)是一家专注于大学生分期购物的在线商城及金融服务提供商，提供分期贷款和还款服务，深圳市分期乐网络科技有限公司旗下网站。
2	泓申金服（B轮）	房产抵押贷款及小额信贷服务提供商	泓申金服是一家资产管理公司，主要经营房产抵押借款、过桥垫资赎楼及不良资产处置。目前泓申金服旗下控股公司拥有融资租赁、保理、担保、小贷、典当等金融牌照。
3	玖富（C轮）	互联网金融综合服务平台	玖富是一个互联网金融综合服务平台，以移动互联网、大数据科技以及生态链发展模块为基础，以网络借贷、互联网理财、消费金融等为主要业务。历经十多年发展，已形成以移动互联网、大数据科技、生态链发展模块为基础，以消费分期、网络借贷、移动海外证券、大数据评估等为核心业务的综合布局。旗下品牌包括玖富普惠、玖富万卡、悟空理财、玖富金融（原玖富钱包）、蜡笔分期、玖富证券等，致力于为用户提供优质便捷的普惠金融服务。
4	我来贷 / WeLab	小额信贷服务平台	我来贷是一个小额信贷服务平台，利用自主研发的风险管理体系，以非结构化移动端大数据整合及分析能力对用户的风险进行定级，从而输出信贷决策，为用户提供3000-5万元、借款期限6-12个月以内的信贷服务。
5	随手记 / 随手科技（C轮）	一个移动互联理财平台	随手记是一个移动互联理财平台，主要为用户提供记账、理财产品，旗下拥有随手记、卡牛信用卡管家、随手管家等多款理财应用产品。
6	钱包生活（B轮）	本地生活服务平台	钱包生活是一个整合银行和商户资源，自主开发和运营了基于全方位支付体验的消费实时返现移动平台，服务商户类型覆盖餐饮、娱乐、丽人、商超、酒店等生活服务领域。其核心是，用户在不同类型商户消费的返现金额，可以在支持钱包生活的所有商户再次使用或者提现。
7	上海农商银行（战略投资）	一家商业银行	上海农商银行是一家商业银行，主要为个人用户提供储蓄、贷款以及结售汇等服务，为公司提供存款、融资、票据以及国内国际结算等服务。
8	金证财富（战略投资）	金融机构软件开发与系统集成服务提供商	金证财富是一家金融机构软件开发与系统集成服务提供商，主要从事包括基金公司、信托公司、证券资产管理机构、保险资产管理机构、期货资产管理机构、第三方专业理财机构及第三方支付机构在内的大资产管理行业客户的业务软件开发与系统集成服务。
9	抓钱猫（获投状态，不明确）	互联网理财，国资背景，银行存管	抓钱猫是国内知名的互联网理财平台，成立于2014年8月，目前已经完成B轮融资，获得国资参股企业大[illegible]景投资管理有限公司2亿元人民币投资。抓钱猫致力于用前沿的技术及整合资源，以"安全理财"为服务核心，多重健全的风控管理体系，来保障广大投资者的财富，实现安全高收益增长。
10	合盘贷（合盘金融）（B轮）	提供及时便捷的小额信用借款服务	合盘金融是一家P2P网贷领域的借款咨询服务和财富管理服务，旗下拥有互联网金融平台——合盘贷、合盘理财APP，专注房产抵押的贷款及理财服务，隶属于上海合盘金融信息服务股份有限公司。
11	TNG Wallet（A轮）	电子钱包服务提供商	TNG Wallet是一家电子钱包服务提供商，不仅能够支持在合作商家进行安全、快速和便捷地电子支付，而且还有充值功能，并且能够在合作银行或香港任意一家7-11便利店提取现金。
12	Binance币安（天使轮）	基于区块链的数字资产交易平台	Binance币安是一个基于区块链的数字资产交易平台，平台内支持BTC、ETH、LTC等多种数字货币，主要为用户提供数字资产兑换及交易服务，用户可选择在Web端等渠道进行操作，上海比特企业管理咨询有限公司旗下。

图 3-35　获证企业开发的产品统计数据一

	A	B	C	D	E	F	G
1	生成日期	生成日期					
2	支付宝（中国）网络技术有限公司	2016年5月3日	支付宝(中国)网络技术有限公司	2013年5月21日	互联网支付、移动电话支付、预付卡发行与受理(仅限于线上实名支付账户充值)、银行卡收单	全国	蚂蚁金服
3	银联商务有限公司	2017年5月15日	银联商务有限公司	2013年5月21日	银行卡收单、互联网支付、预付卡受理	全国	银联
4	资和信电子支付有限公司	2016年5月3日	资和信电子支付有限公司	2012年6月27日	预付卡发行与受理、互联网支付	全国	
5	财付通支付科技有限公司	2016年5月3日	深圳市财付通科技有限公司	2013年7月6日	互联网支付、移动电话支付、固定电话支付、银行卡收单	全国	腾讯
6	通联支付网络服务股份有限公司	2017年6月6日	通联支付网络服务股份有限公司	2012年6月27日	互联网支付、固定电话支付、银行卡收单、预付卡受理	全国	
7	开联通支付服务有限公司	2016年5月3日	开联通网络技术服务有限公司	2011年5月3日	预付卡发行与受理、互联网支付	全国	
8	易宝支付有限公司	2016年5月3日	北京通融通信息技术有限公司	2012年7月20日	互联网支付、移动电话支付、银行卡收单	全国	
9	快钱支付清算信息有限公司	2017年5月15日	快钱支付清算信息有限公司	2012年7月20日	互联网支付、移动电话支付、固定电话支付、银行卡收单、预付卡受理	全国	万达
10	上海汇付数据服务有限公司	2017年8月30日	上海汇付数据服务有限公司	2011年12月22日	互联网支付、银行卡收单、移动电话支付、固定电话支付	全国	
11	上海盛付通电子支付服务有限公司	2016年5月3日	上海盛付通电子商务有限公司	2012年6月27日	互联网支付、预付卡发行与受理(仅限于为本机构开立的个人网上实名支付账户充值使用)、移动电话支付、固定电话支付、银行卡收单	全国	
12	北京钱袋宝支付技术有限公司	2017年8月30日	钱袋网(北京)信息技术有限公司	2012年6月27日	互联网支付(全国)、移动电话支付(全国)、银行卡收单(北京市、上海市、广东省)	---	
13	东方电子支付有限公司	2017年5月15日	东方电子支付有限公司	2012年6月27日	互联网支付	全国	
14	深圳市快付通金融网络科技服务有限公司	2016年5月3日	深圳市快付通金融网络科技服务有限公司	2011年12月22日	互联网支付(全国)、预付卡发行与受理(广东省)	---	
15	广州银联网络支付有限公司	2017年5月15日	广州银联网络支付有限公司	2011年5月3日	银行卡收单(仅限于广东省内)、互联网支付、预付卡受理	全国	银联
16	北京数字王府井科技有限公司	2016年5月3日	北京数字王府井科技有限公司	2011年12月22日	银行卡收单、预付卡受理	北京市	银联
17	北京银联商务有限公司	2016年5月3日	北京银联商务有限公司	2013年7月6日	银行卡收单(北京市)、预付卡受理(北京市)、互联网支付(全国)	--	银联
18			杉德电子商务服务有限公司	2012年6月27日	互联网支付、移动电话支付、银行卡收单	全国	
19	裕福支付有限公司	2017年6月23日	裕福网络科技有限公司	2011年5月3日	预付卡发行与受理、互联网支付	全国	
20	易生支付有限公司	2017年5月15日	渤海易生商务服务有限公司	2012年7月20日	互联网支付、预付卡发行与受理	全国	
21	银盛支付服务股份有限公司	2016年5月3日	深圳银盛电子支付科技有限公司	2013年5月21日	互联网支付、移动电话支付、固定电话支付、银行卡收单	全国	
22	迅付信息科技有限公司	2016年5月3日	迅付信息科技有限公司	2012年7月20日	互联网支付、移动电话支付、固定电话支付、银行卡收单	全国	石基信息
23	网银在线（北京）科技有限公司	2017年8月30日	网银在线(北京)科技有限公司	2013年5月21日	互联网支付(全国)、移动电话支付(全国)、固定电话支付(全国)、银行卡收单(北京市)	---	京东
24	海南新生信息技术有限公司	2017年5月15日	海南新生信息技术有限公司	2011年5月3日	互联网支付、预付卡发行与受理	全国	海航
25	平安付电子支付有限公司	2016年5月3日	上海捷银信息技术有限公司	2011年5月3日	互联网支付、移动电话支付、银行卡收单、预付卡发行与受理(仅限于线上实名支付账户充值)	全国	
26	拉卡拉支付股份有限公司	2016年5月3日	拉卡拉支付有限公司	2013年5月21日	银行卡收单、互联网支付、数字电视支付	全国	
27	上海付费通信息服务有限公司	2017年5月15日	上海付费通信息服务有限公司	2013年5月21日	互联网支付、移动电话支付、固定电话支付、银行卡收单	全国	银联
28	平安付科技服务有限公司	2016年5月3日	深圳市壹卡会科技服务有限公司	2013年5月21日	预付卡发行与受理、互联网支付	全国	

图 3–36　获证企业开发的产品统计数据二

3.6.2　直接竞品场景分析

在所有的支付产品中，选择了两个产品作为直接竞品进行分析，分析内容包括：直接竞品的目标用户、典型产品场景、盈利模式、解决的问题等。竞品的典型产品场景的部分分析内容如图 3–37 所示。

黄的-功能需求、灰色-非功能需求

小丽上班的时候，在地铁上正在刷微信，突然有个朋友发给他一条云闪付分享 1 信息，小丽点开一看，是云闪付的红包抽奖信息 2，最高可抽取 2018 元红包，小丽很是心动，但是由于小丽没有安装和注册云闪付的 APP，暂时无法抽取，系统提示 3 需要安装云闪付并注册 4 才可以进行红包领取。

功能需求：

1、分享功能

2、红包抽奖功能

3、系统提示功能

4、安装和注册功能

小丽到公司后，根据朋友提供的分享链接 1，进行下载和注册云闪付，注册完成后，点击领取红包 5，领取了 66.66 元的红包，小丽看签到 6、分享 1、邀请亲友 7，和转账 8 也可以领取红包，于是小丽就把链接的分享出去，并邀请亲友进行注册，并尝试使用了一下转账领红包的功能，经过一连串的分享，邀请，小丽已经领取了一百多元的红包 9。

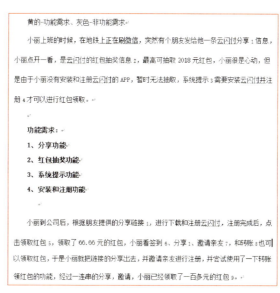

图 3–37　直接竞品的典型产品场景

第 3 章　产品市场分析

3.6.3　行业分析报告

对所有分析资料汇总并成形研究结论，如图 3-38 所示，图中是行业分析报告的部分截图。报告中对第三方移动支付的市场规模、商业模式、收入模式、营销模成本结构等内容形成了初步的行业结论。

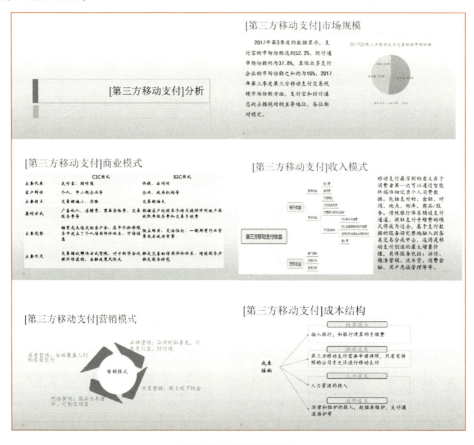

图 3-38　行业分析报告

3.7　案例：建立产品用户角色模型

这是一款面向产品团队的需求管理产品。现在企业管理软件产品日益以云计算的概念

进入市场，案例中的需求管理产品也是如此。在进行市场分析时，特别就该产品的个人用户进行了用户建模。希望通过对用户的分群特性分析，为后期的用户体验设计奠定良好的基础。

在用户角色模型设计过程中，运用访谈式的定性分析方法获取了产品用户具备的典型维度，并在此结论的基础上，采用调研问卷的方式对大批量用户成功进行了分群，最终顺利获得了有着明显特征的用户角色模型。

以下为部分用户角色模型建模过程中的过程文档。

- 用户访谈名单。
- 角色名单与访谈提纲。
- 用户访谈信息分析。
- 调研问卷设计。
- 调研数据分析。
- 用户群特征分析。
- 用户角色卡片。

3.7.1 用户访谈名单

访谈用户名单如图3-39所示，名单中的用户来源于网络社群。可见用户名称都是网名，这体现了当前网络时代的鲜明特征。

序号	用户	基本情况
1	▓▓▓ 2693271494	年龄：20 职位：产品
2	亲亲菠萝~ 66248646	职位：产品
3	Sunny 593102681	职位：设计
4	め弓青 1011496465	年龄：23
5	黄捷 197055796	行业：IT
6	绿如意 504289254	年龄：44
7	颉鑫の寶貝 21328136	
8	처음처럼 605401872	
9	梁洁询 744757327	
10	凯凯凯凯凯！ 719459873	年龄：21 职位：java开发
11	浅白	年龄：24 职位：产品
12	小的是美好(豆瓣)	职位：产品 用过 禅道、teambition、SVN

图3-39 用户访谈名单

3.7.2 角色名单与访谈提纲

为了获得多角度的用户特征，在角色名单的制定中，选择了超过三种的用户角色。同时，对于不同的角色设计了有针对性、多维度的访谈问题。为角色名单与访谈提纲的工作稿如图3-40所示。

第 3 章 产品市场分析

确认角色	用户	小鬼	显显
	使用产品	滴滴	JIRA
	职位分类	产品经理	开发者
确认行为	使用产品动机	领导强制要求使用	协同管理
	业务领域和技术掌握情况	主要是BUG排查和任务分配。还有信息同步，都汇总在上面记录了。有效防止信息异步导致项目阶段的空缺或需求的不明确。	1. 业务领域：从需求管理度获取上级分配的开发任务和BUG任务。2. 从需求列表如晚任务的其他若干人员，需求列表有疑问的时候咨询相关人员或产品经理。3. 需求监测到状被成当下便能态管理。
确认环境	企业规模（小公司-大公司）	小型公司	小公司
	IT程度（特殊-严格）	特殊	严格
	安全级别（严-松）	严	中
问题提纲	1. 请问您是如何使用现有的软件？来管理你们的bug和任务呢？2. 你们是小公司，所以大概多少人？是所有部门都要使用这个软件吗？还是只有你们部门？3. 需要完成成在这个软件可以解决你大量工作上的问题吗？为什么？4. 您用这个软件不就好吗？是因为什么原因？您时不是免费的吗？5. 您觉得这个软件有哪些缺点不可以改善，是因为什么呢，让你压感觉操作满利的地方吗？6. 您有觉得可以加什么功能，可以让工作变得更加顺利？想着天马行空都没有关系？7. 您现在最想解决的问题可能什么？有根过所有的可以为助你解决？		

图 3-40 角色名单与访谈提纲

3.7.3 用户访谈信息分析

调研后收集回来的访谈记录以及就多份访谈记录的内容汇总如图 3-41、图 3-42 所示。在访谈记录汇总表定性分析的基础上，已经能够形成用户群体特征的初步分群结果。

```
用户 1：
个人信息：梁洁询
年龄：24 岁，  职位：产品经理，同时兼任项目经理
所在公司：北京网梯科技发展有限公司
公司规模：300 人左右
所在地：北京

1. 现在的工作中，有什么事情占用了你大量的时间？
答：需求调研、跟客户对接、设计（这个设计包括，流程，原型，搭建后台）

2. 哪些部分是你认为最重要的
答：设计（从 0 到 1，感觉很烧脑）原型图，输入输出文档

3. 完成一个需求会经历几个步骤？
答：先研究想要的东西，然后开会沟通。

4. 你认为需求管理有必要吗？什么情况下想要去做需求管理？
答：有必要。因为涉及到需求管理，太灵活太复杂，客户有时候突然提一个需求，很多东西都要改，所以需求管理是很有必要的。
```

图 3-41 用户访谈信息分析一

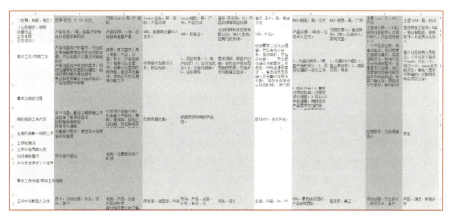

图 3-42　用户访谈信息分析二

3.7.4　调研问卷设计

为了得到更加严谨的用户角色模型，在定性分析研究后还加入了定量验证的环节，即设计产品调研问卷，产品调研问卷样例如图 3-43 所示。

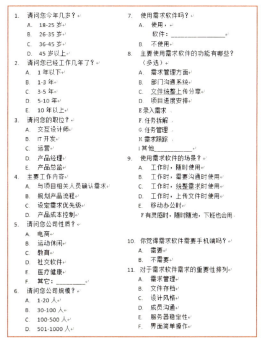

图 3-43　产品调研问卷

3.7.5　调研数据分析

通过批量向目标用户发放问卷调查表，回收了足量的反馈问卷。对反馈问卷答案的统计分析如图 3–44 所示，该数据分析使用了定量的分析方法。

因子分析

[数据集1] E:\9自开发课件\产品基础课\VIP学员作业\17-07\第七次作业\test（me）.sav

公因子方差

	初始	提取
4.请问您的职位？	1.000	.776
9.请问您公司规模？	1.000	.751
10.工作中是否使用需求软件？	1.000	.685
11.需求工作占平时工作的百分比？	1.000	.694
13.使用需求管理软件给工作带来的最大好处是？	1.000	.594
14.需求管理软件费用公司预算落在哪个范围?	1.000	.779
15.选择需求管理软件看重哪点？	1.000	.851

提取方法：主成份分析。

解释的总方差

成份	初始特征值			提取平方和载入		
	合计	方差的 %	累积 %	合计	方差的 %	累积 %
1	1.750	25.004	25.004	1.750	25.004	25.004
2	1.211	17.302	42.306	1.211	17.302	42.306
3	1.120	15.994	58.300	1.120	15.994	58.300
4	1.050	14.993	73.293	1.050	14.993	73.293
5	.796	11.376	84.669			
6	.612	8.745	93.414			
7	.461	6.586	100.000			

提取方法：主成份分析。

图 3–44　调研数据分析

3.7.6　用户群特征分析

图 3–45，是对用户特征数据的分类汇总结果。可见，经过定量验证后的用户角色特征更加清晰、明显。

3.7.7　用户角色卡片

如图 3–46 所示，是在用户特征数据统计结果的基础上制作的用户角色卡片，即用户角色模型。

第一类	年龄较大，工作年限长，在大型企业，产品总监。	处理具体需求工作时间较少（30%-50%）。基本不用需求管理软件（用excel、word代替），认为需求管理软件的好处是让需求变更变得易管理，使项目更有计划性、项目进度可控；希望需求管理软件功能强大，同时也会考虑：界面好看，使用简单以及开发公司口碑等因素。主要需求工作：市场分析，需求收集，整理，与项目相关人员确认需求。合作人：主要与客户、产品合作，与开发合作，市场合作也比较多，也会和设计、项目经理有合作。处理需求的地点：多场景办公的典型，主要是公司66.7，家里66.7，部分会在合作伙伴公司55.6和户外44.6处理。工作中的主要问题：1.考虑需求的合理性，需要反复确认55.6%、需求变更频繁44.4%和部门间沟通协作44.4%问题。需求软件常用功能：项目进度安排77.8%、需求跟踪66.7%、部门沟通系统55.6%、文件整理上传分享55.6%。
第二类	年龄中等，工作年限4年左右，在中小型企业，产品经理。	大约有一半的工作时间在需求工作。部分不使用需求软件（用excel、word代替），大部分愿意或公司要求使用需求软件，使用的需求软件有：axure、Mm、Svn、worktile，需求管理软件主要用来管理项目进度和整理需求、需求优先级。希望需求管理软件功能强大、界面使用简单和免费的因素。主要需求工作：确认需求，规划产品流程，设定需求优先级。合作人：主要和开发、产品组、设计合作；与客户、市场、项目经理合作也比较多。处理需求的地点：主要是公司93.2(44)处理需求。工作中的主要问题：需求变更频繁52.3%、部门间沟通协作问题50%、考虑需求的合理性,需要反复确认43.2%。需求软件常用功能：项目进度安排56.8%、需求跟踪47.7%、任务管理47.7%、部门沟通系统45.5%、录入需求43.2%、任务拆解40.9%。
第三类	年龄比较小，工作年限短，在中	工作以产品需求为主(平均一周占50%-80%)。不常使用需求软件（用excel、word代替，认为需求管理软件

图3-45　用户群特征分析

图3-46　用户角色卡片（用户模型）

3.8　本章小结

市场分析除了形成市场规模、竞品、用户的分析结果，还能够确定产品方向，形成可持续的产品竞争策略。

市场分析结论包括：确定产品要进入并有望成为第一的细分市场、保持核心竞争力的产品竞争策略。

做市场分析是为了给产品明确细分市场，并确认产品在这个细分市场中很有可能成为第一。

大部分在细分市场中占据了最高份额的产品，并不是因为过硬的品质而占据这个位置，而是因为在这些产品进入市场时，所处的细分市场正处于调整、洗牌期，这些产品反应灵敏抓住变革，顺势而为占据了领先地位。

细分市场概念：指根据不同消费者的需求偏好、购买习惯等不同特征，把市场分割为若干消费群体的过程，其中每一个消费群体就是一个子市场或细分市场。

细分市场的核心是消费者。

市场分析框架是研究的理论基础。

竞品分析结论有两个层次：一是对竞品信息资料的统计分析，使用统计学方法对竞品数据形成相关性结论或预测；二是尝试解释竞品资料结论的内涵及结果成因，常使用行业分析方法形成成果结论。

拥有共同特点的用户群，是用户角色模型的主要特征。对产品具有相同的期望，是用户角色模型的另一特征。

用户并不真正关心产品，他们只关心产品是否使自己变得更好。

用户分群的方法就是不断聚焦特征共性的过程。首先对维度聚焦，选择最优维度，然后对维度值聚焦，分离出具有共性值的用户群。

定性分析：研究事物的性质，如事物由什么组成、具备什么特性。

定量分析：对事物性质程度的研究，如性质的优劣、主次、高低等可测量程度的分析。

3.9　扫码看视频：产品数据分析

数据分析是通过对数据进行统计分析，找到数据内在规律，并应用数据结论辅助企业、用户做出行动决策的一种方法。数据分析的本质是发现、发挥数据价值。

打造好产品——产品经理实践指南

  数据产品经理利用数据分析的方法做产品设计，在产品数据中发现并解决产品问题，从而满足特定产品需求。因此，掌握产品数据分析的方法是数据产品经理必备的核心技能。

  近两年，不仅仅是数据产品经理，对于普遍意义上的产品经理岗位，都越来越多地强调要具备数据分析的能力。而数据产品经理更是成为高级产品经理的代名词。

  本视频"产品数据分析"的主要内容包括：

- 藏在工作中的数据分析。
- 产品报告中的数据分析。
- 数据分析的本质。
- 数据类型与数据收集渠道。
- 基于原始数据的数据分析过程。

扫码看视频3：
产品数据分析

第 4 章
产品的宏观设计

产品宏观设计是对产品整体进行的设计，包括两部分内容：产品定位设计与产品框架设计。产品宏观设计属于产品的高层设计，定义了产品的发展方向与整体框架。

从产品需求到最终产品，是想法到解决方案的实现过程，产品定位在这个过程中将起到至关重要的作用。产品定位是产品框架设计以及产品解决方案实现的根本。产品定位设计中包括两项主要内容：产品目标设计、产品目标分解。

框架设计属于产品结构层设计，建立在产品目标与目标分解的基础之上，是产品需求文字化到图形化的细化过程。

本章主要内容：
- 产品定位设计的主要概念。
- 产品目标设计的主要概念。
- 针对两种产品设计过程的目标分解方法。
- 产品信息系统框架设计。

4.1　产品定位设计

"请你告诉我，我该走哪条路？" 爱丽丝问。
"那要看你想去哪里？" 猫说。
"去哪儿无所谓。" 爱丽丝说。
"那么走哪条路也就无所谓了。" 猫说。

——摘自刘易斯·卡罗尔《爱丽丝漫游奇境记》

没有万能的产品，产品首先需要明确产品定位。

产品定位描述了产品期望建立的市场形象。

产品定位来源于产品的市场定位，是经过细分市场、目标用户群的锁定，对用户、经营、技术条件综合权衡后形成的结果。产品定位蕴含着产品将要实现的最终需求。

如果产品没有定位，也就不存在产品目标，那么设计产品时就像爱丽丝的去向一样，无法确定具体的需求，因为所有需求都是产品需求。

4.1.1 产品定位的特点

来看一个实际的产品定位的例子。ofo 曾是共享单车的领头产品，在共享单车产品最火爆的时候，ofo 和摩拜是市场占有率最高的两个产品。

ofo 在 2015 年成立时就确定了其产品定位：

向全世界用户提供共享单车服务，解决出行最后三公里的世界性需求。

相应地，ofo 的产品解决方案是：

智能硬件+无桩共享单车

下面来看看基于这个产品定位，ofo 上线 3 年期间的产品规划路线。

2015 年 6 月上线时：实现借车基本功能，单一校园试运营。
- 产品版本设计：完成微信版本的共享单车，功能包括：微信下单、查找附近车辆、解锁密码使用单车、动态价格算法。
- 产品运营策略：以北大校园为根据地运作自行车共享服务。

2016 年初：借车运营漏洞优化，建设校园运营生态圈。
- 产品版本设计：ofo 2.0 产品服务升级，Android 版本上线，完善服务功能包括：取消非认证用户、出校单双号机制、黑名单、押金、出行数据优化、建设单车数量动态模型。
- 产品运营策略：扩张校园覆盖范围，形成校园生态圈。9 月开始拓展城市出行领域，推进城市共享骑行。

2017 年：海外产品个性版设计，全球运营战略。
- 产品版本设计：针对海外用户设计本地化单车 App，同时制造海外版单车。通过分析用户行为数据、特定点投放等方式，用机器学习来指导运维调度。设计信用卡支付形式。
- 产品运营策略：对外发布全球战略计划，将共享单车推到全球。首批进入市场为北美和欧洲。

第 4 章　产品的宏观设计

> **2018 年：借车基础上扩展生活服务场景，精细化本地服务动营。**
> ➤ 产品版本设计：产品服务概念扩展到生活服务，产品将引入服务场景，让用户与场景连接，成为高质量的场景服务平台。
> ➤ 产品运营策略：运营策略上单车业务以降低成本为目标，完善用户信用体系生活服务业务以用户体系为基础，接入本地生活服务和整合性商业项目，以激活流量价值。

ofo 的产品定位，从一开始就体现了全球化的市场定位。在实现过程中，每个阶段产生了不同的产品目标，从产品基本功能以及核心功能的实现、优化，到国际化个性版产品的设计，都基于其产品定位。

1. 不断调整的产品定位

产品在不同阶段的定位调整是市场的需要。

> 在森林中打猎，瞄准猎物时要计算猎物运动的路线。因此猎人在瞄准时，往往要瞄准的是猎物旁的空白处。

产品定位如果不考虑市场环境，可以像打靶场练枪一样，定位静止不变。一旦产品进入市场，产品定位就一定会随着市场的变化而发生变化。

当然，虽然随着市场环境和企业资源的变化，产品定位以迭代更新的方式不断调整，不过多数是微调，属于目标矫正。如果产品定位涉及用户群、核心业务的变化，就是在重新定义产品了。

描述产品定位时，更倾向于给它一个口号式的宏大目标，如：

一款改变世界的产品

但这样的产品定位过于宽泛，并无意义。

2. 产品定位应具备落地条件

范围宽泛的定位本身并没有问题，问题出在执行时难以落地。让定位不空洞且具备落地条件是产品定位设计开始前要解决的首要问题。

要想必免空洞宽泛的产品定位，应先**明确：产品细分市场、目标用户、产品要解决的问题**，三者关系如图 4-1 所示。在此基础上，才能明确产品目标，让产品定位能够落地。

4.1.2　产品定位设计的主要内容

那么要如何进行产品定位设计呢？

打造好产品——产品经理实践指南

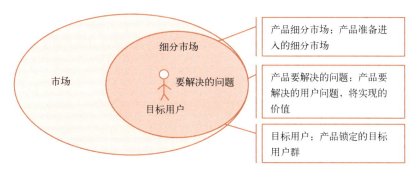

图 4-1 产品定位落地应明确的三点

产品定位设计要完成以下两个主要任务。
- 确定产品目标。
- 产品目标分解。

产品定位设计应首先理解产品定位、产品目标、产品目标分解这三个概念。

举个例子：

> 小明就要大学毕业，对于未来有几种工作可选：公务员、科研人员、企业白领。小明决定做公务员。于是报名了公务员考试，还参加了公务员学习班，购买了书籍学习。

假设把小明（大学毕业生）作为产品，产品对未来的定位就是：成为公务员。由定位引出的产品目标是：通过公务员考试。可见，**产品定位是对未来期望建立的市场形象的描述，而产品目标则是实现产品定位必须完成的事情。**

报名公务员考试、参加公务员学习班、购买书籍就是对目标的分解，如图 4-2 所示。那么，产品目标分解又是什么？为什么要做产品目标分解？

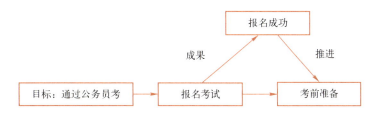

图 4-2 产品目标与目标分解示例

产品目标分解就是把产品要完成的一个最终成果分解成若干小成果。

这里说的最终成果，其实就是产品目标，而小成果是产品目标分解后的阶段性目标。对于产品目标来说，任务未完成前叫目标，完成之后就称为成果了。"通过公务员考试"这个目

标，在没有实现之前是目标，实现之后是成果。

之所以要做目标分解，是因为最终成果有着强大的激励、促进产品成功的作用。如：小明在完成目标——通过公务员考试过程中，"公务员考试报名成功"这个阶段性成果推动着小明的考前学习准备开始，更加降低了小明放弃成为公务员的概率。

对于面向个人用户的产品和面向商业客户的产品，由于设计思路不同，产品目标分解各有特点。以用户为中心的产品设计，分解主线是把产品目标分解为用户任务。而以业务为中心的产品设计，分解主线是将产品目标分解为业务流程。

4.2 产品目标设计

4.2.1 产品目标内容

先看一个产品目标实例：

> 设计录播学习平台以支持用户在线互动式学习，这样做能够帮助用户高效、优质地完成线上课程，同时解决线下学习时间不灵活、学习短时间无法消化等问题，从而促进用户的学习效果提升，提高用户满意度。
>
> 对于教育机构来说，学习效果是服务水平的重要考量要素，由于线下用户学习时间不灵活、学习短时间无法消化等问题，让大量用户对学习效果持怀疑态度，由此设计录播学习平台帮助学员顺利完成学习课程。

在这个实例中，定义了产品目标应包含的以下五个内容要素。

- 产品目标：让用户在线互动式学习。
- 解决方案：录播学习平台。
- 用户问题：线下学习时间不灵活、学习时间短知识无法消化。
- 商业好处：促进用户的学习效果提升，提高用户满意度。
- 商业问题：大量用户对学习效果持怀疑态度。

产品目标中的 5 要素相互关联，之间关系如图 4-3 所示。

产品出现的根本原因是用户存在问题，所以产品是为解决问题而生。一个用户的问题是个人问题，当一群用户出现相同问题时，就会形成商业问题。这也是产品经理做市场分析时关注的核心内容。

一旦出现商业问题，自然而然地会引起市场关注，也会不断被要求提供解决方案。对产品

经理来说，这时的挑战在于需要制订有竞争力的解决方案，而往往具有竞争力的解决方案的特点就在于制定正确的产品目标。

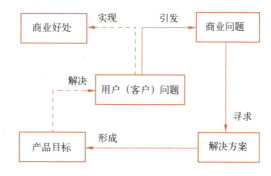

图 4-3　产品目标 5 要素的关系

当产品目标确定，产品开发成型、上线后，就进入市场去解决用户（客户）问题，同时，对产品所属企业来说，企业预期获得的商业好处也就自然实现了。

4.2.2　不同产品利益方的产品目标

产品目标中融合了不同利益方的目标需求。最典型的利益方包括：产品所有企业、客户、用户，如图 4-4 所示。因此，产品目标的构成包括了企业目标、用户目标、客户目标等多层目标。

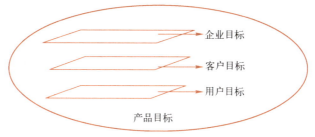

图 4-4　不同产品利益方的产品目标

1. 多层目标间的矛盾

多目标融合，在产品目标设计、实施时容易出现的典型问题就是：目标矛盾。

例如：

> 共享单车服务平台建立初期的目标是，实现借车基本功能，单一校园试运营。但共享单车服务产品运营时出现了这样的使用场景：非校园人员通过违规手段解锁并使用共享单车。

第 4 章　产品的宏观设计

这看似是一个运营过程中出现的问题，而其实问题的出现是由于企业目标与用户目标的矛盾造成的。

进入校园的用户，虽然不是校内师生，但却在校园环境中有使用共享单车的需求。这类用户目标与共享单车平台的产品目标"服务一个校区内的师生借车出行"存在矛盾。

因此，产品经理设计产品目标时，首先要平衡产品所有企业和用户之间的目标需求，也就是平衡**产品商业持续性**和**用户需求**间的矛盾，否则容易出现各种运营问题。

产品商业持续性是产品生命周期长度的体现，是产品是否能够持续为企业服务实现价值的延续。产品所有企业本身对产品有大量需求，比如：降低成本、占据细分市场份额、为企业盈利，产品只有被企业认为具备产生价值的实力，才有可能被投入开发和运营。

然而，用户并不在意企业想要什么，他们只关注产品能为自己做什么，让自己变成什么样。

回到案例中的场景：

共享单车服务产品在创建初期，企业定位产品在实现借车基本功能的情况下，仅在校园实行租借服务。

对于企业来说，基础功能的稳定性还需要市场的检验，同时借车业务线上线下流程中的漏洞也还未理清，合理的做法是小范围运营促进产品完善、优化，同时小范围运营成本也更容易在可控范围内。

然而，用户关注的是某个具体场景下要达到的目的，如：

> 用户 A：一个游客，来到北京大学参观学校，在学校步行感到十分疲惫。这时，在校园看到共享单车，产生当下要达到的目的：希望能够借一辆单车逛校园。

试想，满足用户 A 会发生什么？

> 用户 A 借了单车后，逛完校园继续把车骑出校园，在校外四处游览。骑到某地后，打算坐车去另一个景点，但单车怎么办？骑回学校再走回来做车？就用户个人而言，更倾向的选择是把单车停放到一个空置的地方离开。

用户在类似场景下的行为，对共享单车产品的运营提出了更高要求，同时对车辆防丢失、破损的风险预防要求也大大提高了。

怎么做？这是共享单车服务平台的产品经理要考虑的问题：

➢ 接受已经显现的用户需求？
➢ 还是放弃这些用户，保证产品在可控范围内？

无论采取哪种做法，在确定了产品目标后，产品目标分解后产生的任务以及任务实施时的运营工作都会被重新定义，以解决一定条件前提下的用户需求。

另外，产品目标里不但融合了主要利益相关人的多重目标，还不得不考虑技术限制下的产品实现。

2. 产品目标必须面对的技术可行性

产品是器，造器离不开技术。

产品目标中要解决的需求、要完成的任务，都必须面对技术限制。评估产品的技术可行性就像是在给产品划圈，"能不能做，好不好做"这一类的技术评估，就是在定义圈内、外的需求。

没有不能实现的功能。

"没有不能实现的功能"是在产品开发过程中的流行语。话没错，但不现实。产品不能无限期开发而不考虑风险，产品开发的主要风险之一就是技术实现时人员、时间、精力等资源的无控制投入。

因此确立产品目标时，必经的步骤是评估技术可实现程度和难易程度。在设计产品目标时，企业目标需要的商业持续性、用户目标、技术可行性是产品目标中隐含的内容。由表及里，考虑透彻才能为产品框架设计奠定稳固的基础。

4.2.3 避免形式化的目标设计

产品目标是最高层次的产品需求，根据产品需求的特点：需求可测，产品目标也应该可测，否则就会成为文档、会议中的口号，形式化并且空洞。

在设计产品目标时，为避免形式化应考虑三个方面的核心内容，如图4-5所示。

- 目标：产品要完成的目标。
- 好处：达成产品目标后，产品能够实现的价值。
- 检验标准：衡量产品价值的标准，以检验产品是否实现了预期的好处。

图4-5 产品目标的3大核心内容

在4.2.1节的产品目标内容中，包含了产品目标和商业好处。而同时，产品经理还必须考虑产品实现商业好处后的检验标准。只有通过检验标准才能够确保产品目标已经被真正实现。

例如：共享单车服务平台初期的产品目标：

实现借车基本功能，单一校园试运营。

产品目标完成后实现的价值：

第 4 章　产品的宏观设计

共享单车成为校内师生新出行方式，校内出行省时、方便。

产品实现价值的检验标准：

转化原 20%的步行用户为共享单车稳定用户（稳定指标：每周使用共享单车次数>3）；

原来使用个人单车的用户，改变使用共享单车后，降低出行总费用的 20%；

从"目标→价值→检验标准"的推进不难发现，在产品目标设计时，即使是最高层的产品需求，也应产出可落地的设计结果。

> 虽然产品目标的实现结果能够被标准检验，但并不代表产品目标能够成功！
> 如果无法保证产品目标被有效执行，产品依然无法落地。

没错，一个产品目标能否被实现，应具备以下两方面的条件。
- 可行的实现步骤。
- 每步的实现成果可检测。

因此，具备检验标准的产品目标，仅满足了产品目标顺利实现的其中一个必要条件。要使产品目标要能落地、被执行，产品经理还必须对产品目标进行分解。

分解后的产品目标会更加具体、有操作性而易于实现。当产品采用不同的产品设计过程时，目标分解也不相同，包括：
- 以用户为中心的产品设计过程：用从产品目标到产品任务的分解过程。
- 以业务为中心的产品设计过程：用从产品目标到业务流程的分解过程。

4.3　产品目标分解：两种产品设计过程的实现思路

如何进行产品目标分解？

在做产品目标分解时，产品主要面向的群体对分解工作有不小的影响。以用户为中心的产品设计过程与以业务为中心的产品设计过程在进行任务分解时，方法大不相同。但无论采用什么方法，产品目标分解都是对产品最高层需求的细化，做产品目标分解就是在做产品需求分析。

1. 以用户为中心的设计过程的目标分解

面向个人用户的产品，要完成的核心目标之一是让用户从产品中获得价值，而用户获得产品价值依赖用户能够持续、有效地在产品中完成任务。所以面向个人用户的产品采用以用户为中心的设计过程，需要用场景法把产品目标分解成用户任务。

场景法描述用户使用产品时的实际情况，产品经理在场景中能够洞察用户需求，并发现典型用户场景；发现用户达到目标需要完成多少任务，从而分解出产品任务。

但仅仅如此还不能满足用户需求。对于单个用户来说，需要从产品中获得的价值是具有阶段性的，因为用户在每个阶段对产品的需求不尽相同。

最典型的例子就是新用户与老用户的需求，初次使用产品的新用户处于产品引入期，处于了解产品的阶段。这时，如果把产品任务设定为激发用户消费，除非产品具有强口碑效应，否则往往事与愿违。

由此，从产品用户生命周期的典型用户场景出发进行产品目标分解，是更完善的产品任务分解方式。

不但如此，从用户角度来看，用户与产品交互的同时还在经历着"认识—信任"过程。例如用户与产品的接触初期，通常无法即刻进入购买阶段，往往都要经过了解、对比等一系列从认识到建立基本信任的过程。因此，产品目标分解时除了基于产品用户生命周期进行产品任务分解，还应结合用户角度的"认识—信任"分解方式，用两类主要的分解方法在用户为中心的产品设计过程中对产品目标进行分解。

2. 以业务为中心的设计过程的目标分解

如果说面向商业客户的产品在进行产品目标设计时，主要考虑的是帮助商业客户完成经营目标，那么，在进行产品目标分解时，更关注于产品目标在业务范围内的业务事件到业务流程的分解。即完成特定业务时，需要完成哪些事情，如何做才能得到期望的结果。

面向商业用户的产品目标分解有以下两个难点。

一是确定业务边界。

产品解决客户哪部分业务问题？这个问题只有确定业务边界后才能明确回答。划边界并不容易，特别从一整块工作内容中抽离出其中一部分工作时，尤其需要全局的产品概念。

二是确定业务流程的最佳过程。

业务流程的完成通常需要多人配合。多人协作会直接产生沟通、转移成本，造成用例执行过程的浪费。定义最佳业务流程完成过程，才能够让目标分解出的业务流程能够顺利执行，实现业务价值。

4.3.1　从产品目标到产品任务

产品任务是用户在产品中要完成的事，产品任务通常由用户一人独立完成，完成后的结果能够给用户带来好处。大部分的产品任务对于用户没有强制力。

那么，用户要完成多少产品任务才能够实现产品目标呢？在确定计算产品应设置的产品任务数量前，首先要明确的是：用户完成的产品目标包含了以下两层主要含义。

第 4 章 产品的宏观设计

- 产品要完成的企业目标。
- 用户要完成的个人目标。

而以这两种目标，因为角度不同，进行任务分解后的内容也不完全相同。

1. 产品任务分解

以共享单车为例，其初期产品目标为：

> 实现借车基本功能，单一校园试运营。

这个产品目标中，也许某个用户当前的个人目标是成功完成借车。然而，在时间线的不同时间点上，该用户会处于不同的用户场景，有其他期望达成的特定结果。在用户与产品的"认识—信任"过程中，分解出这个过程中各阶段的用户任务，这是用户要完成的个人目标。

同时，站在企业目标的角度，产品要帮助的不仅仅是一个人，而是让一群目标用户达成公共的目标，就需要针对处于不同生命周期中的用户设计任务，帮助不同阶段的用户达成目标，这就是企业要完成的目标。

企业目标和用户目标的实现是在相互协助中完成的。两个维度、两类任务融合，让用户目标实现的同时企业目标一起完成。

（1）企业目标的任务分解

来看实例，对共享单车产品进行任务分解的思路如图 4-6 所示。

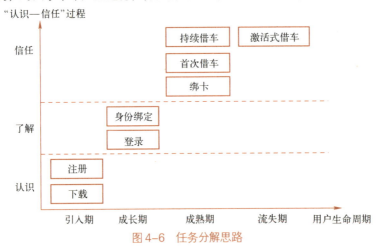

图 4-6　任务分解思路

图中的矩形块里是分解形成的任务，任务分解思路如前面所讲有两个维度，先看以"用户生命周期"为维度进行的任务分解。

对于"实现借车基本功能，单一校园试运营"的共享单车初期目标，用户在产品中的完整生命周期有以下四个阶段。

引入期、成长期、成熟期、流失期。

在四个阶段中,分解产品目标到每个阶段目标的成果如下。

- 引入期:增加用户数量。
- 成长期:增加访问频次。
- 成熟期:触发交易。
- 流失期:降低休眠用户数量。

基于每个阶段的阶段目标,能够衍生出各阶段的结果检验指标,对结果检验指标继续分解能获得用户需要完成的各阶段的主要任务,如表4-1所示。

表4-1 用户各阶段主要任务及检验指标

各阶段产品目标	结果检验指标	任务
引入期:增加用户流量	产品下载量 用户注册量	下载 注册
成长期:增加访问频次	用户浏览量 用户认证数量	登录 认证
成熟期:触发交易	第三方支付绑定数量 新用户借车数量(首次借车) 老用户借车数量(借车次数>2)	第三方支付绑定 借车
流失期:降低休眠用户数量	休眠用户数量(连续1个月未登录) 激活用户数量(最近2次登录间隔大于1个月) 激活用户借车数量(休眠用户再次登录借车)	

以上对于产品任务的拆分都是基于产品所属企业,是从企业目标角度进行设计。然而这样的设计思路早已在产品设计实践中被证实无法适应市场需求。

(2)用户目标的任务分解

在产品要进入的细分市场中,消费者才是主要对象。对于面向个人用户的产品来说,更是如此。因此,对于正在设计面向个人用户产品的产品经理,还需要思考以下问题。

- 用户满意产品经理设计的任务吗?
- 用户愿意配合产品完成任务吗?
- 用户愿意花时间和精力与产品沟通,完成产品任务的理由是什么?

让两类任务融合(如图4-7所示),产品目标实现才会更具有操作性。

图4-7 企业任务与用户任务融合

接下来从第二个维度——"认识-信任"过程来分解任务。

用户与产品的交互过程和人与人的认识过程十分相似。当认识一个人时，通常从第一印象开始，到观察行为举止到最终成为朋友，是一个逐步加深了解的交往过程。

用户与产品的认识，也同样经过了"认识-了解-信任"的过程，如图4-8所示。

图4-8 "认识-信任"过程

在用户与产品认识的过程中，在以用户生命周期分解获得的企业任务基础上，融入用户完成任务的动机任务，就能够形成"动机-行为-结果"的产品任务闭环，如表4-2所示。

表4-2 "动机-行为-结果"维度的产品任务

序号	用户要完成的个人目标（动机）	任务（行为）	用户激励任务（结果）
1	认识	下载、注册、登录	下载注册运营激励
2	了解	身份绑定、绑卡	用户绑定身份激励
3	信任	首次借车、持续借车、激活式借车	借车运营活动（新用户、老用户）

用户生命周期、"认识-了解-信任"的过程，是拆分面向个人用户产品任务的重要手段之一。分解后的产品任务能够明确用户完成产品目标需要做的事。

2. 产品任务执行过程设计

使用产品用户生命周期与用户认知过程对产品目标进行分析后，产品任务的分解过程还没有结束，接下来还需要细化产品任务将如何在产品中被完成。

以共享单车产品任务为例，即使拆分出了主要产品任务（如表4-3所示），但每个任务里的详细需求仍然不够清晰。只有描述清楚了任务如何完成，才算任务被清晰说明。

表4-3 共享单车产品主要产品任务

序号	产品任务
1	下载注册运营激励、下载、注册、登录
2	用户绑定身份激励、身份绑定、绑卡
3	借车运营活动（新用户、老用户）、借车

要描述清楚任务如何完成，产品经理首先需要对每个任务中包含的详细需求十分清晰才行。那么，在产品经理并不清楚产品任务里的详细需求时，该如何发现需求呢？

例如："用户首次借车"这个产品任务，要说明任务如何完成似乎并不困难。

> 用户打开产品，点击借车并扫描车上的二维码，收到密码后输入，车辆解锁开始用车。

对于产品经理来说，如果自己不是产品的典型用户，上述任务说明内容一般都来自竞品。从竞品那里很容易获得类似的详细内容。

可是，不能把解决方案当作需求，就像上面例子中的首次借车任务，"用户打开产品，点击借车并扫描车上的二维码，收到密码后输入解锁，开始用车"并不是需求，而是产品解决方案。并没有表明用户在首次借车时，是出于什么样的需求使用了产品经理设计的这种解决方案。

因此，依赖于从竞品那里获得需求，起码存在以下3个问题。

- 竞品完成任务的过程，未必是我们的产品用户所期望的。
- 万一找不到类似任务，产品任务中的详细需求也不知所踪。
- 竞品做得很好，再克隆一个出来可以比它做得更好吗？

要获得详细需求，产品经理需要多做一件事：

直接从用户身上洞察需求

对产品任务中的详细需求的洞察，推荐使用场景法。当然，收集用户需求还有很多其他方法，如：调查问卷法、头脑风暴法等。

（1）什么是场景法

场景法没有正式的定义，概括来说是产品经理对在用户使用产品过程中可能出现的人、环境、事件、时间、结果等因素涉及的需求进行的设计。

先看场景实例，"共享单车平台–首次借车"产品任务场景。

> 场景一：
>
> 小A，上班族，每天上班使用共享单车。周一到周五早上基本在固定时间用车，通常在居住小区附近找空闲单车租借，归还地址和时间也较固定。
>
> 场景二：
>
> 小Z，家庭主妇，短途外出办事时使用共享单车，有时需要同时借两辆单车，和孩子一起外出。由于使用单车地点比较随机，对寻找空闲单车常有抱怨，常见问题是：找不到车、破损车辆多。另外由于孩子也会借车外出，因此对共享单车安全十分关注。

在实例中，场景描述了用户使用产品时的实际情况，其中包括以下5大场景元素。

人、事件、地点、目的、方法。

对于已经上线的产品，产品任务场景能够在用户的产品使用记录中被提取出来，但多

第 4 章 产品的宏观设计

数情况下的场景内容，尤其要具体到像上面案例中的内容，是需要产品经理在现实生活中去观察发现的。

产品经理要收集用户在场景中的各种场景元素完成场景内容。不但如此，还要进一步思考以下更多产品任务中的需求问题。

➤ 用户使用产品的动机。
➤ 在何种情景下使用。
➤ 使用过程是怎样的。

使用场景法发现需求时，产品经理最容易落入的陷阱是只考虑积极、顺利的场景。就像开发人员说的：

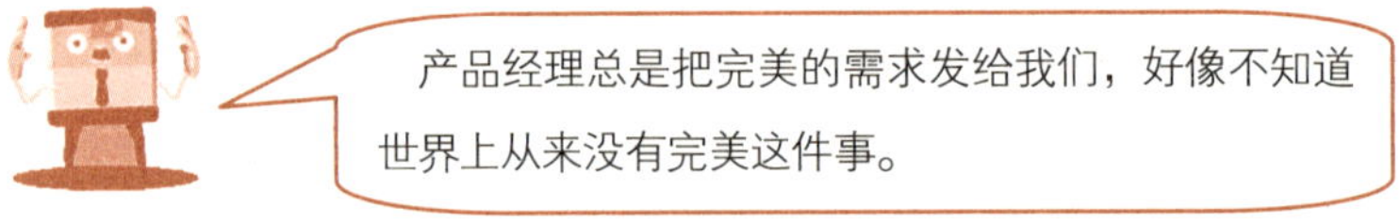

产品经理总是把完美的需求发给我们，好像不知道世界上从来没有完美这件事。

用户使用产品的场景中充满了意外和不可测，全面、系统地描述场景是产品经理的基本功。用户使用产品的过程中主要包括五种不同类型的场景，产品经理只有对五类场景理解透彻，才能够很好地完善产品场景。

1）正常场景：用户使用产品的最佳过程。登录的正常场景如图 4-9 所示。用户正确填写账号、密码，顺利登录产品。在这个过程中，用户使用产品的每一步都顺利完成，最终完成任务——这是典型的正常场景。

2）异常场景：用户不希望发生，又不可避免，偏离正常场景的情况。登录的异常场景如图 4-10 所示。用户记不清楚密码，在填写账号、密码时，提示错误，无法登录产品。

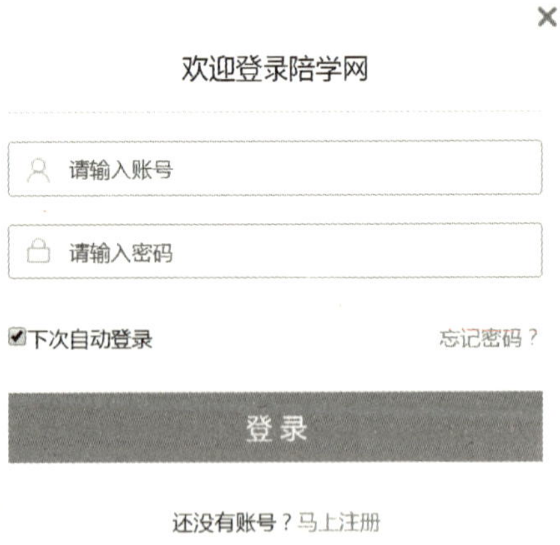

图 4-9 登录的正常场景 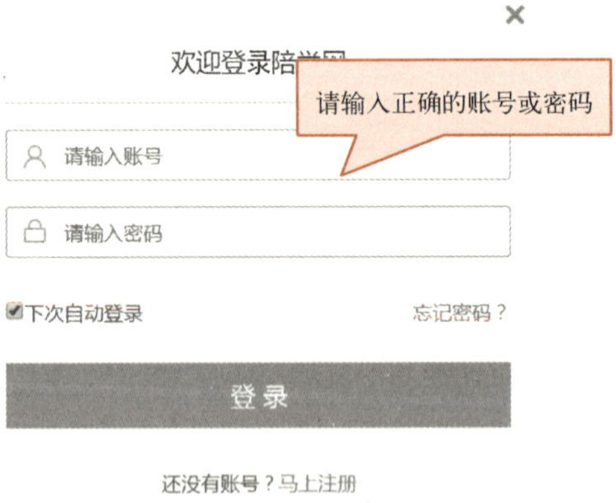　　　　图 4-10 登录的异常场景

3）可选场景：用户有多种选择的场景，更有吸引力、更方便的引导性用户场景。登录的可选场景如图 4-11 所示。用户虽然用账号、密码已经可以完成登录任务，但产品经理在设计时，加入了第三方登录的可选方式。对于登录任务来说，用户使用起来更加方便。

图 4-11　登录的可选场景

4）假设场景：极少出现的，可以用来探索更多的产品可能性，激发产品创新的场景。登录的假设场景如图 4-12 所示。如果希望找到更多需求可能性，去除用户使用键盘操作登录的物理限制，登录完全可以通过调用摄像头，通过人脸识别完成。

图 4-12　登录的假设场景

第 4 章　产品的宏观设计

5）误用或负面场景：场景中存在人为故意，具有负面、有害性的错误场景。登录的假设场景如图 4-13 所示。当用户多次不断输入账号、密码错误时，产品必须警惕账号安全，是否是盗号用户在操作，在这种可能的误用或负面场景下，增加产品验证甚至暂时冻结账号登录的处理。

图 4-13　登录的误用或负面场景

接下来，以产品任务中的需求为分析主题，推进任务中的详细需求场景细化只需要以下两步。

一、角色场景设计：从广度上穷尽所有产品任务中的需求场景
二、关键路径场景设计：梳理每个场景中用户完成产品任务的关键路径

（2）角色场景设计

什么是角色场景设计？先看实例：

> **产品经理的一天**
>
> 　　小美一早到公司，先打开计算机，需求管理软件自动登入，跳出许多需求通知。小美点开软件查看现有项目需求完成情况，确认有哪些需求已过截止时间但尚未完成需要去追踪。
> 　　这时，小美突然接到客户电话，要变更需求，而且提交日期比原先预定的还要再提早一

> 周，因此小美挂了电话后，立即在软件中紧急联络各部门对接人员召开会议，协调需求及进度变更。
>
> 　　相关人员在软件中答复人数超过 8 人，小美确定会议能够按原计划进行后，小美先将客户提出的需求整理成文件上传到软件，让相关人员可以会前及时了解。
>
> 　　会议开始，小美一边与大家讨论变更需求内容，一边在软件上分派相关需求给各负责人员，以及调整项目完成时间、所有需求优先级次序的变动。等到讨论告一段落，小美在计算机上将需求分配的结果同步到移动端，并立即请各人员直接在软件移动端确认收到变更内容及时间通知，大家确认后散会，各部门开始作业。
>
> 　　小美分配完紧急需求任务后，开始着手处理那些系统标明已到期却未完成的需求内容，与相关人员沟通，了解延迟状况及困难点与确定完成的时间，并在需求上标记，完整记录项目状况及时汇报领导。
>
> 　　中午，小美前往开发部门，希望与开发讨论一个正在规划还未开发的产品交互的可行性，但是突然手机跳出通知，UI 部门找她讨论产品的主视觉。这时候小美用软件发送了一些她觉得不错的图片概念给 UI，希望 UI 部门将这些想法跟产品结合，提供几个界面模板给大家投票并提出意见比较，统计后，再由小美确认最终需求。
>
> 　　这时候已经下午两点，小美赶去跟客户开会，讨论项目状况，演示已完成的部分产品界面及交互设计。根据小美的演示，客户提出一些想法，希望小美能设计一些新功能来解决项目需求，小美用软件中的会议模板记录客户需求，会议后，小美将会议纪要及客户需求等资料利用软件发送给项目相关人员先了解。
>
> 　　随后小美回到公司，关心已上线项目运营状况，用软件与运营人员讨论项目状况。运营提供了部分运营数据以及相关用户需求，并提出了一些产品建议。在讨论过程中，系统提示小美根据运营数据，有一种新创意思路能够满足用户需求。
>
> 　　下班前，小美将本周完成的产品需求归档整理，以便后续可以方便地搜寻到资料。另外还预先整理了明天需要处理的需求事项，排完优先级后下班回家。

　　案例描述的是产品经理的一天，场景中的产品经理小美正在做一款需求管理软件。前期市场分析阶段的成果表明，使用这类软件的用户主要是各企业的产品经理。

　　所以，分析需求管理软件的详细需求时，通过"产品经理的一天"把用户可能使用产品的所有场景，都列入了角色场景设计文档中。

　　看过角色场景设计文档实例，继续说明什么是角色场景设计。角色场景设计有以下这些特点。

> ➤ 场景中包括正在设计的产品，描述的是用户在什么情况下使用产品。
> ➤ 包含用户使用产品的各种场景下的状况，原则上穷尽了用户使用产品的所有情况。

第 4 章 产品的宏观设计

> 需要穷尽场景时可以以某种维度作为场景检索思路,如"产品经理的一天"就是以一天 24 小时为线索查找产品经理使用产品的所有场景。

角色场景设计的完成结果中,"是否找出了所有产品使用场景"是核心问题,也就是说在这个过程中,不用过于深究每个产品使用场景的使用细节,只需要考虑用户在什么时间、地点、由于什么原因使用产品。

这一步的角色场景设计结束后,产品经理就可以从产品任务中提炼出产品功能了。提炼出产品功能后,产品经理还需要继续通过场景法获取需求,用关键路径场景设计获得用户完成产品任务的完整路径,清晰地说明用户完成产品任务的全过程。

(3)关键路径场景设计

关键路径场景设计是对角色场景设计中发现的重要产品任务场景的详细需求获取和设计,关键路径场景清楚地说明了产品任务要如何做。

还是先看案例,案例中需求管理软件的关键路径场景设计文档(手绘),如图 4-14 所示。

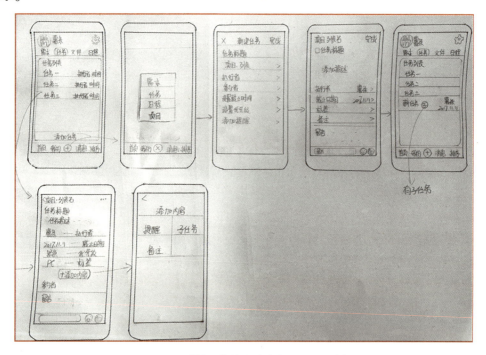

图 4-14 需求管理软件的关键路径场景设计文档

关键路径场景设计文档显然相比角色场景设计文档更加详细,不但明确了产品任务的完成

路径，还列出了产品与用户交互时应具备的主要功能。

关键路径场景阶段获得的任务需求通常是图形化的，甚至形成了产品的初稿界面。关键路径场景不仅仅把角色场景设计之前的所有文字需求转换成为图形化需求，同时，这些图形化的需求也能让产品经理看到产品界面结构与产品功能间的关联。

不论是角色场景设计还是关键路径场景设计，产品经理都在尝试回答用户如何在产品中通过各种设计好的产品场景完成用户任务。

但对于面向商业客户的产品，仅考虑用户必定会出现捡了芝麻，丢了西瓜的情况。接下来，将介绍如何对面向商业客户的产品进行产品任务分解。

4.3.2　从产品目标到业务流程

再次强调，面向商业客户的产品核心是业务，业务目标到业务流程的拆分就是整体业务到部分业务（甚至是企业员工个人业务）的拆分。

以物业报修产品为例，来尝试推进产品目标的分解。

业务的实际情况是部门和部门之间，人员和人员之间存在着复杂的关系。把一个整体业务中的部分业务抽取出来，常常会出现类似"无法判断该项业务是否属于我们要做的业务范围"的问题。这类问题会严重影响产品目标分解的有序进行。

在产品目标分解时产生这一问题的根本原因在于：

没有对产品涉及的业务范围进行定义，即没有确定业务边界。

因此，进行产品任务拆分的首要工作是定义业务边界。

1. 确定业务边界

面向商业客户的产品，不可能为客户所有的业务提供服务。因此，应首先明确产品为客户的哪一块业务提供服务，之后再从已确定边界的业务中分解任务时，才能清晰地知道哪些是产品任务中涉及的需求。

业务上下文图能够很好地定义产品涉及的业务范围，确定业务边界。

接下来尝试设计物业报修产品的业务上下文图。

在物业管理公司，使用物业报修产品的主要是客服部和维修部。即使物业管理公司还有大量其他业务，在绘制业务上下文图时，也只需要关注报修业务，并把报修业务画圈表示出来，如图4-15所示。

第 4 章 产品的宏观设计

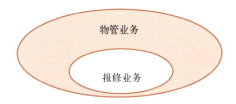

图 4-15 在上下文图中表示报修业务与物管业务的关系

当然，仅仅圈出报修业务的范围还不够，这样并不能真正描述"报修业务"包括了哪些业务内容。还需要对报修业务的输入、输出进行描述，才能够确切表达业务边界。

在企业中，完成一项业务的过程有最基本的规律，其流程图如图 4-16 所示。

先投入一些人力、物料等资源，在企业业务流程中这些输入资源经过加工、转化，最终会产出附上新价值的输出资源，被客户接受和使用。

图 4-16 企业业务过程价值流程图

在上下文图中定义业务边界，同样需要在图中标注出资源提供者、资源，即需要在业务上下文图中标出输入、输出的资源、资源提供人、受益人，如图 4-17 所示。

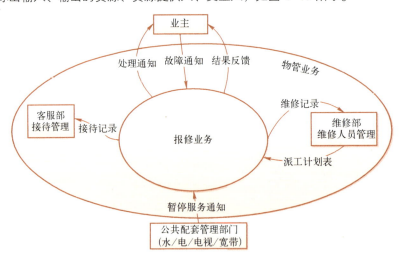

图 4-17 物业报修产品的业务上下文图

在业务上下文图中，标明特定业务中的输入资源和输出资源，同时写明资源的输入者与输

出者,就清楚地界定了产品要实现业务的边界,明确了特定业务做什么、不做什么。

还是通过实例看如何加入输入、输出的资源。图 4-17 中已经确定了业务边界。在之前圈出的报修业务外,根据产品任务的业务需求,标识出 4 个参与角色:业主、客服部、维修部、公共配套管理部门(水/电/电视/宽带)。

上下文图中带箭头的线段,箭头指向报修业务的代表输入资源,在线段上注明了具体的资源内容。由报修业务流出的箭头代表了输出资源,是经过报修流程处理后具有期望价值的业务输出结果。

2. 从上下文图中分解业务事件

接下来,需要对上下文图中的业务进一步分解,也就是对产品任务中的业务继续分解。下一步的业务分解需要从上下文图中获取业务事件。

如何从上下文图中获取业务事件?

特定业务通常是由多个业务事件组成的,而这些业务事件之间又相互关联,所以业务事件获取是将单个业务事件抽离特定业务的过程。

例如:如图 4-17 所示的物业报修产品上下文图中的业主向物业报修工作发出故障通知业务。

业主向物业报修工作发出故障通知,由业主输入的故障信息让报修工作开始启动,随后,故障信息经过处理后,产出处理通知传达(输出)给业主。

在这个过程中,业主是"确定报修处理方案"这个业务事件的发起者,同时也是业务事件结果的受益者,最终获得报修处理方案。对于"报修业务"这个特定业务来说,"确定报修处理方案"这个业务事件仅仅是业务中的一部分业务。

从输入故障通知到输出处理通知,这个过程就是一个业务事件。业务事件的特点是包括了输入、输出资源的一个完整过程,这个过程的处理是特定业务中的一个具体事件,事件的顺利完成会推进特定业务的完成。

使用业务上下文图,能够顺利地帮助我们把所有的业务事件从庞大、甚至是混乱的特定业务中剥离出来。如表 4-4 所示,每个输入资源都会引发一个业务事件。因此,在面向商业客户的产品进行产品目标分解时,查看产品涉及的业务范围中每一个输入资源,就可以方便地找出所有的业务事件。

表 4-4 业务事件列表

序号	输入资源	事件名称
1	故障通知、处理通知	确定报修处理方案
2	维修记录、派工计划、结果反馈	故障维修
3	暂停服务通知	公共配套服务管理通知

第 4 章 产品的宏观设计

到现在为止，已经把产品目标分解成了若干个业务事件，业务事件中的需求还不够详细，无法确定这些业务事件具体如何完成。接下来要定义每个业务事件的完成过程。

每件事都有完成过程，业务事件的完成更加依靠过程，这是因为一个业务事件往往需要业务中的多个角色配合工作最终达成结果。完成业务事件的过程就是业务流程。

3. 业务流程分析

在面向商业客户的产品设计中，一个业务事件必须对应至少一条业务流程，业务流程可以详细说明业务事件如何完成。

例如，当把物业报修产品目标涉及的业务分解成 3 个业务事件后，需要再分析每个业务事件对应的业务流程。

"确定报修处理方案"这个业务事件对应的业务流程如图 4-18 所示。

产品经理分析业务流程时，首先要分析流程中有多少个参与角色，每个参与角色的活动以及由两个以上的角色交互完成的活动。

例如，"确定报修处理方案"业务流程中有业主、客服两个参与角色，这两个角色共执行了 6 个业务活动，最终获得了期望的业务事件结果。在业务流程中，业主是事件的发起者，因此流程的第 1 步由业主发起，业主与客服的交互活动有 3 个，分别是第 2 步、第 5 步、第 6 步。

为什么业务流程分析首先要确认参与角色、活动？

因为产品经理接下来设计物业报修产品时，必须回答以下两个产品问题。

- ➤ 谁会使用物业报修产品？
- ➤ 这些使用者需要什么功能？

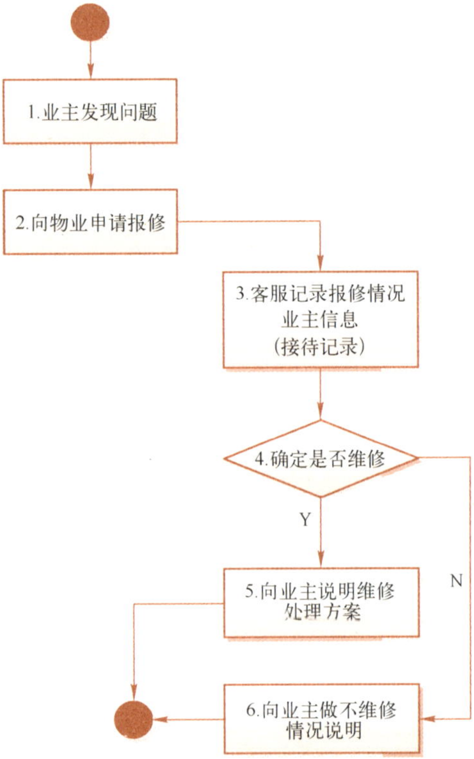

图 4-18 "确定报修处理方案"业务流程

这两个在产品设计时要了解的问题都能够通过确认业务流程的角色、活动获得答案。因此，细化业务流程也就是在细化产品需求。分析完成的业务流程表达了产品目标涉及特定业务的现状，即：产品即将为之服务的业务，现在是怎么做的。

显然，对于物业报修产品来说，需要的不是现在怎么做，而是期望产品能够让业务现状变得更好。

在业务流程清晰之后，产品经理还应勾画出业务的未来，也就是将来怎么做。即：当产品

进入业务流程后的新流程。

但是，业务流程并不就是产品流程。

4. 业务流程转化产品流程

融入了物业报修产品的新流程就是产品流程。还是具体看看"确定报修处理方案"的产品流程实例，如图4-19所示。

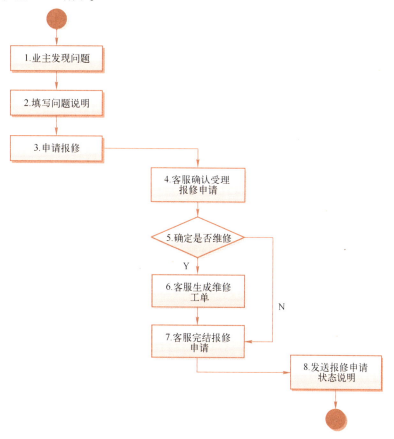

图4-19 "确定报修处理方案"产品流程

可见，原来业务流程的大部分活动都变成在物业报修产品流程中完成了。

例如：活动2、3、4、5、6、7、8的执行都是在物业报修产品流程中。甚至原来业务流程中，客服与业主交互的活动：报修处理安排说明也在物业报修产品流程中完成了（如图4-20所示），由产品根据客服对报修申请的不同处理方式，自动向业主发送不同内容的报修申请处理办法通知。

从业务流程到产品流程转化，使用的是相同的流程分析方法，不但帮助产品经理了解产品涉及

业务中包含的业务需求、产品需求，并且可以把产品目标分解后的业务事件的执行过程具体化。

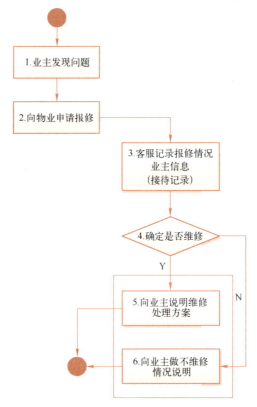

图 4-20 "确定报修处理方案"业务流程中的方案通知活动设计

4.3.3 业务流程制作

1. 常见流程的区别

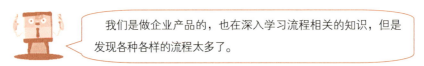

我们是做企业产品的，也在深入学习流程相关的知识，但是发现各种各样的流程太多了。

有各种各样的流程：业务流程、产品流程、交互流程、工作流程、界面流程、系统流程。这些流程都是站在不同的角度，以流程的方式来描述业务或产品。

（1）业务流程

业务流程描述了企业为实现特定的经营目标，由不同的岗位员工分工协作完成的一系列工

作活动的过程。

工作活动间通常有先后顺序，同时活动的内容、完成方式等也有明确的定义。

业务流程追求的结果与企业经营目标相关，需要能有效帮助企业经营目标的实现。

（2）产品流程

产品流程的核心是产品，描述产品如何与个人用户或企业员工交互，实现产品流程期望的结果。

在面向商业客户的产品设计中，产品流程要获得的成果与业务流程一致。也就是说，如果业务流程的输出资源进行了调整，那么产品流程也会相应地进行修正。之所以有这样的关联，在于**产品是企业业务目标实现的工具。**

产品流程中的角色必须有产品，产品流程中的活动之间有先后顺序。

（3）交互流程

交互流程是产品与用户间的互动过程，是描述用户使用产品完成特定事件时的操作过程，也叫产品操作流程。

交互流程中的活动都是产品中的操作，是由用户与产品交互而产生的流程，交互流程的分析范围仅限于产品。因此，交互流程是颗粒度最小的产品流程，是用来表述产品详细需求的工具之一。

（4）界面流程

界面流程描述用户使用产品完成某一事件的界面跳转过程。界面流程站在产品界面的角度来说明流程，每步活动都明确指向对应的产品界面。

界面流程与交互流程有相同的地方，都表达了用户在产品中的操作过程。但界面流程的活动更倾向于表达用户是如何跳转产品界面以达成最终结果的。

界面流程的核心是产品界面，界面流程的分析让产品经理最终能够确定产品的界面框架。

（5）系统流程

系统流程描述产品的信息、数据在系统环境及用户使用环境（服务器、数据库、浏览器）中的输入、输出过程。

系统流程通常由开发人员使用，用于向开发人员表达系统处理概况。

系统流程的产生基于业务流程，反过来，系统流程也能够验证业务流程的合理性。

2. 有效的流程表达

（1）流程设计常见问题

在各种类型的流程里，产品经理最常接触的是业务流程和产品流程。而面向商业客户的产品，业务流程是产品经理绕不过去的分析重点。

既然业务流程这么重要，那要怎么画业务流程呢？

第 4 章　产品的宏观设计

初次制作业务流程，最容易出现以下两个问题。

1）流程中的活动包含了过量的需求，即：活动中的需求颗粒度太粗。

例如"纺织类产品生产销售"业务流程，如图 4-21 所示。这个流程中，很多活动步骤中都包含了大量的业务需求。

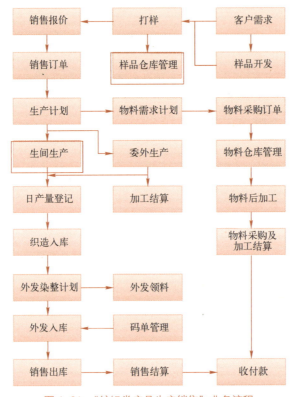

图 4-21　"纺织类产品生产销售"业务流程

如：活动"样品仓库管理"和"车间生产"，了解这两个活动的业务内容就知道，这两个活动内的业务极多，专门针对这两个活动完全可以再做流程。像这样包含需求太多，需求颗粒度太粗的流程，使用者在查看流程时无法真正了解流程中的需求，因为有太多应明确表达的需求被包裹在其中。

因此，画流程图时，产品经理应对每个流程活动中的需求数量进行评估，避免对流程中需求颗粒度的控制不足。

2）流程活动做得太细，步骤繁多，需求颗粒度很小。

这种情况与前一种正好相反，还是先看案例，外贸电商产品商品批发产品流程如图 4-22 所示。

打造好产品——产品经理实践指南

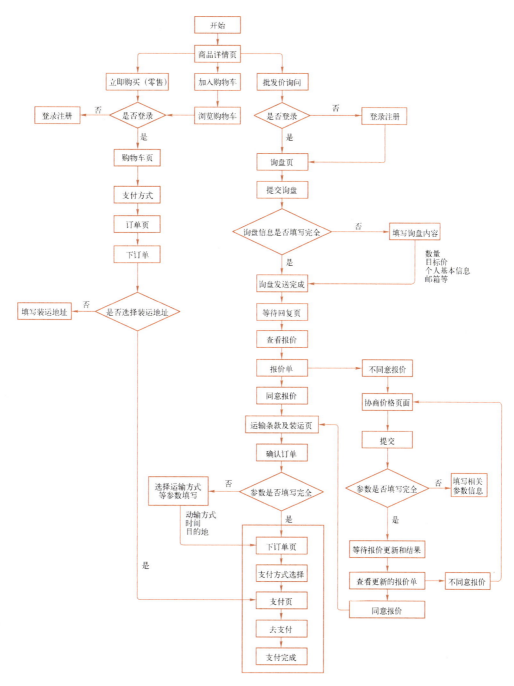

图4-22 外贸电商产品商品批发产品流程

第 4 章　产品的宏观设计

这是一个外贸电商产品的商品批发流程，产品流程中的活动做得十分细致，有些活动甚至有些烦琐，如：确定订单价格后的支付活动，分别用了 5 个活动进行支付。

而如果只考虑产品流程的正常流程，支付时用户主要的活动只有 4 个（如图 4-23 所示）：确认支付信息、选择支付方式、支付、确认完成支付。

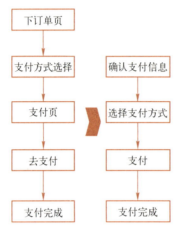

图 4-23　商品批发产品流程的主要支付活动

如果活动中需求颗粒度过细蔓延到整个流程中，就会积累大量的无价值需求，流程的使用者容易感到厌烦。

大部分的人都不喜欢复杂。

 复杂的东西太难掌握，表面简单的东西更容易接受些。

（2）分层表达业务流程

制作流程时怎样避免上述问题，做出清晰、表达内容合适的流程呢？
来看案例，点餐产品业务流程如图 4-24 所示。

这是一个点餐产品的业务流程，用三个不同层级的流程图从整体到细节地表示出了餐厅业务。

流程一：餐厅日常运营的总流程。
活动 1：餐厅定期对菜单进行更新，以满足季节、客人的需求。
活动 2：对于确定的菜单，餐厅采购人员需要定时备料。
活动 3：一切准备就绪后，餐厅就可以批量接待客人了。

113

活动 4：餐厅营业结束后，要进行日常的费用结算活动。

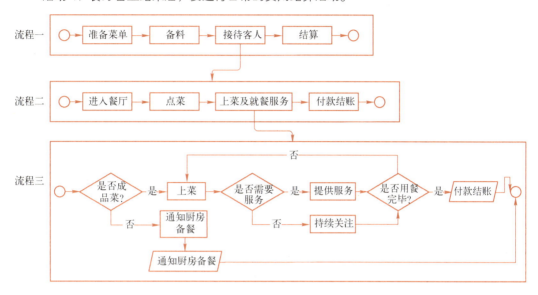

图 4-24　点餐产品业务流程

第一层的总流程中的每个活动极有可能分别由不同的部门完成，因为流程业务涉及范围很广。如这个流程中，活动 1 由市场部完成、活动 2 由采购部完成、活动 3 由前厅服务部完成、活动 4 由财务部完成。

流程二：餐厅就餐流程。

流程二对流程一中"接待客人"这个活动包含业务的展开描述。流程二说明了顾客从进入餐厅到选餐点餐，再到上菜、结账的完整就餐过程。

第二层级的流程通常详细描述某个业务部门的主要业务。如在流程二中，主要说明的是前厅服务部门日常接待顾客业务的流程。

流程三：上菜及就餐流程。

流程三是流程二中"上菜及就餐服务"活动的详细业务流程，描述了客人用餐过程中上菜及就餐服务环节的详细业务过程。

第三层级的流程是对业务部门的主要业务流程中的某一重要活动的描述。在这个流程中能够表达出最细节的业务需求，通常明确流程中参与者（人）的活动，对于面向商业客户的产品，能够表明业务中涉及的岗位角色要完成的活动和其他岗位角色的交互细节。

需要说明的是，案例中的第二、三层流程只选择了流程一与流程二中的一个流程作为示范。

3. 流程优化

在以业务为中心的产品设计过程的产品目标分解过程中，在业务流程设计之初，流程更多表达了业务现状。而进行新产品设计时，需要对业务现状进行优化，完成对业务未来流程的设计。

对于面向商业客户产品的业务流程优化并不是一件容易的事。例如：企业管理软件中非常重要的 ERP 软件。

从企业角度来说，对内部进销存流程改善需求十分迫切，这是因为企业清楚进销存业务能力的提升必定能够带来经营上的明显改善。然而 ERP 产品的引入，就意味着改变原有部门内、部门间的业务运作模式。因此，这也是 ERP 产品落地困难之所在。从产品设计的角度来看，这就是典型的业务优化时存在的困难。

（1）业务流程优化过程

进行业务流程优化有 4 个流程，如图 4-25 所示。

图 4-25　业务流程优化过程

一般流程：指对细分市场中的竞品进行流程分析，提炼出行业内同类业务的常见流程，一般流程代表了市场中同类业务的普遍活动处理过程。

实际流程：是企业的实际业务运作流程，代表业务现状。

期望流程：是企业对现有业务流程的最佳期望，体现了比业务现状更高的业务需求。

优化流程：经过对一般流程分析、实际流程的缺陷分析、期望流程的合理性分析后形成的未来要实施的业务流程。

- 该如何进行业务优化？
- 从什么角度进行业务优化？
- 业务优化又可以为商业用户带来什么好处？

这些都是流程优化时要考虑的问题。

流程优化时要先明确优化思路和预期的改善效果，再进行具体的优化操作。业务流程优化的两个主要方向如下。

- 降低业务流程中的活动完成时间。
- 减少业务流程中的活动执行数量。

不论是降低活动完成时间还是减少活动执行数量，都能够提高业务流程的效率，节约流程参与角色的时间和精力。从企业角度来说，更加能够降低商业客户的运营成本，最终实现节流的目的。

（2）业务流程优化方法

不论哪一种业务流程优化方向，在具体的优化操作时，都要抓住业务流程中的一个核心优化活动：非增值活动。

在业务流程中，活动分为两类：增值活动和非增值活动。

增值活动是对流程起到关键作用、能增加流程价值的活动。在辨别增值活动时，要判断业务流程中的每个活动是否具有以下两个特征。

> ➤ 该活动让输入资源的状态发生了改变。
> ➤ 如果流程参与角色不执行该活动，那么流程无法继续将被中止。

一旦辨认出了业务流程中的增值活动，那么剩下的活动就是非增值活动。非增值活动共有4种类型，分别是：检查类活动、移动类活动、搁置类活动和存储类活动。

➤ 检查类活动：是业务流程中对数量和质量进行检查的那些步骤。
➤ 移动类活动：是业务流程中对人员、物料、文件及信息进行移动的活动。
➤ 搁置活动：是业务流程里，对活动对象暂时的存放、耽搁或停滞的活动。
➤ 存储活动：指业务流程中，对文档、资料类对象的保存活动。

那么，在业务流程优化时，为什么非增值活动是核心优化活动？通过辨别增值活动的两个特征不难发现，增值活动是流程中的关键性步骤，所以在业务流程优化时一般不做调整、慎重优化。而要减少业务流程的完成时间和活动数量，非增值活动才是主要的优化内容。

找到了业务流程中的优化内容，对于非增值活动的常用优化方法如下。

1）时间优化。对业务流程进行时间优化，先要确定业务流程中每个活动的执行时间，发现存在浪费的活动时间并针对对应的活动进行优化。

以下是一个 4S 店的汽车维修流程，如图 4-26 所示。

这个 4S 店的汽车维修流程包括 16 个活动。由于顾客多次针对汽修业务时长提出投诉，所以产品小组准备针对店内汽车维修流程进行优化。产品小组统计了在店内执行的 14 个活动、近 3 个月在多次汽车维修过程中每个活动消耗的平均时长。

每个活动的消耗时间明确后，有两个活动花费的时间过长显现了出来。

➤ 活动 6-修理员诊断：24 小时。
➤ 活动 9-配件送到：72 小时。

很明显，这两个步骤是车辆维修耗时过长的主要原因。找到了流程问题所在，接下来就可

第4章 产品的宏观设计

以有针对性地进行常规的活动设计了。例如要减少汽车配件送达时间，4S 店可以增加常用配件的小额库存，同时在活动9增加一个消息提醒活动，判断如预计配件送到时间大于8个小时，由客服通知顾客维修汽车要等待的剩余时间和原因，减少顾客盲目等待的情况。

流程步骤	步骤编号	增值	非增值	非增值类型	使用时间/h	时间占比(%)
汽车出现故障	1	√		/		
电话联系修理部	2		√	移动：是人员、物料、文件及信息的移动	0.3	0.28
对汽车进行预防性保养	3		√	检查：对数量和质量进行检查	1	0.92
送汽车到修理车间	4		√	移动：是人员、物料、文件及信息的移动	0.2	0.18
分配修理员	5		√	移动：是人员、物料、文件及信息的移动	0.3	0.28
修理员诊断	6	√			24	22.14
是否4S店修理	7	√			1	0.92
修理员定购修理所需配件	8		√	移动：是人员、物料、文件及信息的移动	0.3	0.28
配件送到	9		√	移动：是人员、物料、文件及信息的移动	72	66.42
送汽车到分包商处	10		√	移动：是人员、物料、文件及信息的移动	2	1.85
汽车修好从分包商处送回	11		√	移动：是人员、物料、文件及信息的移动	2	1.85
检查、修理完毕	12	√			4	3.69
写修理报告	13		√	存储：文档的手动存储	0.5	0.46
通知客户修理完成	14		√	移动：是人员、物料、文件及信息的移动	0.3	0.28
客户取车	15	√			0.5	0.46
汽车回到客户手中	16		√	移动：是人员、物料、文件及信息的移动	/	
					108.4	

图 4-26　4S 店汽车维修流程

2）合并活动。通常业务流程中的活动有先后顺序，完成一个活动之后再做另一个。然而，如果业务流程完全变成了流水线式的作业，就容易出现业务流程活动固化、引起浪费的问题。

再看下面的案例，如图 4-27 所示，这是一个软件公司为客户开发定制化产品的制作

过程。

图4-27 软件公司定制化产品制作流程

在公司的定制化产品制作过程中分为3个阶段：定制化产品开发时间预评估阶段、开发计划制定阶段、开发交付阶段。

但由于这个制作过程有流水线作业的倾向，因此在整个业务流程中，定制化产品在客服部、设计部、技术部之间不停地被转移，导致大量的时间浪费。

在这个案例中，如果用合并活动的思路，则可以尝试使用"综合办事"角色。把设计部、技术部在流程中的部分活动权限合并到能够完成开发时间预估和开发计划制定的项目经理身上，流程中大部分的活动就自然合并了。

3）自动化活动。自动化活动就是把业务流程中线下的活动转移到线上在软件中完成，利用软件的自动化操作来减少业务时间和提升流程质量。

还是以定制化产品制作业务流程为例，如果把业务流程中的活动3"设计部联系开发部预估交付时间"、活动7"开发部制定定制订单开发计划"在软件中自动完成，那么业务流程的完成时间必然会有很大的提升。

4.3.4 目标到任务与目标到事件的差异

回到两种设计过程中产品目标分解不同的方法上来。目标到任务与目标到事件的主要差别如下。

目标到任务的分解法，面向个人的产品将产品目标分解为产品任务，常用场景法进行任务提取。面向商业客户的产品更倾向从业务目标着手，用流程提炼产品事件；目标到任务的分解方法，注重用户需求与产品需求的融合，目标是为用户带来价值。目标到事件的方法，核心在业务，目标在于提升机构的经营能力。

在目标到任务的分解过程中，有两类场景设计：角色场景设计和关键路径场景设计；在目标到事件的拆分过程中，有两类流程设计：业务流程设计和产品流程设计。

4.4 产品信息系统框架设计

4.4.1 信息系统框架

在进行产品目标分解的过程中，不论是场景法还是流程法，最终的分析结果都将细化出大量的产品详细需求。

这些详细需求中包含了大量的产品信息，如：
- 产品中提供的商品或服务。
- 商品、服务的不同类型、不同种类。
- 商品、服务具备的各种特征。
- 商品、服务的业务规则。

……

这些商品和服务就像图书馆中的图书，时刻等待着使用产品的用户找到它们。产品经理在设计时必须很好地提供商品与服务的查找路径。

信息系统框架设计，就是为产品中的商品、服务信息提供最佳到达路径的设计。信息系统框架设计的目标就是让用户快速找到需要的商品或服务，对于产品经理来说，就是要设计产品中商品、服务的最佳到达路径的解决方案。

在信息系统框架中，有以下 4 个主要的设计内容。
- 组织系统：定义产品中的信息应如何组织以及用户如何浏览信息。
- 导航系统：定义在产品中如何设计导航以引导用户有效浏览信息。

➢ 标签系统：定义如何建立一种个性化推送的内容获取方式，同时探索以个性化的信息管理完成对信息的存取。
➢ 搜索系统：定义用户拉取式的信息获取方式，并在用户快捷获取结果与精准获取结果中做出取舍。

其中，组织系统设计是导航、标签、搜索系统的基础，导航系统、标签系统和搜索系统在产品界面设计时能够以图形化去定义，而组织系统的设计内容则在界面层难以直接体现。

本节着重介绍组织系统的设计。在下一章产品详细设计中，结合界面设计再详细介绍导航系统、标签系统和搜索系统的设计。

4.4.2 组织系统设计

在进行组织系统设计前，需要先清楚组织系统的几个基本问题。
➢ 什么是组织系统？
➢ 组织系统设计时应该分析哪些内容？
➢ 从哪里着手开始设计？

在为产品设计组织系统时，如果对组织系统不太了解，极容易出现茫然无措的感觉。因此，在进行组织系统计前，让我们再次明确组织系统是什么，组织系统在做什么。

组织系统定义了产品中的信息应如何组织，用户将如何浏览产品信息。产品中信息的组织方式与用户浏览信息的方式，是组织系统在做的事情。

其中，产品信息组织方式在组织分类设计中加以定义，用户浏览方式则在组织结构设计时加以说明。因此，组织系统设计要从以下两方面进行设计。
➢ 组织分类设计。
➢ 组织结构设计。

1. 组织分类设计

在日常的工作和生活中，分类无处不在。例如在超市中，分类就被运用得淋漓尽致。
在超市环境下，来做一个测试。

> **测试背景：**
> 超市工作人员在整理货架商品时，把国民食品老干妈放在了"厨房调料"区。
> **测试问题：**
> 问题1：你觉得超市工作人员对老干妈这个商品的归类正确吗？
> 问题2：假设你在逛这家超市，有两个商品区域"厨房调料"和"调味酱"，你能很明确地知道老干妈一定在哪个区域吗？

第 4 章 产品的宏观设计

> 问题 3：问题 2 中如果你无法明确判断，那么你觉得老干妈更有可能放在哪个区域？
>
> **得到的答案是：**
>
> 问题 1：还好吧，不能算错。
>
> 问题 2：两个区域有些模糊，难判断老干妈一定在哪个商品区域。
>
> 问题 3："调味酱"的可能性应该更大些。

不论测试的结果是什么，当我们进入超市环境时，就会感受到，超市中的商品区域分类看似简单，而实际使用过程中却极容易让顾客在寻找商品时在两个以上的选项中反复寻找。

出现这样的问题，是由分类的特点引起的。

首先，分类本身从字意到范围都存在模糊性。

如果是精确型的分类组织，边界清楚，一般不会出现这种问题。例如：

> 按年份分类（2018 年、2019 年、2020 年）。
>
> 按字母分类（首字母为 A、首字母为 B、首字母为 C）。

采用这种类型的分类，商品所属分类将十分明确。如果商品归属于"2018 年"这个分类，就绝对不可能再属于其他分类。

但是，我们看到的大部分分类都是模糊型的分类组织。就如测试中看到的"厨房调料"与"调味酱"，这两个分类是按照商品主题建立的分类，商品主题这个分类规则的范围边界是模糊的，因此，不能说商品必须应放入哪个商品区域中，即商品没有绝对属于哪个分类的正确、错误判断标准。

其次，每个人面对相同的分类，常出现不同的理解差异。

这个特点与每个人的心智模型相关。心智模型代表了我们对事物的认知，也就是：

知道事物是什么

知道事情怎么去做

在一次信息系统框架设计的线下分享中，我们做了一个简单的互动，互动结果应该可以十分形象地表达人与人之间的心智认知到底有多么大的区别。

互动内容是请参与者将屏幕中显示的 9 个商品进行分类，将商品分好类之后，需要参与者对每一类商品写下自己觉得最合适的商品分类名称。

邀请参加的 8 个参与者写出了 8 种分类方案，没有完全相同的两种分类方式。不但如此，更加有趣的是，有一个商品（如图 4-28 所

图 4-28　被归属于 6 个不同分类的商品

121

示）在 8 个分类方案中，被归属在了 6 个不同的分类类别中。

上图中的这个商品，8 个参与者将它分别归类于 6 个不同的类别中。这 6 个商品分类分别是：数码、电器、智能电子、免费试用、商品活动、数码电子。

因此，在设计产品的信息系统框架时，首先需要对产品中的商品、服务设置合适的分类标准，常见的分类类型有两种：精确型的分类、模糊型的分类。因此，产品组织分类设计常采用两种类型分类相结合的办法。

精确型的分类+模糊型的分类

在两种类型分类相结合的组织分类方式中，模糊型的分类将提供多样化的分类标准，这样，就可以让产品组织分类从多角度去适应用户多样、个性的分类认知。通过这样的组织分类设计，能够对商品、服务进行有序的组织，对于产品信息系统框架设计来说是信息群组化的开始。

然而，产品信息系统框架要做的是让用户快速找到想要的信息，最好还是不留痕迹的信息引导，这就需要在组织分类设计的基础上搭建产品组织结构。

组织分类设计定义了产品信息的分组逻辑方式，而组织结构设计则确定了用户如何浏览信息。

2. 组织结构设计

用户在产品中浏览信息的方式有两种，分别是：自上而下和自下而上的浏览。

自上而下的浏览是从一级信息分类开始，再继续查看一级信息分类下的二级信息分类，通过不断缩小查看内容范围，最终找到需要的商品或服务的过程。自下而上的浏览是先找到一个单个商品或服务，在浏览商品、服务内容时再通过同类信息找到需要的商品或服务的过程。

基于以上特点，组织结构设计也需要采用两种分析思路：分级式与数据式。

（1）分级式

通过使用组织分类设计中确定的信息的分类方式，对分类与分类间的关系建立上下级的父子关系或平级的独立信息块，分别可以构成信息分类树或独立信息组。由此，就可以建立基本的自上而下的信息浏览结构了。

以下案例是一款知识管理产品——"知识仓库"的信息组织分类，如图 4-29 所示。图中截取了知识管理系统中一部分组织结构设计成果，即：针对知识仓库的信息分类的组织文档。在产品经理的工作中，需要分析或制作产品组织结构文档的情况十分多，而且文档叫法也很多，如：脑图、信息架构图。

"知识仓库"的组织结构通过树状结构清楚地说明了知识仓库中的所有信息分类，以及信息分类间的组织结构层级。观察具体内容不难看出：知识仓库共分为三个层级，每个层级的分类

第 4 章 产品的宏观设计

都是以主题为标准划分的，一级与二级分类、二级分类与三级分类都是一对多的关系，即每个上级分类都对应多个下级分类。

（2）数据式

分级式设计中，以产品要提供的商品、服务分类为主要内容，对商品、服务的信息共性进行归纳总结。但分级式设计仅完成了产品组织结构的一半，缺少对于产品要提供的商品、服务的属性内容的搭建。

图 4-29 "知识仓库"的信息组织分类

打造好产品——产品经理实践指南

产品要提供的商品、服务的属性指商品、服务具备的特征,而商品、服务通常被称为"实体"。

在数据式组织结构中,针对产品要提供的商品、服务中包含的实体进行设计。分析实体的属性有哪些,实体与实体间、实体与属性间有什么样的关系。

实体和属性有具体的示范吗?

还是来看案例。如表 4-5 所示,这是一个教育产品的商品数据表,数据表说明了一个实体:活动课程。而表中的表头字段(course_mig、course_name、course_discount),就是课程的特征,即属性。

表4-5 教育产品商品数据表

NO.	course_mig	course_name	course_discount
1	1.jpg	三个月让你拥有完整实战经验	限时免费
2	2.jpg	零基础入门产品经理	直降_3000 元
3	3.jpg	高级产品经理瓶颈冲突修炼班	限时抢购_8.1 日

由此,可以确定产品中的实体"活动课程"的主要内容为课程图片、课程名称、课程优惠 3 个主要属性,如图 4-30 所示。

```
活动课程
课程图片(course_mig)
课程名称(course_name)
课程优惠(course_discount)
```

图 4-30 活动课程实体及其属性

为什么要分析实体、属性以及它们相互间的关系呢?

在自下而上的浏览方式中,产品信息的获取方式是先找到一个单个商品或服务,在浏览商品、服务内容时再通过同类信息找到需要的商品、服务。这种浏览方式要求产品的组织结构设计中,对于产品要提供的商品、服务中包含的实体、属性进行深入分析,建立实体及其属性间的关联。

只有建立实体、属性间的组织结构,才能够让产品的组织系统完整,为用户从商品、服务的内容浏览进而获得同类内容提供了可能,也为信息系统架构中的搜索系统、标签系统的设计提供了可能。

4.5 案例：点餐管理产品的产品宏观设计

本例是一款面向连锁餐厅的点餐管理产品，产品有两类典型用户：食客、连锁餐厅。因此，在对产品定位分析时，针对 C 端的食客、B 端的餐厅分别进行了目标分析。同时，在产品目标分解过程中，也运用了场景和流程两种方法来分解用户任务，最终形成面向不同用户的产品框架。

4.5.1 产品目标

下图（图 4-31）为面向商家的用户系统产品目标，包括产品所属企业的产品定义以及产品目标用户对产品的角色期望。

> **·商家**
>
> **一、产品设计目标：**
> 定义产品：轻量版餐饮 Saas
> 目标：提升门店运营效率、降低成本、增加利润
> 任务：餐饮企业前台收银、移动支付、会员营销、采购库存、排队点餐等功能
> 用户问题：人力成本高硬件多且难以管理、毛利率降低等问题。
> 商业好处： 使小型餐饮门店运用到 Saas 系统，
> 商业问题：餐饮 Saas 竞品较多，而且比较成熟，多数大型餐饮已经在使用成熟的 Saas 软件。
>
> **二、人物角色产品期望**
> 1、期待产品能做什么？
> 自主点餐，排队，收银，会员管理
>
> 2、期望产品能带来什么样的体验？
> 软件使用流畅，界面简洁明了，功能齐全但不繁琐，能够提高餐厅的运营效率。
>
> 3、为什么会有这样的期望？
> 小型餐饮门店面积小，客容量有限，没有大型连锁餐饮系统化的管理模式，所以一些复杂的功能用不上，但是存在人力成本高、管理维护会员、利润不高等问题，所以需要具备餐饮店核心功能的 Saas 系统。

图 4-31 产品目标

4.5.2 产品框架

下图（图4-32）为用户端产品信息系统框架思维导图，信息系统框架的搭建需要从用户期望衍生到产品核心信息。

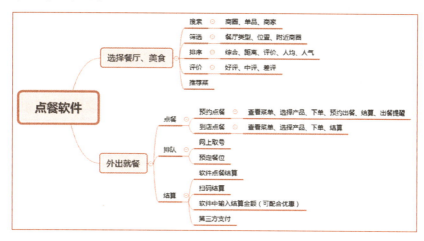

图4-32 产品框架思维导图

4.5.3 产品功能列表

在形成产品框架的基础上，同时由用户期望形成产品功能列表。以下截图（图4-33）为该产品的部分产品功能列表。

主功能名称	二级功能	功能说明
预约点餐	查看菜单、选择产品、预约餐位、预约出餐、出餐提醒	
点餐	查看菜单、查看推荐菜、选择产品	
查找餐厅	筛选（餐厅类型、位置、附近商圈）、排序（综合、距离、评价、人均、人气）、查看推荐菜	
结算	软件中点餐之后直接进入结算界面完成点餐和结算、扫码结算、直接在软件中输入结算金额（可配合优惠）、第三方支付	
排队	网上取号、提前预定餐位	

图4-33 产品功能列表

4.5.4 业务流程

以下为点餐业务流程，说明了食客与商家互动的点餐过程，如图 4-34 所示。

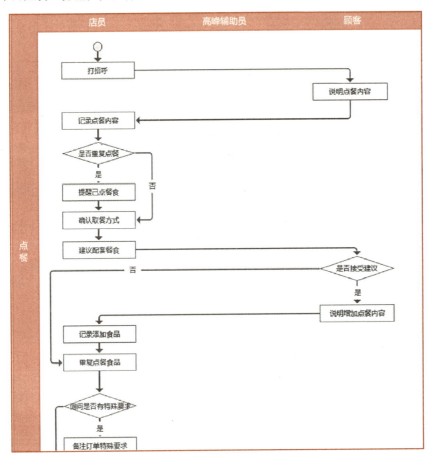

图 4-34　点餐业务流程

4.6　本章小结

一旦产品进入市场，产品目标就必然会随着市场的变化而变化。

产品定位至少应明确产品细分市场、目标用户、解决问题三个产品基本内容。

目标分解就是把产品成果放在触手可及的地方。

产品目标中融合了不同利益方的目标需求，最典型的产品利益方包括：产品所有企业、客户、用户。因此，产品目标包括了企业目标、用户目标、客户目标等多层目标内容。

产品经理设计产品目标时，首先要平衡产品所有企业和用户之间的目标需求，也就是平衡产品商业持续性和用户需求间的矛盾。

产品目标的本质是需求，是最高层次的产品需求。

产品目标内容中，包含了产品目标和商业好处。商业好处是产品最终实现的价值，为了保证价值真正能够被实现，产品经理必须考虑商业好处的检验标准。

一个目标能否被实现，应具备两方面的条件：可行的实现步骤、每步实现成果可检测。

任务是用户在产品中要完成的事，事件通常由用户一人独立完成，完成后的结果能够给用户带来好处。

不要把解决方案当作需求，应直接从用户身上洞察需求。

业务流程：描述企业为了实现特定的经营目标，由不同的岗位人员分工协作完成的一系列工作活动的过程。

产品流程的主角是产品，描述产品在企业业务中如何与其他人员或系统配合，完成流程目标。

交互流程是产品与用户间的互动过程，是描述用户使用产品完成特定事件时的操作过程，也叫产品操作流程。

界面流程描述用户使用产品完成某一事件的界面跳转过程，把主要界面流程整合后，能够形成产品界面框架。

系统流程描述产品数据在系统环境及用户使用环境（服务器、数据库、浏览器）中的流动情况。

信息系统框架，就是为产品中的商品、服务信息提供最佳到达路径的设计。信息系统框架设计的目标就是让用户快速找到需要的商品或服务，对于产品经理来说，就是要设计产品中商品、服务的最佳到达路径的解决方案。

4.7　扫码看视频：产品设计中的场景法

场景法是运用场景对产品中的事件、业务流程进行描述，从而发现用户需求的一种方法。使用用户场景来发现需求是指模拟用户在特定场景中发生的事情，通过事件触发用户某些动作的发生并观察事件的最终结果，从而发现产品要面对的用户问题，以及用户对产品的潜在需

第 4 章　产品的宏观设计

求。使用场景法进行产品需求分析时，通常以正常场景分析开始着手，再延伸进行其他场景需求分析。

本视频介绍的"产品设计中的场景法"主要内容包括：
- 五大场景元素。
- 五大产品场景。
- 用场景法分析产品经理面试问题。

第 5 章
产品详细设计

如果产品详细设计是给产品交互写的剧本，那么产品经理就是编剧，负责构思、撰写这个剧本。

用户与产品通过交互界面进行沟通时，用户更希望对产品具有掌控感。因此，在产品详细设计过程中，让用户完成交互操作的同时体验到对产品的掌控感，往往是详细设计考虑的重要目标。

本章主要内容：
➢ 产品详细设计的主要内容。
➢ 详述产品信息设计、任务设计、体验设计。
➢ 一个产品详细设计的具体案例。

5.1 产品详细设计的主要内容

对产品目标分解并完成信息系统框架设计后，就该进入产品详细设计阶段了。

产品详细设计阶段内容繁杂，不是一蹴而就的。刚接触产品详细设计工作时，常常不清楚应该具体做些什么。

那么，产品详细设计应该从哪里入手？

产品目标分解后形成的"产品任务"与信息系统框架设计中完成的"产品组织分类与组织结构"，为产品详细设计提供了基础。产品详细设计主要包括信息设计、任务设计、体验设计。

5.1.1　信息设计与任务设计

产品详细设计使用快速原型设计的方式，既形象又易于让人理解。图形化的界面不但可以描述清楚产品信息的组织结构，而且对于产品任务分析中获得的需求如何在界面层面表达清晰也十分有帮助。

快速原型设计的主要工作是进行产品界面设计，而界面设计的核心是信息与任务的设计。

什么是信息？什么是任务？

信息：是与产品要提供的商品、服务相关的所有内容。

任务：使用产品时，用户（客户）为了获得期望的价值（价值由产品提供的商品或服务提供），与产品互动完成的事件。

以下以京东商城这一知名的电商产品为例，来说明上述几个概念。京东商城首页如图 5-1 所示。

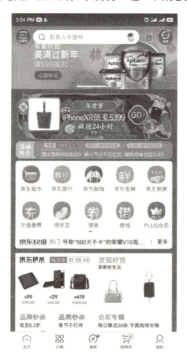

图 5-1　京东商城首页

在以京东商城为代表的在线商城类产品中，提供的商品多种多样，种类繁多。为了让用户快速找到感兴趣的商品，商城在界面中使用了大量描述商品特征、分类的文字或图片引导用户浏览。同时，在线商城类产品中还设计了例如：注册、登录、在线购买、促销秒杀等各种面向用户的任务。

描述商品特征、分类的文字或图片就是产品信息在界面上的表现形式，而注册、登录、在线购买等就是任务。

任务设计与功能设计的区别是什么？混淆任务与功能是常有的事，因为仅从产品界面的角度来看，任务和功能并没有太大区别。

看看第 4 章中业主报修 App 中的"确定报修处理方案"产品流程（如图 4-19 所示），尝试区分任务与功能的区别。

该产品流程中，除了步骤 1，其他 7 个步骤都是为了完成同一个流程目标，即一个产品任务：确定报修处理方案。进行界面设计时，产品经理需要对这 7 个步骤设计相应功能，引导用户使用这些功能完成产品任务。

由此可见，任务是流程化的，涉及的产品任务需求范围更广，由一组要完成同一流程目标的功能构成。

产品经理设计功能时，如步骤 2 "填写问题说明"，让用户填写表单说明报修问题，同样可以画出用户填写表单的操作流程。但通常并不建议做这么琐碎的流程，另外，从业务角度来说，功能不像任务包括了输入、输出资源，根据功能画出的流程，没有产生完整的业务价值，仅仅表达了用户与产品在界面层的交互过程。

5.1.2 体验设计

除了信息与任务的设计，在进行产品详细设计时，还需要考虑用户体验设计，也就是非功能需求的设计。

功能需求是用户需要在产品中完成的操作，就是针对产品的信息与任务进行的设计。非功能需求是当用户完成特定事件时，期望获得的交互体验或感觉。也就是说，功能需求设计是为了让产品可用，即：信息与任务的设计是让用户可以使用产品完成产品目标。非功能设计是为了提升用户使用体验，让用户在完成目标的过程中有良好的产品交互感受。

在进行产品详细设计时仅仅完成信息、任务设计远远不够，体验设计中针对非功能需求的设计十分重要不可忽视。

第 5 章 产品详细设计

最后,概括产品详细设计的三个主要内容:信息设计、任务设计、体验设计。

5.2 信息设计:像搭积木一样做信息界面

5.2.1 产品只有两个界面

产品中怎么会只有两个界面?这两个是什么界面?看标题也许会产生这样的疑惑。如果单纯从产品信息系统的角度设计产品,每个产品中的信息界面是怎样构成的。

图 5-2 所示的是一款资讯服务类产品的页面,该产品提供资讯服务。产品信息系统中由三个层次的服务信息组织构成,如图 5-3 所示。

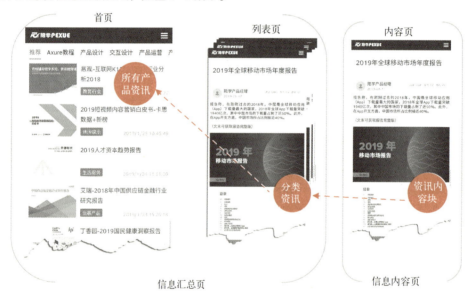

图 5-2 资讯服务类产品中的两类信息界面

```
所有产品资讯(汇总了各种分类下的所有资讯)
    分类资讯(一类分类下的所有资讯)
        资讯内容(单个资讯信息)
```

图 5-3 资讯服务类产品中的三个层次服务信息组织

133

三个层次的服务信息组织，在界面中由三个经典的页面类型展示，如图 5-4 所示。

图 5-4　三个层次服务信息组织的三类展示界面

资讯内容块是产品提供的商品、服务的单个信息内容，所有产品资讯、分类资讯都是单个资讯信息的汇总，是为用户快速、便捷地查找资讯而服务的。

所以，设计产品信息界面时，有以下两类界面。

> **信息内容页**：产品要提供的商品或服务的内容展示页面。
> **信息汇总页**：为了方便用户查找，检索内容而设计的各种列表页、首页面。

信息内容页是产品信息界面设计的基础，这是因为信息汇总页的内容都是由内容页提供、产生的。那么，信息内容页应该放哪些内容？在上一章的组织结构设计中，讲到了数据式的组织结构设计，其中分析了产出的实体、属性数据就是信息内容页的主要内容，实体、属性数据与界面内容的关系如图 5-5 所示。

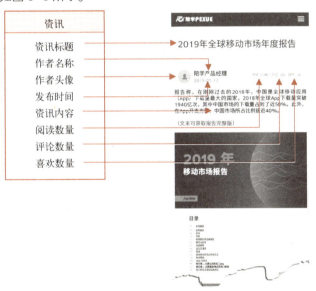

图 5-5　实体、属性数据与界面内容的关系

资讯是产品中的一个实体，经过分析后确定资讯的属性有 8 个：资讯标题、作者名称、作者头像、发布时间、资讯内容、阅读数量、评论数量、喜欢数量。

第 5 章　产品详细设计

接下来将这 8 个内容块放入内容界面，就完成了产品内容页的主要内容搭建。

如果说实体属性是构成信息内容页的积木块，那么在进行信息汇总页设计时，信息系统框架中的导航、标签、搜索系统，就是信息汇总页的主要构成要素，就是积木块。

5.2.2　导航系统

导航系统是利用组织系统设计中产出的信息分类设计适应用户习惯的产品导航浏览路径。因此，导航系统的设计是在组织系统设计的基础之上完成的。

1. 产品信息架构

如图 5-6 所示，是一个资讯服务类产品的部分产品信息架构（完整图太大，只截取了部分），可以按照这个产品信息架构来设计用户浏览信息时的产品导航路径。

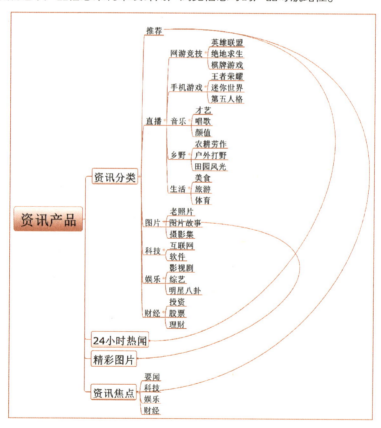

图 5-6　资讯服务类产品部分产品信息架构

在资讯服务类产品的产品信息架构中，分别按资讯内容、资讯形式、资讯发布时间、资讯热度划分了不同的资讯类别。

- 按资讯内容：科技资讯、娱乐资讯、财经资讯。
- 按资讯形式：直播资讯、图片资讯。
- 按资讯发布时间：24 小时热闻。
- 按资讯热度：推荐资讯、精彩图片、资讯焦点。

另外，直播类资讯还做了二级分类，按照直播内容分为以下 4 类直播资讯。

- 生活类直播。
- 乡野类直播。
- 音乐类直播。
- 游戏类直播。

同时，对于游戏类直播，继续划分三级分类，按照游戏形式划分为"网游竞技"和"手机游戏"两种。

接下来，针对这些已经完成的产品信息架构设计产品导航。

2. 常见导航类型

界面导航设计时主要包含 3 类信息导航，以引导用户查找所需的内容。它们分别是：主导航、副导航、情景导航。

主导航：即产品全局导航，是产品的主要信息浏览路线，几乎在每个界面中都有，引导用户浏览不同类型的产品信息。

副导航：也叫局部导航，是主导航的辅助性导航，通常引导用户深入浏览某类信息。在产品界面中形式多样，常见有频道导航、商品（服务）内容导航、辅助业务导航等。

情景导航：是针对用户感兴趣的信息设计的主题性导航。情景导航主要引导用户浏览他们可能感兴趣的内容，在用户浏览界面中灵活出现，帮助用户查找相关信息。

以下通过具体案例增进对不同类型导航的了解，如图 5-7 所示。

图 5-7 所示是京东商城 Web 端首页第一屏的截图，在首屏界面中有 3 个界面导航设计时常见的导航。

（1）导航 1

首先看看导航 1，单从这个页面来看，这个导航中的拍卖、京东时尚、京东生鲜等这些引导指向的频道或服务似乎并没有共性，那么它们为什么会聚集在一起，放在这么重要的位置？

第 5 章 产品详细设计

图 5-7 京东 Web 导航端首页

打开导航 1 中的京东闪购、京东拍卖、京东超市等指向的界面就会发现，大部分界面与京东商城 Web 主站的主界面风格有区别，下面是京东 Web 端的频道首页、列表页和内容页，如图 5-8、图 5-9、图 5-10 所示。

图 5-8 京东 Web 端频道首页

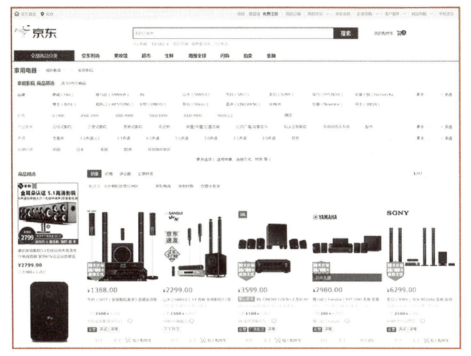

图 5-9　京东 Web 端列表页

图 5-10　京东 Web 端内容页

第 5 章　产品详细设计

而导航1进入的下一级界面，多数有独立的 LOGO，同时并没有遵循界面布局、风格的一致性原则，设计上更加个性化。如图 5-11 所示，是从导航 1 进入的部分下级界面，即衍生业务产品首页。

图 5-11　衍生业务产品首页

这类界面设计在大型平台上十分常见。对于大平台产品来说，由于涉及业务很宽泛，平台由多个独立产品线组成的现象十分普遍。

导航 1 体现了由独立产品线组成的平台型产品架构。通过导航 1 用户能够浏览围绕京东主站核心业务展开的衍生业务产品跨产品线的跳转。

虽然通过导航1进入独立的产品线产品后，在设计上只保留了返回京东首页的通道，并没有在界面上持续保留导航 1，但这并不影响导航 1 是主导航的特质，在平台信息架构的界面框架设计中，导航 1 的重要性不言而喻。

（2）导航 2

再来看看导航 2。导航 2 是以商品内容作为分类标准设计的内容导航。

京东作为面向个人用户的线上购物平台，主营业务是线上商品购买，所以主营业务中的核心元素之一即为预售商品，也是用户浏览产品的主要内容。也就是说，预售商品信息是用户在产品中浏览、查找的主要信息。因此，导航 2 按商品内容分类设计的分类导航，从用户浏览信息的主要内容、认知习惯来说，是合理的，也是高效的。

判断导航 2 是主导航还是副导航，要看如何界定产品。

如果把京东商城网站这个产品作为平台，网站首页是各产品线的平台汇总入口页

面，如图 5-12 所示，那么导航 2 作为京东核心产品的主导航，仅仅是出现在平台首页面的主要位置，引导用户浏览主营业务中的商品信息，对于平台产品来说，不能作为主导航来看。

图 5-12　平台汇总产品线入口首页

但如果认为，京东始终以核心产品为主，导航 1 是在主产品中设计了跨产品线的导航入口。这时在京东主产品的首页中就有两个主导航，一个是具备跨产品线跳转的主导航（导航1），另一个是主营业务线上购物的主导航（导航2）。

必须要说明的是，对某一个导航是主导航还是副导航的归类，并没有想象的那么重要。理解不同类型的导航特点并在设计时能够合理地运用到界面当中，为用户提供信息浏览的便利，才是根本的目标。

（3）导航 3

导航 3 可以说是最常见的产品副导航了。

在导航 2 中，导航分类标准体现了电商产品的一个核心要素：商品，而在导航 3 中，同样体现了电商产品的另一个核心要素：买家。

买家在电商平台中的交互行为，或多或少都会产生相应的用户个人信息和行为信息，导航 3 中的订单、会员等信息，就是引导用户查看个人信息、历史行为信息等内容信息的路径。

对于线上购物业务来说，引导用户查看买家信息的作用更多在于购买业务的售后服务，是特定场景发生时产生的信息查看需求。因此，导航 3 通常作为副导航，协助用户在某些线上购物场景时顺利查看个人的相关信息。

情景导航在界面设计中应用十分广泛，在各层级的页面中都可以看到。

如图 5-13 所示，图中的左边是京东移动端首页，右边是 Web 端专题页。页面中的"发现好货""会买专辑""可能还想看"都是以情景导航的方式引导用户更深入地了解具有个人偏好特征的商品。

第 5 章　产品详细设计

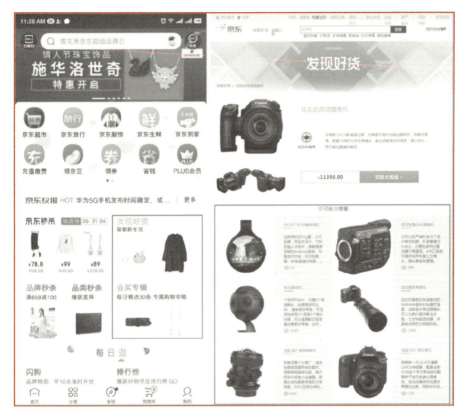

图 5-13　情景导航在各级层界面的应用

此处静态图片无法看到情景导航中动态信息的切换。在真实用户浏览场景中，情景导航中的商品更新频率十分频繁。尤其在有大数据支撑的电商平台中，系统几乎时时根据用户的喜好进行页面更新，将与用户个人喜好相匹配的商品品类或者特定商品推送到情景导航中，让用户能够更快速地找到心仪的商品。

3. 导航浏览路径设计

再回到如图 5-6 所示的资讯服务类产品的信息架构，了解其导航浏览路径的设计。

（1）主导航设计

在该信息架构中可以看出，主要的分类标准是以资讯内容划分的。24 小时热闻、精彩图片、资讯焦点分类下的内容，是在所有的资讯内容基础上加入了根据时间、热度等维度提取的部分精华资讯，所以在主导航设计中，将内容分类作为主导航的内容是不错的选择（如图 5-14 所示），可以保证用户通过主

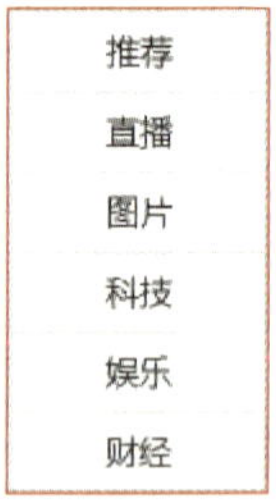

图 5-14　以内容分类为主的主导航

141

导航能够浏览所有的分类资讯内容。

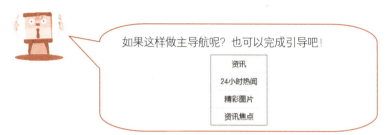

把所有资讯和精华资讯都放在主导航里也是可以的。对于导航系统来说，没有做得对或不对的判定。如果一定要找出不同导航设计的区别的话，只存在导航发挥信息引导功能时，用户是否更容易找到内容的差别。

精华资讯是所有资讯的一部分，都放入主导航时，产品经理需要考虑主导航引导的商品、服务信息里存在重复内容的问题。另外，还需要考虑资讯的内容信息分类在这种方式的导航设计下，增加了一级分类，即：用户查看例如科技、娱乐、财经等资讯时，需要进入资讯的二级分类导航才可以顺利找到。

（2）副导航设计

案例中资讯服务类产品的产品信息架构，只有对资讯信息的设计，没有对于阅读者、资讯提供者等产品参与人的信息设计。因此，参考产品信息架构的特点，副导航设计可以以资讯的二、三级分类内容为主，如图5-15所示。

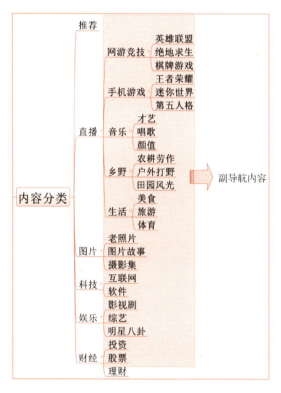

图5-15　副导航在信息架构中的主要内容

将资讯的二、三级内容分类作为副导航的主要内容，是由于前面的主导航设计中确定了按资讯内容分类作为主导航内容。

第 5 章　产品详细设计

　　主导航使用了资讯内容分类中的一级分类，因此，作为主导航的辅助性导航，在用户通过主导航顺利进入指定类别的资讯后，副导航需要继续引导用户浏览指定类别中范围更窄、匹配度更高的资讯内容，副导航界面设计如图 5-16 所示。

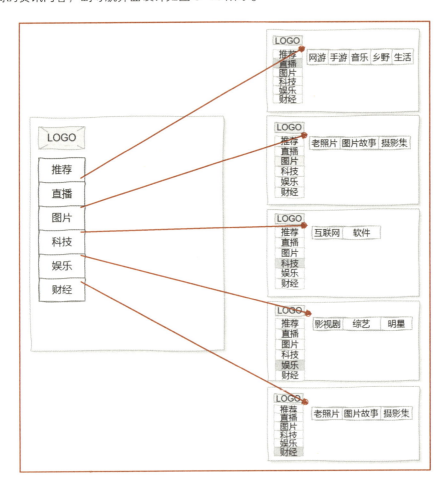

图 5-16　以内容分类为主的副导航界面设计

　　除此之外，直播类资讯不但有二级内容分类，还有更深一层的三级分类。因此，直播类资讯的副导航设计与其他二级分类资讯不同，需要考虑两个层级的分类在界面中如何引导用户。

　　如果把直播资讯的二、三级分类做成两个副导航，那么直播频道页面也会相应增加，

143

如图 5-17 所示。

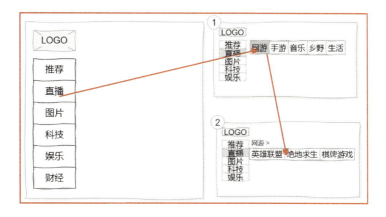

图 5-17 直播资讯的二、三级导航设计

如果不希望用户的信息浏览路径太深，可以对副导航的形式做调整，让副导航可以同时显示二、三级的分类，如图 5-18 所示。这样就避免了用户浏览信息时的多次界面跳转。

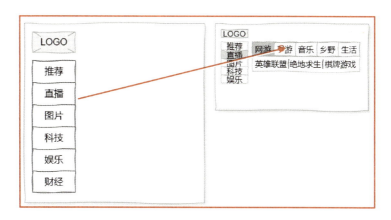

图 5-18 直播资讯的二、三级导航优化设计

（3）情景导航设计

在进行情景导航设计时，可以尝试以直接引导用户浏览单个精华资讯为主要目标，将 24 小时热闻、精彩图片、资讯焦点作为主要内容，如图 5-19 所示。但这样的导航虽然直观说明了点击后用户会看到的资讯类型，却极度缺乏精华内容的展现。

第 5 章 产品详细设计

图 5-19 简单情景导航设计

由于情景导航的设计希望引导用户对单个精华资讯的阅读,那么只有资讯精华在导航中出现,才有可以最大限度地触发用户对重点资讯信息的关注。

24 小时热闻、精彩图片、资讯焦点这 3 类资讯的精华特色在哪里?让我们来做一道连线题,结果如图 5-20 所示。

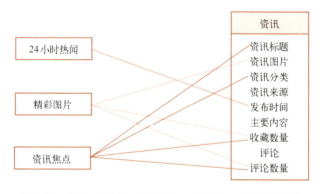

图 5-20 24 小时热闻、精彩图片、资讯焦点资讯精华特色

24 小时热闻中资讯的特点是发布时间,很明显分类规则是按最近一天的发布的新资讯,让用户浏览最新的资讯动态。

精彩图片分类中,资讯图片是资讯的主要属性,同时可以结合收藏数量、评论数量等选出收藏、评论数量最多的资讯。

资讯焦点以内容为分类标准还划分了二级分类,所以是从不同类型的内容资讯中选出最受关注的新闻,那么特征应该是资讯分类、资讯标题、收藏数量或评论数量。

由于每种资讯的特色信息不相同,所以尝试设计 3 个情景导航,并使用主题式的导航设计

形式突显资讯特征，如图 5-21 所示。

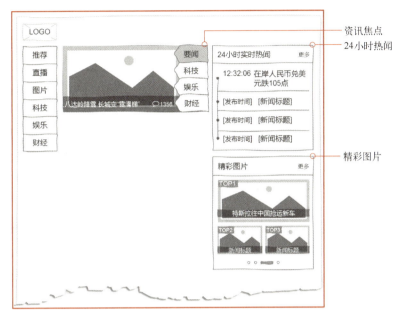

图 5-21 突出资讯特色的情景导航设计

在主题式导航设计中，将各种资讯的特色属性提取在导航中，不但突出了精华资讯的爆点、热点，同时也满足了用户浏览信息时，希望能够快速获取信息主次、分级查阅界面信息的非功能性需求。

这里介绍的情景导航设计，没有考虑针对用户行为数据进行设计。事实上，现在的资讯服务类产品，大部分的情景导航，甚至商品、服务的列表页都通过用户行为数据分析和产品中的商品、服务数据分析，将用户兴趣特征与产品提供的商品、服务特征进行实时匹配，再将商品、服务推送到情景导航中。

基于用户与商品、服务数据匹配的导航设计，涉及产品用户画像设计等相关内容，是导航设计的进阶内容，所以这里不做展开介绍。

5.2.3 标签系统

用户通过产品导航浏览、查找信息，是自上而下的信息浏览方式，即从产品信息分类到单个信息内容的浏览过程。这种形式的用户浏览路径常遇见以下问题。

导航中的信息分类是由产品经理预先设计的，不是所有用户都能按照给定的信息分类找到

想要的内容。

导致问题的原因是：导航中的分类是产品经理设计的主流分类方式，无法穷尽所有分类方法。同时，如果产品经理在导航中放入太多的分类方式，又会把用户的信息浏览路径做得太复杂，最终让用户在路上走失。

从用户角度看来，导航中的分类是产品要求用户按照自己预定的路线去浏览产品信息。然而，当产品用户量越大就越容易遇到大量不同的、个性化的用户，他们对于产品信息的分类偏好常常让产品始料不及。不但如此，有的用户在面对产品导航时，即使产品团队认为导航并不繁杂、导航分类简单易懂，但他们依旧无法顺利读懂产品导航分类而找不到期望信息。

产品信息架构设计中的标签系统作为另一类的信息浏览方式设计，可以弥补导航系统的不足。

1. 定义标签系统

标签是产品信息的关键词，是针对产品中各类信息的概括性的特征表达。这里说的产品信息可以大到对整个产品定义关键词标签。如图 5-22 所示，图中框住的内容即是对产品设置的标签。

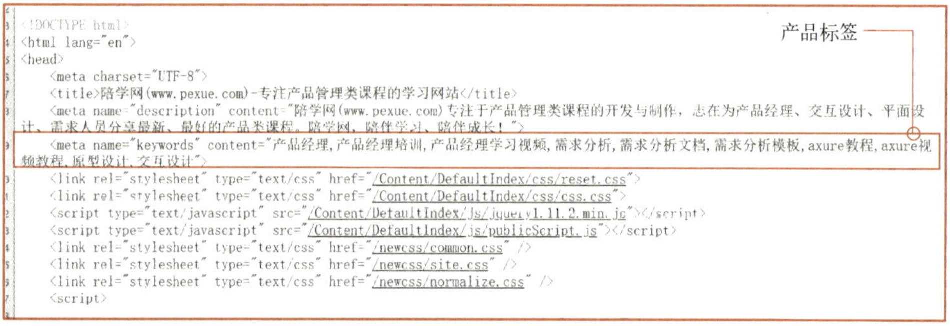


```
<!DOCTYPE html>
<html lang="en">
<head>
    <meta charset="UTF-8">
    <title>陪学网(www.pexue.com)-专注产品管理类课程的学习网站</title>
    <meta name="description" content="陪学网(www.pexue.com)专注于产品管理类课程的开发与制作，志在为产品经理、交互设计、平面设计、需求人员分享最新、最好的产品类课程。陪学网，陪伴学习、陪伴成长！">
    <meta name="keywords" content="产品经理,产品经理培训,产品经理学习视频,需求分析,需求分析文档,需求分析模板,axure教程,axure视频教程,原型设计,交互设计">
    <link rel="stylesheet" type="text/css" href="/Content/DefaultIndex/css/reset.css">
    <link rel="stylesheet" type="text/css" href="/Content/DefaultIndex/css/css.css">
    <script type="text/javascript" src="/Content/DefaultIndex/Js/jquery1.11.2.min.js"></script>
    <script type="text/javascript" src="/Content/DefaultIndex/js/publicScript.js"></script>
    <link rel="stylesheet" type="text/css" href="/newcss/common.css" />
    <link rel="stylesheet" type="text/css" href="/newcss/site.css" />
    <link rel="stylesheet" type="text/css" href="/newcss/normalize.css" />
    <script>
```

图 5-22　产品标签

同时也可以小到针对单个产品实体甚至实体属性添加标签。如图 5-23 所示，针对资讯添加了投稿人工智能 AI 三个标签。

这些被添加的标签明显也是对产品信息归纳性的分类。但它与导航系统中使用的分类又不相同，标签的分类标准更加多样而个性化，是对产品中各层级信息分类的有效补充。

如上图的资讯标签“人工智能”，在导航系统中如果使用这个分类，还应根据分类标准加入如：共享经济、电商、健康等其他类别构成完整的导航分类。导航中的分类应是完整的，也就是说必须把产品中指定的资讯都归入到某个导航分类中。

图 5-23　资讯标签

标签则灵活许多，人工智能作为标签与其说是对信息的分类，不如说是对信息内容的关键字的总结更为贴切。既然是关键字，那么标签就不用考虑产品中的其他资讯，设置标签时只针对某个实体或实体属性说明其特征。因此，标签可以对导航分类因追求稳定、系统而缺乏的灵活性进行很好的补充。

2. 标签的产生

标签是产品信息的关键词。因此，没有产品信息标签就无从谈起。

对于一个刚刚上线的产品来说，无法添加未录入内容的标签。例如，在资讯服务类产品中，产品上线之初一定没有针对各类资讯的标签，因为产品中的资讯都是在上线之后逐渐更新到产品中的。

这也是标签与导航的不同之处，导航中的信息分类在产品投入开发前，最晚也在产品上线时就由产品经理确定并更新到产品中了，然而标签则是在产品线上运营过程中不断产生的。

标签并不是固定的是其另一个特点。标签不像导航那样轻易不变，产品上线后随时随地在产生新的标签，随着时间的推移，产品中的各类标签数量会越来越多。

> 我发过博客，在发布的时候设置了文章的标签。标签是不是就这样产生的呢？

> 我看博客时看到文章最后的标签，这应该不是你标注的吧？

第 5 章 产品详细设计

用户可能会疑惑这些动态的、不断出现的标签是由谁设计出来的？事实上，大部分产品界面中的标签确实是由用户添加的。比如，用户 A 在资讯服务类产品中发布一篇资讯后，对这篇资讯设置的文章标签。

除此之外，产品本身也会产生大量的标签。比例，用户 A 在资讯服务类产品发布资讯时没有设置标签，但发布后的新闻依然被设置了标签。这是另一种标签产品的方式：产品对用户提供的资讯自动打上了标签。这类标签可以由后台工作人员人工标注，也可以由产品自动标注，以什么方式标注由被标注信息的特点来决定。

并不是只有发布行为才会产生标签，用户在产品中浏览、关注、点赞、购买等交互动作，都能够产生大量标签。

以用户为主要对象的标签有 5 种类型，如表 5-1 所示。

表 5-1 以用户为主要对象的标签类型

标签类型	标签说明	标签内容	示例
人	与产品交互的用户	用户唯一 ID	H32434D334
时间	用户操作发生时间	操作当时的时间	2028 年 11 月 13 日 12:12:01
地点	用户操作所在地理位置	IP、GPS 信息	114.123.234.113
方式	用户操作发生方式	产品使用环境	设置品牌：Apple 设备型号：iPhone 6s 操作系统：iOS 屏幕分辨率：1920*1080 运营商：中国移动 网络类型：WiFi
行为	用户操作的内容	用户交互事件/事件属性	交互事件：add_to_pro 事件属性：pro_name：电脑 事件属性：pro_price：5698

用户与产品交互时的身份信息、用户操作时间、操作地点、操作发生方式是用户行为标签以外的其他 4 类标签。而这 4 类标签的产生大部分是由产品在用户交互时自动标注的。

进行标签系统设计时，完整的标签体系搭建、应用多种标签生成方式不断丰富标签内容是标签体系搭建的核心内容。

3. 标签系统设计

标签系统设计有两部分内容：标签体系搭建和标签体系应用。

由于标签并不是产品上线就自动产生的，所以在产品需要更灵活的信息浏览路径的前提下，首先要设计标签体系让产品收集各类标签，完成体系搭建和运行。接下来，需要设计如何使用标签体系收集和保存的标签，帮助用户更快捷地找到需要的信息，补充导航系统的不足。

标签系统设计是产品信息关键词创建、收集再利用的过程。

第三方统计平台是针对产品运营数据进行统计分析的产品，主要业务是通过在各类产品中搭建标签体系，抓取产品运营过程中产生的各类标签数据。很多产品会在产品中借用第三方统计平台获得需要的标签数据及分析结果。

第三方统计平台收集的产品数据有限，抓取的数据以用户信息和访问数据较多。虽然很多第三方统计平台都有面向用户行为的事件统计，但在实际产品运营中使用并不广泛，而且，第三方统计平台的接入仅停留在对标签数据的收集环节，如何利用收集到的大量标签数据为产品信息设计服务并无涉及。

因此，很多企业更倾向自己做标签系统，基于标签系统的智能产品设计在现在的产品中越来越常见。

标签系统的设计应避免出现"数据很多，报表很美，没处可用"的情况。

因此，在标签系统设计之前，应先确定标签体系做什么。

> 问：怎么确定标签体系要做什么？
>
> 答：找到产品要解决的问题就找到了标签系统要做什么。

在产品上线运营的过程中，有很多的业务问题需要解决。

以资讯服务类产品为例，盈利模式是大部分资讯服务类产品都头疼的问题，而在资讯服务类产品的盈利方式中，有一种近些年开始流行的"付费打赏"设计，很多资讯服务类产品都在尝试用这种形式探索付费阅读的可能性。

案例中的资讯服务产品，如果也希望使用"付费打赏"来实现付费资讯阅读业务的展开，那么，问题就自然出来了：

什么样的资讯，用户愿意打赏？

因为在设计打赏功能时，产品经理要考虑的不仅仅是一个打赏按钮，而是要设计如何将用户有高打赏概率的内容适时地推送到用户界面当中。所以，在使用"付费打赏"来实现付费资讯阅读业务展开的业务场景下，推什么？怎么推？就是当下设计标签系统时需要解决的业务问题。

推什么样的资讯是市场分析涉及的内容，这里不过多介绍，下面直接给出业务场景中业务问题的分析结果。

> **通过市场调研分析结果显示：**
>
> 一、有更好付费阅读习惯的用户特征
>
> ➢ 一线城市读者。
>
> ➢ 资讯阅读次数大于 3 次/每天。

第 5 章 产品详细设计

> 二、更容易让用户付费的资讯特征
> ➤ 资讯内容能提升视野、解决问题。
> ➤ 有其他读者推荐。

针对业务问题，调研分析结果提供了用户与付费资讯的特征，接下来就可以设计标签体系，通过对各类产品信息标签的分析锁定能够代表用户与付费资讯特征的产品信息标签，创建标签收集方法并开始数据收集工作。

同时进行标签体系应用设计，查看产品内的"资讯阅读"任务，设计具备付费特征资讯的产品推送方案及详细规则，通过不断的信息推送，分析结果并调整付费资讯推送方案，直到业务场景预解决问题有明显的改善。

5.2.4 搜索系统

导航系统和标签系统形成了自上而下、自下而上的两种产品信息浏览方式，为用户提供了互为补充的信息查看方式。搜索系统则以另一种方式提供了第三种信息查找过程，可以弥补用户使用导航、标签系统浏览产品信息时存在的不足。

导航系统、标签系统相对搜索系统而言，是推送式信息浏览方式，即用户被动接收产品推送的信息，并通过产品提供的产品信息浏览路径进行浏览。

然而，用户并不是只希望被动获取信息。

1. 拉式沟通

用户与产品的沟通，与团队内部沟通一样，有两种基本沟通方式：推式沟通和拉式沟通。推式沟通指主动向需要接收信息的特定接收方发送或发布信息，而拉式沟通则要求需要接收信息的特定接收方自主、自行地查找信息内容。

导航、标签系统给用户提供的是推式沟通。搜索系统给予了用户拉式沟通的渠道。产品的拉式沟通是用户主动找寻产品信息的过程。有时，用户在与产品沟通时需要信息浏览路径的自主空间。

通常，当用户有明确的产品信息浏览特征时，更倾向通过搜索直接查找指定信息。而当用户对自己要找的信息范围或内容模糊不清时，更依赖产品提供的既有浏览路径，如使用导航或同类信息标签，逐步确定需要的产品信息内容，这个过程也是用户对产品信息的探索和学习、认识的过程。

2. 搜索系统设计

作者曾经在一次设计分享会中问过与会者一个问题：

> 你认为搜索系统是什么样的？

在收到的答案中,有用如下描述说明的。

> 通常是一个输入框再加一个按钮组成。在输入框里输入关键词后,单击搜索按钮,把有关键词的内容都搜索出来。

也有直接找出各种设计图回答的,如图 5-24 所示。

图 5-24　搜索部件设计图

还有细心的小伙伴补充说明:除了搜索框和搜索按钮,展示搜索结果的列表页也应该是搜索系统中的一部分,如图 5-25 所示。

图 5-25　搜索结果列表页

这些答案都没有错。但作为产品经理,还需要了解搜索系统完整的组成部分,才能更好地设计界面中的搜索系统。

搜索组件、搜索结果是用户在界面中操作时可以看到的,但在用户单击搜索按钮到搜索结果展示这个过程中,产品在做什么呢?

搜索系统工作过程的解析图如图 5-26 所示。

第 5 章　产品详细设计

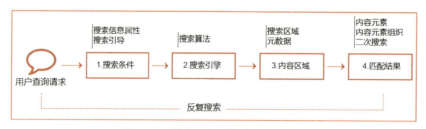

图 5-26　搜索系统工作过程的解析图

用户的一次搜索行为，需要搜索系统的以下 4 个部分配合完成。
- 搜索条件：用户在搜索组件中输入关键词，或同时设置、选择搜索条件并发出搜索请求。
- 搜索引擎：产品接收到用户的搜索请求，启动搜索引擎，调用算法。
- 内容区域：搜索算法在产品指定的搜索内容区域中查找相关内容。
- 匹配结果：被查询出的相关结果，有序排列在产品搜索结果页供用户查看。

搜索条件和匹配结果在产品中有相应的界面或组件能够看到，但搜索引擎和内容区域在搜索系统设计时，也不应被忽视。这两部分的工作并不全在开发那里，产品经理也应从业务角度提出建议。而且，对搜索引擎、内容区域的了解，能够为产品经理设计具有搜索组件，搜索结果页提供十分有用的设计细节。

（1）搜索系统构成一：搜索条件

用户设置搜索条件，可以通过界面搜索组件，也可以通过独立的搜索页面。常见的搜索组件十分简单：输入框+按钮（图标），如图 5-27 所示。

图 5-27　搜索组件

这类搜索组件适合做整站的关键字搜索，条件限止少，但搜索结果的精准度相对会低些。

如果产品中包含的信息种类繁多，又需要为用户提供准确度高的搜索结果，在进行搜索条件设计时，可以增加产品信息分类的搜索条件让内容指向更精准，如图 5-28 所示。

图 5-28　带分类条件设计的搜索组件

153

图中的搜索组件中，增加了商品分类条件，用户在输入搜索关键字后，还可以通过设置商品分类，指定在固定类别商品中搜索有关键字的信息。

另外，用户输入的关键字的不确定性也是造成搜索结果与用户想要的结果有偏差的重要原因。

例如，用户输入：手机，从关键字理解用户期望的搜索结果是希望看到各种手机信息。但实际搜索结果却并不是这样，结果中除了手机，还包括了手机充电器、手机卡、手机支架等与手机相关的商品信息。

因此，为了提高用户输入关键字的准确度，在设计搜索条件组件时，提供提示性的关键词引导是个不错的办法，如图5-29~图5-32所示。关键词引导表现形式有很多，但目的都是在用户设置搜索关键字时为用户提供关键词选择功能。

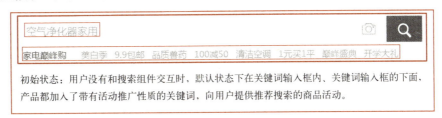

图 5-29　搜索组件初始状态中的关键词提示设计

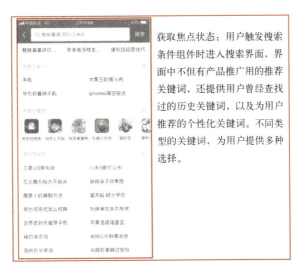

图 5-30　搜索组件获得焦点状态中的关键词提示设计

第 5 章 产品详细设计

图 5-31 搜索组件关键词输入状态中的关键词提示设计

图 5-32 搜索组件搜索结束状态中的关键词提示设计

（2）搜索系统构成二：搜索引擎

搜索引擎的核心内容是搜索算法。

说到搜索算法，通常会认为是开发人员要做的事儿。但实际上，产品经理在这部分工作中也起到很重要的作用。产品经理应确定用户在信息搜索场景中，对搜索结果的要求更倾向于准确率高，还是更倾向于查全率。

准确率高的搜索结果是指用户设置的搜索条件和查找出的搜索结果相关性高。如用户输入"手机"时，搜索结果集中在手机信息，其他相关信息相对较少；查全率高的搜索结果是指搜索

结果内容全面，相关内容都能够被查找出来。例如用户输入"手机"，搜索结果除了精准的手机信息，还会查找出其他相关手机的信息。

开发搜索引擎时，首先需要选择采用的搜索算法。搜索算法有两种倾向：结果准确率较高或结果查全率较高。而且，选择的搜索工具大部分可以开发配置搜索机制，用以提高结果的准确率或是查全率。

因此，产品经理确认用户对搜索结果的需求，对于搜索引擎的开发有引导作用。

准确和查全是一个事物的两个极端，所以很难实现高准确率结果的同时查全率也高的目标。

（3）搜索系统构成三：内容区域

内容区域是搜索引擎查询内容的范围，是通过对确定需要搜索的内容建立索引而形成的搜索内容区域。

搜索内容的最小颗粒是元数据，即产品中的实体及其属性。搜索内容来源于产品中的实体，但产品中的实体并不一定都会被作为搜索内容。

例如，对于资讯服务类产品中的搜索引擎，用户通常期望用其查找各种资讯内容。而对于产品中的使用帮助、产品答疑等资讯并不感兴趣。所以，当用户输入关键词搜索"手机"时，如果出现以下两种搜索结果（如图 5-33、5-34 所示），用户多数情况下更期望看到如图 5-33 所示的内容。如果在结果中混入了大量如图 5-34 所示的内容，必定会引来用户的抱怨。

图 5-33　资讯服务类产品关键词搜索结果一

图 5-34　资讯服务类产品关键词搜索结果二

如何避免不需要的内容被搜索引擎查找出来？如何让搜索引擎找出的内容更准确？设置内容区域是方法之一。

设置内容区域时，有两种设计思路。一种是基于产品整体信息进行设置，还有一种是对产品提供的商品、服务信息进行设置。

基于产品整体信息的内容区域设置，例如搜索"手机"时，要避免让相关度太低的使用帮助内容进入搜索，则可以建立产品搜索区域，仅对资讯内容建立索引，从产品整体信息角度控制可被搜索的内容。

除了建立有效的搜索区域，还可以根据需要设计不同用户的搜索区域，如对资讯读者与自媒体作者，建立区别化的内容搜索区域；建立不同主题、热度最高或最新内容的搜索区域。

另外，每个搜索行为查找的内容，并不仅仅局限于搜寻产品提供的商品或服务。例如，资讯服务类产品提供的商品是资讯（新闻），用户搜索时往往并不是查找某篇资讯，而是查找包含在资讯中的某些属性，如作者、某些具有特定内容资讯的关键词。因此，还需要针对产品提供的商品、服务信息的内容区域进行设置。

➤ 文章标题。
➤ 作者。
➤ 主要内容。

➢ 文章标签。

➢ ……

用这些文章属性建立索引，为用户提供产品中最小颗粒度的内容搜索区域。这样做可以让用户的搜索深入到产品内容中，以获得更加精准的查询结果。

（4）搜索系统构成四：匹配结果

搜索引擎的匹配结果会显示在搜索结果页中，而结果页中的内容是经过产品经理筛选后，能够让用户快速理解并帮助用户查找期望内容的引导信息。

如何从搜索内容中提炼重要内容到结果页？

首先要确定内容元素，也就是在搜索出的商品或服务中，将有较好的引导作用的属性放在搜索结果页面里，如图 5-35 所示。

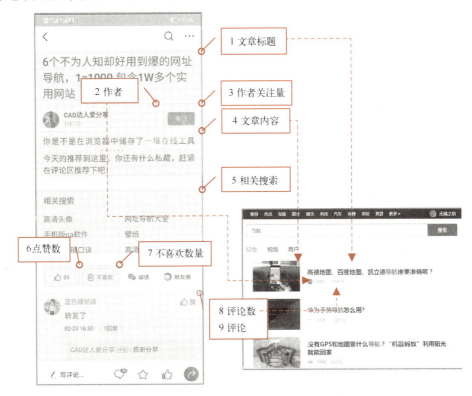

图 5-35 从搜索内容中提炼重要内容到结果页

例如：一篇资讯包括了 9 个属性，分别是：文章标题、作者、作者关注量、文章内容、相关搜索、点赞数、不喜欢数量、评论数、评论。其中能够帮助用户快速确认搜索内容是期望内

容的属性是：文章标题、文章内容、作者和评论数量，这三项属性能够完成大部分搜索结果的匹配浏览引导。

除此之外，要对搜索结果进行内容分类，引导用户分类查看搜索结果，是对搜索内容的另一种提炼，如图 5-36 所示。

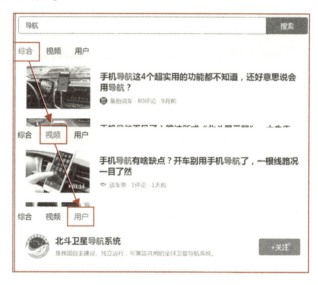

图 5-36　搜索内容中的分类内容展示

在搜索结果中，除了查看"综合"分类内容，还可以按不同类型的搜索内容，如：视频、用户，分别查看不同类型的搜索内容。例如：案例中用户搜索"导航"，不但可以查看默认综合搜索结果，还可以专门查看带有关键词的视频类资讯以及带有"导航"这个关键词的用户。

要注意的是，组织搜索结果页的内容元素，不但是为用户提供指定类型的搜索内容，还包括设计搜索内容如何排序、搜索内容默认展示数量等。

当完成了搜索结果页的内容元素的定义以及对界面元素的组织后，对于搜索系统找出的信息已经完成了大部分的匹配结果输出设计。如果需要，匹配结果的设计还可以更深一步，允许用户对搜索内容进行二次搜索。

例如：同样是搜索"导航"的行为，在资讯服务类产品中，信息内容相对单一，因此搜索结果也相对指向明确。如图 5-37 所示，用户在搜索结果页中可以顺畅地就搜索结果信息的内容进行查找。

然而，在电商平台中，由于产品提供的商品、服务信息繁杂，用户完成"导航"搜索行为后，对搜索结果可能还有二次筛选的需求，相应的设计如图 5-38 所示。

图 5-37 搜索信息内容单一的结果展示

图 5-38 对搜索结果进行二次筛选的设计

面对搜索结果内容繁杂的情况，搜索系统在形成匹配结果后，还可以针对搜索结果为用户提供进行二次检索的组件。在检索组件的设计中，应允许用户自定义检索条件，按条件缩小搜索结构的浏览范围，辅助用户发现匹配内容。

5.3 任务设计：让产品任务落地为界面功能

5.3.1 产品流程到流程界面的转化

大部分产品需要不断增长的用户访问数量、用户黏性，这单靠信息浏览显然不可能做到。要增加用户访问量、用户黏性，就必须吸引用户参与到产品中，成为产品预设的角色并与产品以及其他角色互动。

没错，就像是在玩游戏。用玩游戏的过程去体会用户与产品互动完成任务的过程，也许会更容易理解任务设计的本质。设计完整的、用户愿意参与的产品任务过程，让用户在不同的任务界面顺利地完成产品任务，就是任务设计要做的事。

1. 产品流程中的角色与活动分析

下面分析一下如图 4-19 所示的业主报修 App 例子中的"确定业主报修处理方案"这一产品任务。该产品流程中的几种类型的参与角色如图 5-39 所示。不难发现，确定业主报修处理方案的任务过程中，有三个参与角色：业主、物业客服和物业报修产品。

- 业主在流程中的主要活动是提交报修问题。
- 物业客服的主要活动是确认报修问题是否处理及如何处理。
- 物业报修产品的活动主要为任务过程中信息的动态传递。

2. 产品流程页面分析

对流程、角色、角色主要活动梳理后，就可以在其基础上构建产品流程页面，也就是任务完成必需的产品界面了，如图 5-40 所示。

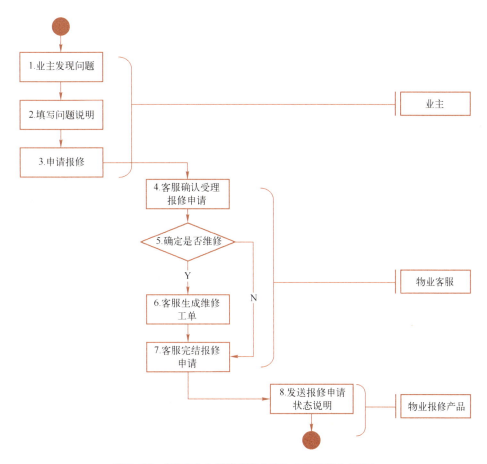

图 5-39 "确定业主报修处理方案"产品流程中的角色

产品流程中对应的任务界面通常从内容页开始，如业主在通知报修问题时，报修问题内容页是必不可少的。同样，客服在确认报修问题是否处理时，从业主那里收到的维修申请也会有对应的维修申请内容页。另外，物业客服确认业主报修申请需要维修后，转到维修部门后会对应另一个内容页：维修工单内容页。最后，产品发送报修申请状态时也会产生一个内容页：处理消息内容页。

通过案例中的四个内容页分析不难发现，"确定业主报修处理方案"产品流程中有一个核心实体：故障问题。整个流程都围绕这个核心信息在进行，最终形成故障问题的解决方案，"故障问题"在不同角色间传递时有不同的内容页，如图 5-41 所示。

第 5 章 产品详细设计

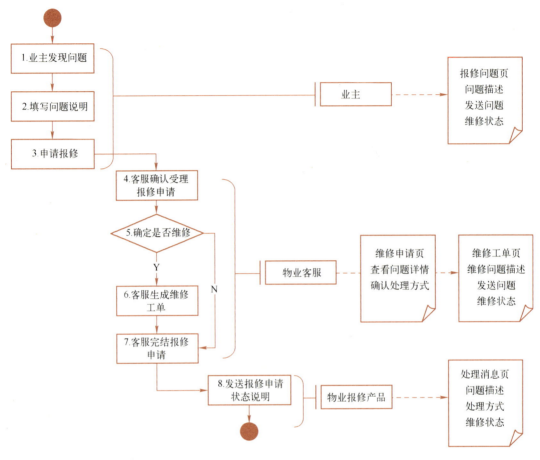

图 5-40 "确定业主报修处理方案"产品流程中的任务界面

图 5-41 "确定业主报修处理方案"产品流程中不同角色的内容页

在信息界面设计中介绍过,产品只有两个界面:信息内容页和信息汇总页,对于任务界面同样适用。分析出产品流程中必需的任务内容页后,就可以设计每个内容页对应的汇总页了,如图 5-42 所示。

163

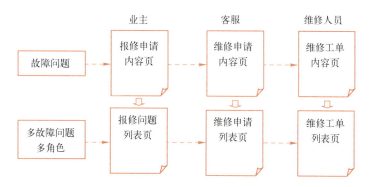

图 5-42 "确定业主报修处理方案"产品流程中汇总页

信息汇总页在产品有两种典型页面：列表页、信息首页。列表页是汇总页设计中的主要界面。设计列表页时，可以先设计最复杂的列表页，当列表页设计完成后，在适应产品流程需要时只需在其基础上增减界面内容就可以完成新的列表页了。

故障问题在每个角色处的内容页会对应产生怎样的列表页、用于什么场景如表 5-2 所示。

表 5-2 不同应用场景中的列表页分析

分析维度	列表内容	应用场景
一个业主提出一次报修	无列表	
一个业主多次提出报修	一个业主、多条报修记录	业主查看历史报修记录
多个业主提出一次报修	多个业主、每个业主一条报修记录	物业统计新报修用户情况
多个业主多次提出报修	多个业主、每个业主多条报修记录	物业统计所有报修情况

按照表中的分析，只要设计一个完整的列表页，即：多个业主多次提出报修情况下的完整报修列表，就可以适应产品流程中的不同列表需求了。

从产品流程推演出的内容页、列表页，帮助产品经理完成了大部分任务设计中界面的搭建，此时，已经完成了任务设计界面的初稿。同时，对于用户完成产品任务与产品交互过程中需要哪些界面也已经清晰了。接下来要完成每个任务界面的详细内容设计。

5.3.2 产品流程中的信息数据

我在设计"确定业主报修处理方案"流程的功能，但不知道怎么做？产品流程中的界面里还需要放什么内容呢？

第 5 章 产品详细设计

设计任务界面时,常常出现这样的疑问。即使已经知道需要完成哪些界面,界面中的功能可能有哪些,但真正动手开始画界面时,还是会不知如何着手。这是由于设计任务界面前,没有分析产品流程中的信息数据。设计任务界面时,需要先分析产品流程中有什么信息数据可用。

1. 产品流程页面的信息数据分析

这里仍以"确定业主报修处理方案"这一产品流程为例。

该产品流程中贯串始终的"故障问题"是产品流程中的一个实体。故障问题在业主报修时,形成"报修申请"实体;在客服确认报修处理方案时,形成"维修申请"实体;在确认需要维修人员处理故障问题时,形成"维修工单"实体,如图 5-43 所示。

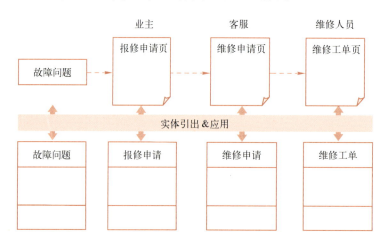

图 5-43 "确定业主报修处理方案"产品流程中的实体

需要说明的是,本案例仅选取了 4 个从流程分析出的实体,完整实体分析结果不限于这 4 个。

接下来,继续分析每个实体具备的实体属性,"确定业主报修处理方案"产品流程中的实体属性如图 5-44 所示。

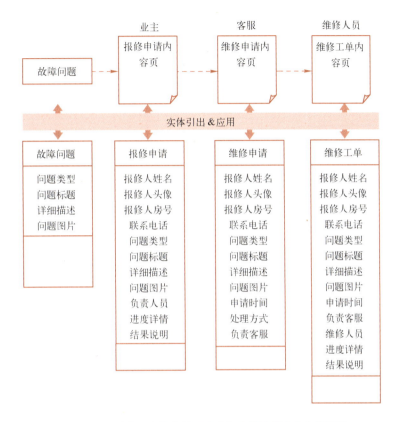

图 5-44 "确定业主报修处理方案"产品流程中的实体属性

在产品流程中并没有实体应具备的属性。因为产品流程主要是为了说明任务完成过程,每一步活动的详细需求还需要进一步分析,分析结果就包括了实体属性,也就是可以放在任务设计界面的数据字段。

2. 信息数据在产品流程页面的设计

每个实体属性的信息数据分析结果都为任务设计中的界面提供了必不可少的材料。以业主"报修申请"界面为例,界面元素都源于实体属性,如图 5-45 所示。

然而,对于任务设计中的界面来说,完成界面元素设计并搭建了完整的页面出来,也仅仅完成了任务设计的一半。案例中的报修申请内容页,缺少了另一类重要的任务设计元素:交互功能。没有产品交互功能,用户之间、用户与产品之间就无法互动,任务也不可能被完成。

第 5 章　产品详细设计

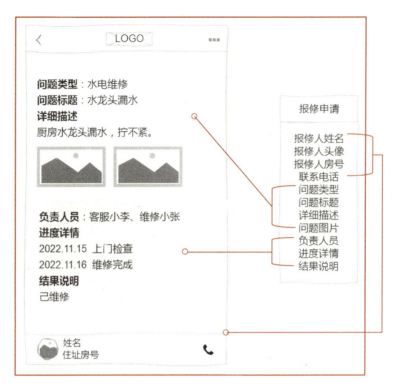

图 5-45　实体属性与界面元素的关系

5.3.3　为任务而生的交互设计

交互设计的主要内容就是功能设计。如何让产品流程中的信息通过功能在角色间互相传递，是交互设计考虑的问题。

1. 产品交互流程图设计

那么，怎样开始功能设计？还是以"确定业主报修处理方案"任务为例。

把产品流程图细化为交互流程图，不但可以明确产品流程的交互逻辑，同时还对分析产品功能也很有帮助，如图 5-46 所示。

案例中的交互流程图，说明了业主和客服在完成产品任务过程中在产品中的操作和交互，而且还注明了每个操作所在的页面。

167

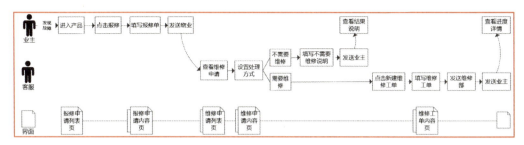

图 5-46　产品交互流程图

如果还需要更清晰的交互流程说明，那么在交互流程中还可以加入产品（如图 5-47 所示），这样不仅可以说明不同角色的操作和交互，还可以明确用户与产品间的交互过程。

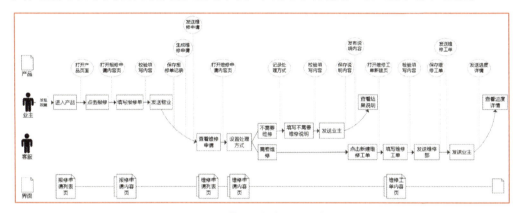

图 5-47　带产品角色的交互流程图

详细交互过程确定后，从角色的交互流程中提取必要的功能并不困难。

这里要注意的是，交互功能和产品流程中的实体及其属性密切相关。产品流程中的功能设计是为了让流程中的实体及其属性信息在角色间互相传递。因此，功能设计是为产品流程中的实体设计功能，而不是页面。

2. 界面交互功能设计

梳理界面中的实体应具备的功能，只需要查找在交互流程中出现的功能需求。以"报修申请"实体为例，业主的交互流程表明需要"新增"和"历史记录查看"两项功能，如图 5-48 所示。

接下来，进行界面交互功能设计。

图 5-48　确定业主报修处理方案产品流程中的功能分析

第 5 章　产品详细设计

> 这还要设计吗？加两个按钮"新增""查看"不就可以了？

在进行"新增报修申请"交互设计时，如果只是增加一个"新增"按钮，是没有办法完成用户将报修申请从用户处传递到产品、再传递到物业客服的整个信息传递过程的。"新增报修申请"的设计，需要从用户单击发起报修申请开始，一直到报修申请发送到物业客服处为止的整个交互过程的功能，如图 5-49 所示。

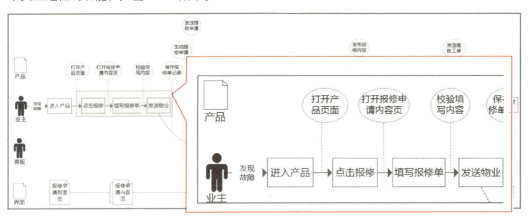

图 5-49　"新增"功能的交互过程

完整的"新增报修申请"界面交互设计方案如图 5-50 所示。该图所示的交互功能设计是常见的新增过程，但并不是唯一的。"新增报修申请"还有很多其他设计方案，如图 5-51 所示。

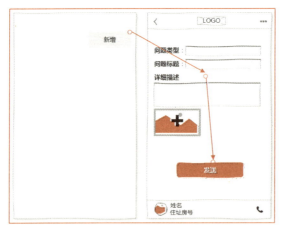

图 5-50　"新增报修申请"界面交互设计方案一

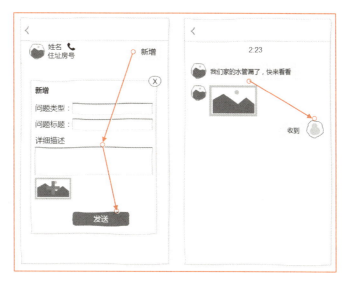

图 5-51 "新增报修申请"界面交互设计方案二、方案三

上述 3 种"新增报修申请"的交互设计都可以完成报修申请的提交，但用户交互时操作的功能并不相同，体验也大不一样。

交互设计时先让功能可操作，如 3 种新增报修申请的交互功能，虽然界面跳转、按钮设置、表单形式、沟通方式各不相同，但都具备操作性，也就是说用户按照交互功能都能够完成产品流程中的信息传递，这就已经满足了基本的设计需求。

接下来，介绍让用户操作舒心的非功能设计——体验设计。

5.4 体验设计：让用户舒心的非功能设计

5.4.1 体验设计的三个层次

说到用户体验，大部分情况下想到的是界面配色好不好看，完成产品操作时是不是顺畅，但对于用户体验来说，包含的内容还有很多。

体验设计是以用户为中心，以用户需求为目标进行的设计。对于用户来说，除了能从界面配色、产品的交互中体会到产品体验设计之外，从用户角度出发，同一产品如果采用不同的信息架构设计，不同的产品运营模式，会更容易让用户产生全新的体验。

第 5 章　产品详细设计

在产品设计中有三个层次的体验设计，不同的体验设计层次带给用户的产品感受是完全不同的。

1. 宏观体验设计

通常来说，宏观体验设计包括两种类型：针对商业模式的体验设计和针对技术革新的体验设计。

（1）针对商业模式的体验设计

针对产品商业模式的体验设计通常指通过商业模式的创新来改变产品体验。这类体验设计往往给用户带来的产品体验变化是颠覆性的。

互联网产业是涌现不同商业模式探索产品的活跃地带。几乎没有多久就会出现一种新的商业模式，进而创生一批企业和产品。共享经济模式、社群经济模式、新零售的线上线下融合模式等就是典型代表。

过去如何给手机充话费？女生在哪里购买面膜？

答案当然是去售卖电话卡、女士护肤/化妆品的线下商铺，如图5-52所示。

图 5-52　手机充话费、购买面膜的传统渠道

然而，在社群经济模式出现后，手机欠费停机时，不再需要去购买电话卡，只要联网进入提供支付服务的社群类产品中就可以在线为自己的手机充值。不但如此，还可以帮助别人或请其他人帮助自己在线充值话费。社群经济模式的建立，让社群产品的意义不再仅限于沟通交流，围绕社群展开的消费设计为我们带来了购物模式上的用户体验转变。

（2）技术革新体验设计

技术革新体验设计是指基于技术升级、新技术发展、应用而引发的产品体验设计。技术革新通常能够帮助产品突破自身的技术限制，带来更多的产品设计可能。去除技术限制后的产品也能够为用户提供更新奇、期望之外的产品体验。

电话在技术革新上的演变非常典型。如图5-53所示，电话产品的演变过程鲜明地体现了硬件技术和软件技术的进步。从有线电话到手机，再到智能手机、平板计算机，使用电话的体验可谓天翻地覆。

图 5-53 电话产品的演变过程

2. 场景体验设计

场景体验设计是通过改变用户日常工作、生活场景，让用户面对问题时采用新的解决方法，从而获得不同的产品体验。

场景由用户在工作、生活中遇到问题时的各种要素组成。场景要素包含了用户对产品的需求。所以，场景体验设计要能够顺应人们的心理规律。产品场景设计中常常会应用到心理学中的一些理论，如：条件反射行为的建立。条件反射行为理论是指：当动物受到刺激后，如果动物做出了期望的行为，即我们希望刺激动物后它做出的正确反应，那么就给予正面的奖励，作为期望行为的强化。反复多次之后，动物就会形成条件反射行为，每当刺激出现就会做出我们期望的行为。条件反射行为理论的示意图如图 5-54 所示。

图 5-54 条件反射行为理论示意图

这个理论有一个非常著名的实验。

实验工具：斯金纳箱里装有一个操纵杆，操纵杆连着一个装有食丸的装置，其工作原理如图 5-55 所示。

实验过程：实验时，将饿鼠置于箱内自由活动。鼠偶然踏上操纵杆，自动掉落食丸。经过几次尝试，白鼠会不断按压杠杆，直到吃饱。

条件反射行为建立理论在游戏、电商购物、广告产品设计中均有广泛应用。

在场景体验设计中，条件反射行为建立理论同样是重要的体验设计思路，如：在场景体验设计中应用条件反射建立理论，设计改变用户场景中的行为习惯。条件反射行为的发生依赖于正强化，因此，体验设计时也要构思不断正向强化用户行为的反馈机制，直至改变用户在场景

第 5 章　产品详细设计

中的行为习惯。

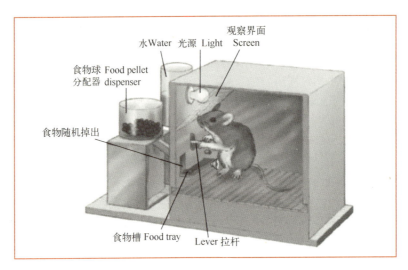

图 5-55　斯金纳箱工作原理

正向强化的用户行为反馈机制形式是多样的，本质为对用户需求的应答。因此，需要产品经理善于观察，能够洞察与产品相关的用户、客户的不同行为场景，发现需要正向应答、强化用户行为的场景元素，形成用户行为反馈机制的体验设计效果。

看看下面的业务场景：

> 　　小 A 是一家企业的公关经理，经常出差各地。搭乘飞机是她工作中最常见的工作场景。
> 　　周五，小 A 晚上 6 点准备赶 9:30 的飞机返回公司。她先从酒店取回寄存的行李，然后来到楼下准备打的士去搭机场大巴，因为是周末又是下班高峰期，等了快半个小时才好不容易打到一辆车。
> 　　的士把小 A 拉到了最近的机场大巴站，小 A 查到最近一班到机场的大巴是 7:40，于是赶紧买了一张票，等了一阵后上了车。40 分钟后到达机场。
> 　　离登机还有一个多小时，小 A 看到很多人排队领登机牌，大约十几分钟后办完了登记牌，小 A 继续去安检处等待安检。
> 　　由于距离登机时间不多了，所以小 A 去了紧急通道说明情况，加急通过安检来到了登机口并顺利坐上飞机。

如果你是一款提供旅游服务产品的产品经理，在这个场景中，产品可以为赶飞机的用户场

173

景提供哪些更好的体验服务？

> 送机车辆预订。
> 机场巴士时刻表查询。
> 线上登机牌办理。

能够想到这些体验服务设计内容在现在并不困难。但如果产品经理善于观察，还能发现赶飞机的场景中更多隐藏的用户需求。

如：在小 A 赶飞机的场景中，搭乘到 9:30 起飞的飞机是用户要解决的问题，在解决这个问题时小 A 到达机场的交通方式是：的士+机场大巴。小 A 其实还有其他的解决办法，即：乘坐的士直接到达机场。二者最大区别是直接乘坐的士去机场的费用更高，这也极有可能是小 A 不采取此方式的原因。

试想，如果小 A 去机场的过程变成下述情形，是否有所变化？

> 周四晚上，小 A 打开如梦 APP，在产品中定位居住的酒店地址，发布第二天晚上 6 点出发去机场的送机拼车信息，几个小时后，在酒店附近的另外三个同路去机场的用户响应完成拼车。
>
> 周五，小 A 先从酒店取回寄存的行李，然后来到指定地点上的士，等待其他三个同路去机场的用户到齐出发去机场，40 分钟后的士到达机场。下车后 4 人均摊车费，花费与乘坐机场大巴相差不多。
>
> 离登机还有两个多小时，小 A 又用半个多小时的时间办理了登记牌，并通过安检来到候机口。

在新的产品场景设计中，小 A 在赶飞机场景中使用了产品提供的新方法：送机拼车服务，并且在这个场景体验设计中，也给予了正向的用户行为强化。

> 在小 A 发布去机场的拼车信息后，在酒店附近的另外三个同路去机场的用户的响应促成拼车行为的成功，是对用户行为的正向强化。
> 小 A 在酒店取了行李到指定地点上车后，其他三个同路去机场的用户顺利到齐，按时出发去机场也是对用户行为的正向强化。

产品经理如果可以让新场景设计中的每个正向强化实现，那么小 A 赶飞机的场景也必将被改变，同时也会产生新的用户体验。

3. 功能体验设计

功能体验设计是针对用户与产品的交互操作、功能易用性等方面进行的体验设计，这类设计很直观，用户操作时有没有看到想要的内容、收没收到应有的反馈，这些都是用户对产品最直接的体验。

第 5 章　产品详细设计

任务设计中的界面交互流程设计虽然可以让用户完成任务，但并不一定能让用户操作顺利完成，甚至有可能用户由于交互体验不佳而放弃任务操作。

以旅游产品为例做一道交互题，如图 5-56～图 5-58 所示。

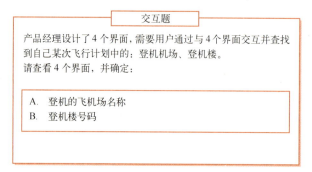

图 5-56　旅游产品交互题

图 5-57　旅游产品中的 4 个界面

175

图 5-58　旅游产品中的 4 个界面

这道实践题的答案如图 5-59 所示。

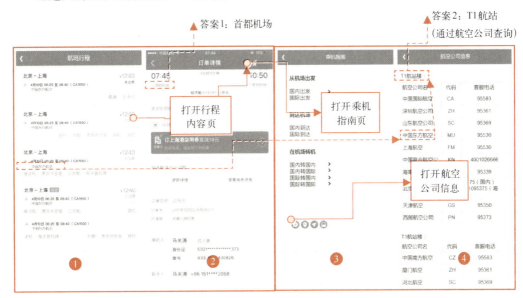

图 5-59　查找登机机场名称、登机楼号码的界面交互路径

第 5 章 产品详细设计

就这个功能使用的测试题来看，仅仅四个页面的简单交互，两个航班信息的查找，就相当费神。

当体验设计目的明确，或者需要的交互问题明确时，优化界面的交互设计并不困难。例如，案例中的两个行程信息的查找，只需要稍做界面调整就可以让用户快捷、清晰地找到需要的信息，如图 5-60 所示。

图 5-60 查找登机机场名称、登机楼号码的优化交互方案

5.4.2 六类体验需求

体验设计的三个层次，为产品经理指出了体验设计的三个设计方向。但这三个层次的体验设计中，并没有表达出更具体的体验设计内容。产品经理还应知道 6 类最常见的体验需求。

打造好产品——产品经理实践指南

1. 观感需求

> "我们的产品看起来太普通了,领导要我调整一下产品界面"。

经常有产品经理面临这样的问题。

> 产品界面这不应该是平面设计师的工作吗?

让界面看起来美观大气上档次应该是设计师的工作。但这些需求并不是与产品经理无关,它们是典型的体验需求。

产品的观感需求有两种:外观需求,风格需求。

(1)外观需求

外观需求是用户对产品外在结构、颜色、尺寸等提出的期望,是对"产品看起来应该是什么样"的描述。

产品应符合企业 VI 规范

上述的需求对产品外观提出要求,指明产品的外观设计要符合企业 VI 规范。"和企业 VI 里规定的一样"说明产品外观要遵循的标准。

(2)风格需求

风格需求是用户对看到的产品应该产生什么感觉提出的期望,是一种对产品应具备的感觉、感受的要求。

产品看起来要有权威感
产品要让我们的用户喜欢

上述的需求很常见。不过并不全都是这样正面描述,用户提出这样的需求时,也许会这样说:

> "你们产品界面设计得不好看,太不专业了,看上面卖的东西都有点不放心。"

虽然表达尖锐,但浏览产品时需要专业的感觉却说得十分明白。

2. 易用性需求

> "这个产品好难用啊!"

作为产品经理的你,是否曾经对某个产品发出这样的感叹?我们都喜欢好用、易用的

产品。可是对于产品经理来说,是否能够清楚地回答出这个问题:一个易用的产品应该是什么样?

易用产品标准主要有以下 4 个。
- 容易学习。
- 易使用。
- 个性化。
- 特殊人群可用。

(1)容易学习

产品是否容易学习可以用用户学习使用产品的时间来衡量,即学习产品的容易程度。

为什么要确定产品的学习时间?

资讯、社交、电商等产品,用户打开产品就应该能操作,不需要专门的操作培训,也不需要产品操作学习过程。

游戏由于具备特殊的游戏规则和交互手势,用户初次使用产品时,配备短时间的操作说明,可以方便用户上手开始游戏。

ERP 产品重构了进销存业务的工作流程,企业业务人员使用 ERP 产品前,接受产品培训并实操练习后,再正式把产品应用到工作中才能减少产品使用不熟练造成的时间、精力浪费。

不同的产品对于"学习产品的难易程度"要求不同,明确产品易于学习的程度,对产品学习使用体验有直接影响。

(2)易使用

指用户应能够容易地使用产品,易使用需求包括用户操作水平、产品功能复杂度两方面。衡量标准如下。
- 使用效率:用户能够多快、多准确地使用产品。
- 错误率:使用产品时出错的情况有多少。
- 产品反馈:产品应提供什么频率的什么内容给用户,才能让用户有足够的安全感,确认自己没有脱离产品任务。
- 使用记忆:用户使用后残留的产品记忆是什么,有多少。
- 产品满意度:用户使用产品后的满意程度。

(3)个性化

个性化需求是指产品应能适应不同用户的需要。包括:使用母语的需要、不同用户需要不同产品功能、按照个人习惯使用产品的方式。

产品用户是否有母语阅读的需要?设计跨国产品时尤其要考虑这类个性化需求,不同语言版本设计并不仅仅是文字翻译问题,设计开发时必然还会涉及 UI、开发架构和服务器等相关工作和问题处理。

产品是否为用户提供功能配置，让用户自定义产品使用功能，以及是否允许用户在产品中个性化设置使用产品方式，都是为用户提供深入参与产品的机会，满足用户个性喜好需求。

（4）特殊人群可用

产品上线时不可避免会遇到一些特殊人群的需求。

残障人士的产品适用是否需要被考虑在产品设计中，产品经理需要衡量产品对于这类用户的取舍。另外，除了特殊人群，非产品适用人群的可用性如何满足和限制，也需要进行十分认真的权衡。

例如，手游产品用户中，有一群数量不可忽视的、年龄在16岁以下的人群。他们是未成年人，具备未成年人的不完全行为能力限制。产品在面对这类人群时，确定产品适用边界尤为重要。

3. 执行性能要求

执行性能需求说明了产品在线上运行时应具备的基本运行能力，是产品维持正常运作的必要保证，包括以下6类运行指标。

- 产品速度。
- 产品精度。
- 可访问性。
- 容错程度。
- 容量。
- 可扩展性。

（1）产品速度

产品速度指用户能够完成某个产品任务的顺利程度。通常表现为交互响应时间。指产品在指定时间内应完成某功能的执行，产品响应时间在某些情况下十分重要。

例如，打开首页的产品响应时间直接影响用户流失量，用户对于首页打开速度的忍耐时间也许只有3秒，加载时间超过3秒，用户可能已经不耐烦地关闭了产品。刚刚开始的产品访问仅因为几秒的延迟而戛然而止。

用户打开产品首页的响应时间不应超过3秒

（2）产品精度

产品精度是产品任务完成结果的精确程度。产品精度包括两个主要内容：完成结果指标、指标精确程度。

例如：线上点餐产品，用户点餐任务完成后涉及外卖配送业务。在设计订单配送任务时，配送时间是任务完成的结果指标之一。当需要保证订单配送任务完成结果时，就需要对结果指标指明精确程度。

订单配送完成时间精确到分钟

另外，如果订单配送时间被定义为产品术语，那么产品精度也可以在数据字典中被说明。

第 5 章 产品详细设计

（3）可访问性

可访问性指产品可访问的时间或最低连续访问时长，也是产品无故障运行的时间标准。

> 周一早上，小 A 驾车准备去公司，开到小区汽车出口时却发现等待出行的汽车已经排起长龙，喇叭声时不时响起。
>
> 小 A 来到收费出口询问，工作人员告诉他小区车库停车管理软件临时故障，工作人员正在紧急抢修，还需要再等一会儿。管理软件运行后才能查到车辆信息，确认是否收费放行。

案例场景中软件访问故障的发生，对产品可访问性是一个警示，由于故障的发生对小区秩序造成很大影响。如果故障发生时间间隔得不到保障，产品必然会引起小区居民的强烈反感。

产品的无故障运行时间应达到 99%。

（4）容错程度

容错程度是指产品处于不正常情况时是否还可以部分或全部持续工作。产品运行时，总是会遇到各种无法预测的情况变化：

> 程序运行时，计算机死机了。
> 操作中的产品，计算机突然断电。
> 户外联网产品，没有手机信号。

在这些异常情况下，产品是否具备灾难恢复的能力，就是对产品容错度的需求。

（5）容量

容量是产品能够保证处理的基本数据量，是单位时间内产品具备的数据存储和处理水平。

产品应能满足 500 个并发用户观看视频

最大并发用户量某种程度上代表了产品的最优数据处理程度。同时，容量需求的提出是基于产品运营需要，然后再通过技术配备适应业务的软、硬件运行能力。

（6）可扩展性

可扩展性指产品在生命周期内各方面能力的增长空间。

新产品冷启时的用户数量、产品任务处理量大多处于低水平层级，但在产品上线前就需要考虑进入增长阶段时的产品应对能力。

产品上线后一年内应能满足每天 2000 订单的交易能力。

上述的产品交易能力，就是产品在运营过程的可扩展性需求。产品应具备必需的可扩展性，以满足不断增长的用户需求。

4. 操作环境需求

操作环境需求指产品正常运行时应处于怎样的环境。有些产品的操作环境特殊，定义清楚操作环境对产品设计十分重要。

操作环境有以下两种主要的需求类型：物理环境，其他系统接口。

（1）物理环境

产品运行时的物理环境如何？是不是处于一个特殊的环境中？对于运行于特殊环境中的产品，更需要明确物理环境特征。

> 翻译软件，运行环境多在异国他乡。
> 设备监控产品主要在户外使用。
> 手机将会在极寒（-20～-30℃）地区被使用。

这些产品要适应不同一般的物理环境，就需要产品经理提前考虑到。

（2）其他系统接口

大部分产品都会与其他系统产生数据交换，系统接口就变得必不可少。系统接口是指产品有哪些相邻系统，及对相邻系统的接口数据的要求。接口数据的具体内容包括：

- 数据内容。
- 频率。
- 容量。
- 触发器。
- 适用于接口的标准／协议。

5. 支持系统

> "产品要做 Web 端、移动端版本。"

如上所述的需求，支持系统规定了产品未来应支持哪些平台或操作环境。

进行需求描述时对于支持系统应说明以下内容。

- 说明产品支持的系统软件。
- 说明预期的产品操作环境。
- 说明发生迁移时需要的时间。

6. 安全需求

数据安全，特别是对需要存储敏感数据的产品尤其重要。安全需求要明确提出产品如何免受访问、存储、数据破坏等行为的非安全操作干扰。

可以从以下四个方面描述安全需求，保证产品安全性。

- 访问控制：为产品中的敏感数据访问指定用户以及访问权限。

> 完整产品需求：指明完整产品包括的数据库及其他文件。确定发生意外状态时如何防止完整产品数据丢失。
> 隐私：定义产品如何保障个人隐私不被泄露。在法律条款指导下，确定产品应遵守怎样的行为规则。
> 免疫能力：确定产品面对病毒、爬虫、恶意软件等攻击时，如何避免受到干扰。

5.4.3 可量化的体验设计

体验需求属于产品性能需求，用户价值观、喜好、产品气质这些抽象事物关系紧密，这无形中造成了产品体验需求实现较为困难，产品经理提出需求时，会面临以下问题。

每个使用产品的用户其动机都未必相同，个性化的体验需求产品怎么满足？

"用户想用"这样模糊的体验期望，怎么表达才能更具体地描述需求？

"产品应该让用户想用它"这个用户体验的标准是什么？

因此，让体验需求有可操作性是确定体验需求之后，体验设计的另一项重要内容。确定体验需求的量化标准，是使体验需求落地的唯一方法。

1. 可量化的体验需求设计

如何量化体验需求？以业主报修 App 产品为例，产品上线运行后，产品经理收到了这样的需求：

产品应该让业主愿意使用

收到物业公司提出这样的需求并不意外，因为确实有不少社区服务产品在业主中的使用率不高。物业公司希望业主接受新的服务方式，提高工作效率的期望是能被理解的。因此，要帮助物业公司提高工作效率，首先应量化他们提出的体验需求。

（1）需求的需求

找到需求的需求，是体验需求被量化的关键环节。

需求的理由，就是需求的需求。没有无缘由的需求，需求产生的理由才是藏在表面需求下的真实需要。我们看到的需求，如"产品应该让业主愿意使用"往往只是真实需求的表象。

为什么需求的需求能够量化体验需求？这是因为，在需求提出的理由中，能够找到衡量体验需求完成情况的测量标准，或者是时间，或者是次数，这些测量标准能够把体验需求变得具体。

回到案例中，产品经理收到物业公司提出的需求后，了解了需求提出的具体情况，找到提出需求的两个主要部门负责人，并分别进行了沟通，在沟通中两位部门负责人是这样回复。

> 物业信息部主管
>
> 这个业主报修产品是我们部门负责主导开发的，产品立项也是我们提出的。现在产品上线了，我们希望产品可以用起来。所以提出"产品应该让业主愿意使用"这个需求，也是希望业主在小区里看到产品的宣传资料的时候，能够立刻想用一用它。
>
> 物业客服部主管
>
> 我们部门负责小区的服务工作，以前对于报修工作业主投诉时有发生。现在有了这个产品，我们希望业主愿意使用这个产品，这样能减少因为业主要反复到我们的办公现场报修而引起不满进行投诉的情况。

两个部门的主管都说出了提出希望业主愿意使用产品需求的理由，而且理由并不相同。

物业信息部主管

> 需求：产品应该让业主愿意使用。
> 理由：希望业主在小区里看到产品的宣传资料的时候，能够立刻想用一用它。

物业客服部主管

> 需求：产品应该让业主愿意使用。
> 理由：减少因为业主要反复到我们的办公现场报修而引起不满进行投诉的情况。

现在尝试在理由中找出体验需求的测量标准，并且找出的测量标准应该被需求提出人所接受。

物业信息部主管的需求测量标准是：时间。

物业客服部主管的需求测量标准是：报修投诉量。

相同的体验需求，提出的理由不同，体验需求实现的测量标准也并不相同。试想，如果不考虑需求提出人的理由，设定了不恰当的测量标准，即使体验需求被实现了，对于需求提出人来说结果也会差强人意。

（2）设置品质测量尺度

通过测量标准的测量尺度可以确定体验需求是否被实现。

设置测量尺度的核心内容是确定尺度值。

例如，业主报修产品的体验需求：产品应该让业主愿意使用，其测量标准应的尺度值应设置为：

物业信息部主管

> 验收标准：业主第一次在小区看到产品宣传资料时，应在（多长时间内）开始使用它。

第 5 章 产品详细设计

物业客服部主管

> 验收标准：小区业主使用产品后，报修服务投诉量应（降低多少）。

设定测量尺度值，最好有参照标准，下面几个是测量尺度值的主要来源。
- 企业历史业务数据。
- 产品测试数据。
- 市场调研数据。
- 国际、行业标准。

1）企业历史业务数据。

案例中物业客服部主管提出的测量标准是投诉量，报修服务投诉量是企业的业务数据，所以，案例中报修服务投诉量应降低的数值可以参考物业公司历史业务数据。

可通过对过去报修服务投诉量、小区居民数量和产品使用居民数量计算出合理的投诉量降低比率。案例中的测量尺度经过参考物业公司报修投诉量等数据，确定尺度值为：

小区业主使用产品后，报修服务投诉量应比最近一年降低 5%～10%

2）测试数据。

在案例中，物业信息部主管提出了"用户看到产品后使用的反应时长"作为测量标准，反应时长的具体数值，可以使用企业过往对同类产品的测试结果中的用户反应时长 5～10 秒作为参考。由此：

> 验收标准：第一次在小区看到产品宣传资料的业主应在 8 秒内尝试了解它

使用测试数据时，由于一些特殊的情况，如测试数据可能是在特定环境中产生的，可以酌情调整尺度值区间以达到主观上的合理，并同时取得需求提出人的认可。

3）市场调研数据。

如果没有可用的测试数据作为参考，那么，使用市场调研数据是另一种获得测量尺度值的有效渠道。对市场中的同类产品进行调研，必要时也会结合可用性测试获得同行产品的体验情况。这样从市场调研中获得的竞品数据也可以作为测量尺度值的参考来源。

4）国际、行业标准。

除了企业历史数据和市场调研数据以外，有一些国际、行业标准中规定的基本参数值如果涉及测量标准，通常也能够作为统一标准成为产品体验需求测量尺度值的参考来源。如 ISO9000 质量管理体系、产品 CE 认证等。

2. 六类体验需求的常见量化标准

对于六种常见的体验，也有一些常用的量化标准能够在设计体验需求时作为参考。

(1) 观感需求

观感需求是指产品要具备的品牌观感、用户观感。

产品的品牌观感的量化标准可以以获得企业品牌负责人的认可为验收标准，或者得到需要

对企业品牌负责的所有责任人的确认为验收标准。

用户观感体现了用户对产品品牌的辨识度,量化标准可以以一定用户数量在一定时间内,成功识别出产品品牌的用户数量占比来评价用户观感水平。

（2）易用性需求

易用性是对学习使用产品的难易程度、产品操作的难易程度提出的需求,量化标准主要包括:

- 使用感觉:用户使用过产品后,对产品的直观感受。
- 时间:用户花了多长时间用于产品的学习。
- 完成率:用户在给定的时间内,在允许的错误率水平下,符合用户满意率的情况下完成指定产品任务的比例。
- 标准:是否符合产品必须遵守或引用的国家标准、行业标准。

（3）执行性能需求

产品的执行性能需求指产品的速度、精度、容量、可访问、容错程度、可拓展性等一系列性能指标。这6种性能需求比较容易量化。

（4）操作环境需求

对于操作环境需求的量化是对产品在指定环境中应具备的合格表现的描述。设置指标值时主要有以下两种方式。

- 完成率:在指定环境下,用户在给定时间内成功完成指定任务的比例。
- 标准:符合产品必须遵守或引用的国家标准、行业标准。

（5）支持系统需求

支持系统需求指用产品应适合的操作系统或平台。设计验收标准时可以包括如下两项。

- 完成率:在指定操作系统或平台环境下,用户在给定时间内成功完成指定任务。
- 标准:符合产品必须遵守或引用的国家标准、行业标准。

（6）安全需求

安全需求的量化以产品对用户信息安全的保护水平为主要衡量标准。对于产品来说,安全需求在产品运行时容易被忽视,但如果一旦产品安全问题被提出时,通常会有比较严重的问题产生。

安全需求的量化指标多以行业引用标准和法律条款为主。

5.5 案例:社区服务产品的详细设计

社区服务产品是一款物业管理公司用于社区管理的产品,产品面向的用户主要是小区的居民。因此,这款产品是一个典型的面向个人用户同时也面向企业客户的产品。在该产品的设计过程中结合了两种设计思路,前台面向小区居民,后台则主要面向物业服务人员。

第 5 章 产品详细设计

在产品详细设计阶段，利用任务分析时获得的产品任务、框架设计中生成了信息架构，描述信息界面设计、任务设计、体验设计等方面的产品文档如下。

- 信息及任务分析脑图。
- 实体及实体属性分析脑图。
- 界面框架示意图。
- 前台详细界面原型。
- 后台详细界面原型。

5.5.1 信息及任务分析

如图 5-61 所示，是对社区服务产品信息系统框架的详细业务分析思维导图，是对产品界面元素的拆解与梳理。

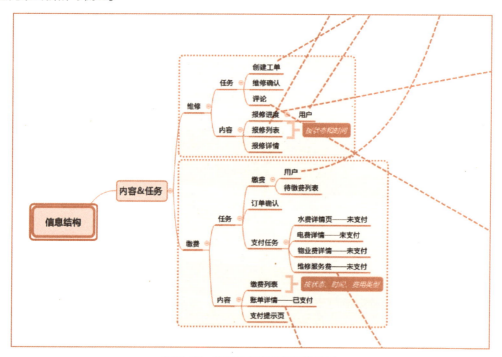

图 5-61 信息及任务分析思维导图

该图描述了在对社区服务产品信息内容进行设计后，针对维修、缴费两个主要产品服务项目从任务、内容两个层面进行的更详细的内容设计，梳理出了产品界面中的元素，对于进行下一步的产品界面设计、产品任务设计有重要帮助。

5.5.2 实体及实体属性分析

如图 5-62 所示,是对社区服务产品的实体及其属性的分析思维导图。通过对界面实体及实体属性分析,能够清楚了解产品界面复用数据块的数据关系。

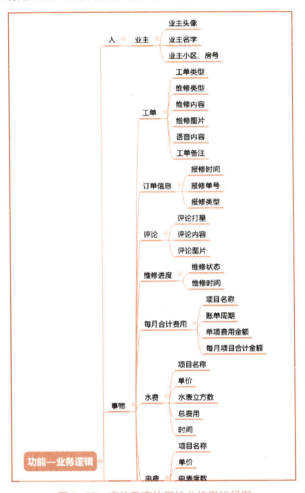

图 5-62 实体及实体属性分析思维导图

5.5.3 界面框架

如图 5-63 所示,是针对产品原型界面间的层级、跳转逻辑制作的界面框架示意图。图中

第 5 章 产品详细设计

的界面框架图显示了社区服务产品中维修服务涉及的产品界面,如:创建工单、维修进度与维修记录等界面。同时,用连线说明服务界面间的跳转逻辑和交互方式。

图 5-63 界面框架图

5.5.4 前台原型界面

如图 5-64、图 5-65 所示,是社区服务产品的"发起工单"前台原型界面、社区水、电、燃气费缴费前台界面。

一个完整的产品,往往包括前、后台两个相对独立的系统,前台原型界面是用户(客户)主要接触并与之交互的主要界面,因此,前台原型界面在进行设计时往往要求更高。图中的社区服务产品,前台的用户主要为社区业主,在使用产品对物业发起维修申请时,必须完成发起工单的用户任务。

在前台原型中,我们可以看到每个前台界面都被设计在一个独立的 Axrue 页面中,这是为了方便后期项目的同事了解项目界面数量,判断产品需求、功能数量提供重要依据。

5.5.5 后台原型界面

如图 5-66 所示,是管理后台中的缴费账户管理界面。业主在业务前台缴费后,物业通过管理后台中的缴费账户管理功能进行管理。管理后台的缴费账户管理界面。

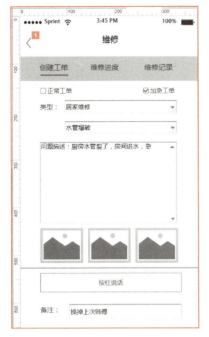

图 5-64 "发起工单"前台原型界面

图 5-65 社区水、电、燃气费缴费原型界面

图 5-66 管理后台中的缴费账户管理界面

5.6　本章小结

信息：在产品中，用来说明产品提供的商品或服务的所有相关内容。

任务：产品中，用户为了获得期望价值（价值由商品或服务提供），与产品互动完成的特定任务。

功能需求是用户在产品中做的事，就是针对产品的信息与任务的设计；非功能需求是用户完成特定事件时，期望获得的交互体验或感觉。

产品信息界面包含信息内容页：即产品要提供的商品或服务的内容展示页面；信息汇总页：即为了方便用户查找，检索内容而设计的各种列表页、首页面。

界面导航设计中，常包含 3 类信息导航，以引导用户查找所需的内容。分别是：主导航、分类导航、情景导航。

标签是内容的关键词。

标签系统有两部分内容：标签体系搭建和标签体系应用。

搜索系统给予了用户拉式沟通的渠道。

用户的一次搜索行为，需要搜索系统的 4 个部分配合完成。搜索条件：用户在搜索组件中设置、选择搜索条件并发布搜索请求；搜索引擎：产品接收到用户的搜索请求，启动搜索引擎，调用算法；内容区域：搜索算法在产品指定的搜索内容区域中查找相关内容；匹配结果：被查询出的相关结果，有序排列在产品搜索结果页供用户查看。

交互设计的主要内容就是功能设计。如何让产品信息通过功能在角色间互相传递，是交互设计考虑的问题。

产品设计中有三个层次的体验设计：宏观体验设计、场景体验设计、功能体验设计。

5.7　扫码看视频：产品经理必会的原型设计

产品原型设计是产品经理做产品设计时必须掌握的技能，甚至有"不会做原型就不能算产品经理"的说法，暂且不论这个说法是否正确，仅从这一点就可以看出产品原型设计的重要性。

产品原型设计是指在产品上线、开发前模拟真实产品的设计。原型设计时将产品界面中的模块、元素、人机交互的形式，利用线框图的方式具体说明产品未来实物的样子。

打造好产品——产品经理实践指南

本视频"产品经理必会的原型设计"的主要内容如下。
- Axure 界面设计基础：界面搭建。
- 原型交互设计 4 要素。
- 重要部件：动态面板的使用。
- 案例：移动端产品解锁交互设计。
- 案例：制作音乐产品频道滑动效果。

扫码看视频 5：
产品经理必会的原型设计